이 소중한 책을

특별히 _____님께

드립니다.

매일 주님과 새로운 삶의 시작을 위한 안내

사람을 향한 마음

- 하나님과 행복한 동행 Ⅱ-

최하중 장로

나침반

매일 주님과 새로운 삶의
시작을 위한 안내

살면서 우리의 의지대로 이루어지는 것이 얼마나 될까?

그것은 생각보다 더 일부분일 것이다. 많은 것이 우리의 의지와 상관없이 이루어진다는 것을 깨달으며 우리 삶의 주인은 우리가 아니라는 생각을 하게 된다.

나 역시 성경을 처음 접하게 된 환경, 지금까지 걸어온 신앙의 길 등을 돌아볼 때 내 힘만으로는 어찌할 수 없는 부분이 많았기에 더욱더 그런 생각을 한다.

"사람이 마음으로 자기의 길을 계획할지라도 그 걸음을 인도하는 자는 여호와시니라" - 잠언 16장 9절

나는 울산감리교회에 출석하는 직장인 평신도다.

나는 복음 전도와 처음 믿음을 시작하는 분들의 초기 영적 성장에 조금이나마 도움이 되고자 하는 마음에서 지난 2019년

3월 '하나님과 행복한 동행(나침반 간)'을 출간하였다. 책은 2쇄 후 더 진전이 없었다. 아쉬운 마음에 이미 출간된 책의 내용을 보완하여 개정판과도 같은 이 책을 쓰게 되었다.

1장은 사회생활 속에서 함께 봉사하는 '울산기독군인회', '울산극동방송 운영위원회' 회원들 중 몇 분의 생활신앙 이야기를 정리하였다. 그리고 나의 처음 성경을 접한 이야기와 지금까지의 신앙 과정을 짧게 기록하였다. 특별한 것은 사진을 다수 포함하여 독자들의 이해를 돕고자 한 것이다.

2장은 성경을 통하여 오늘의 소중함과 영원한 가치를 찾으려 하였고 3장은 성경 전체를 요약하여 초신자들의 성경 접근에 도움이 되려 하였다.

4장은 인류의 가장 좋은 소식인 복음을 설명하였다.

5장은 믿음의 성장과 주님 안에서 매일 새로운 삶의 시작을 안내하려 하였다.

그리고 각 장을 시작하며 그림 이야기를 실어 휴식을 가졌다.

이 책은 먼저 주님을 만나 주님과 동행하는 사람들의 신앙 이야기를 통하여 삶의 교훈과 신앙의 본을 가지려 하였다. 아직 하나님을 만나지 못한 분들에게는 믿음의 필요를 이해하여 하나님을 만나는 계기를 주며, 초신자들에게는 믿음의 성장에 도움을 주고, 기존 신자들에게는 복음 전도에 조금이나마 도움이 되려 하였다. 그리고 생활 속에서 가지는 신앙 질문에 대하여 함께 생각하였다.

소설가이며 방송극작가 최요안(崔要安. 1916~1987) 선생님은 명상집 '마음의 샘터'(三中堂 刊)에서 "사람은 본질적으로 도덕적인 동물입니다. 어느 시대이건 도덕의 기준은 달라도 도덕을 떠나 살 수는 없습니다. 도덕은 '어떻게 살 것인가? 어떡하면 행복할 수 있을까?'라는 것을 포함합니다. 행복이란 마음의 안정을 떠나서는 있을 수 없는 것입니다"라고 하였다.

나는 성경을 통하여, 성경 말씀 안에 진정한 평안과 행복의 길이 있다는 것을 알 수 있었다. 부족하지만 이 책이 영원한 생명을 얻고 주님이 주시는 평안을 가지며 매일 주님과 행복한 동행을 위한 삶에 작은 도움이 되기를 바란다.

나의 첫 책을 출간하여 빛을 보게 하시고 다시 쓴 두 번째 책을 다듬어 주신 나침반출판사에 감사하고, 여기까지 인도하여 주신 주님께 감사드린다.

— 최하중

목차

최재영 작가의 그림 이야기

최재영 作

꿈… 자연으로의 여행

자유롭게 세계를, 먼 우주를 여행하고 싶은 것은 인간의 오랜 꿈일 것이다. 타임머신을 타고, 과거와 미래 세계를 향한 상상은 언젠가 현실로 다가올지도 모른다. 문명과 자연은 공존해야 할 숙명이며 서로 뗄 수 없는 한 뿌리에서 나온 가지이며, 문명의 건너편 원시림 속에는 아직도 멸종되지 않은 고대 생물들이 살아 숨쉰다. 커다란 나무들이 서로 얽혀서 하늘을 가리고, 석양은 장엄함과 태고의 아름다운 신비를 선사한다. 푸른 녹색의 화사함과 그 속에 살아 숨 쉬는 생명력의 보고(寶庫), 인적이 드문 깊은 숲속으로 떠나는 여행을 상상해 보았다.

아침 햇살이 비치는 숲속 사이로 노란색 자동차가 위태롭게 다가오고 커다란 노송은 초록빛 이끼를 발산하고 있는 모습이다. 대작(大作)으로 인하여 많은 시간과 여러 차례의 스케치 이후 작업에 들어갔다. 특히 표면의 질감을 강조하기 위해 캔버스 위에 돌가루를 혼합하여 두텁게 칠했다. 커다란 붓을 사용하여 찍어내거나 털거나 문지르는 기법으로 바탕 화면을 만든 후 사실적 표현에 집중한 작품이다.
이 그림을 통해서 바쁜 현대인에게 잠시 쉬어가는 휴식을 선사하고 싶다.

▶ 꿈, 200X250cm, 캔버스 위에 혼합재료, 2019

제1장

생활 속
신앙 이야기

"무슨 일을 하든지 마음을 다하여 주께 하듯하고
사람에게 하듯하지 말라"
– 골로새서 3:23

미국 켄터키주에서 태어나 평생을 살다가 85세에 세상을 떠난 한 노인이 죽기 전에 남긴 '내가 만약 인생을 다시 산다면'이라는 시이다.

내가 만약 인생을 다시 산다면
그때는 더 많은 실수를 저지르고
둔감하게 살리라.

작은 일에 심각해지지 않고
좀 더 즐거운 기회들을 잡으려고 노력하리라.

여행도 더 자주 다니고
석양도 더 오래 바라보리라.
먹고 싶은 것은 참기보다 먹으리라.

하루하루 살아가는 대신
순간을 맞이하면서 살아가리라.
허황된 미래를 기약하기보다는
당장 짐을 꾸려 더 자주 여행길에 오르리라.

　성인이 되고 시간이 흐르면 '만약 인생을 다시 한번 산다면…'이라는 생각을 하게 된다. 하지만 안타깝게도 인생은 한 번뿐이고 이미 지나온 시간으로 다시 돌아갈 수 없다.

　우리의 인생이 한 번뿐이라면 이 한정된 시간을 정말 중요한 일에 투자해야 하지 않을까?

　일본의 기독교 사상가 우찌무라 간조는 "일일일생(一日一生)"이라 했다. 오늘은 언제나 오지만 우리가 맞는 오늘이 언제나 기적임을 알 때 같은 하루를 살아도 삶이 다를 것이다.

　이 장에서는 한 번뿐인 인생의 소중함을 알고 각자의 자리에서 의미 있는 삶을 위해 노력하며, 특별히 하나님과 동행을 하는 사람들의 이야기를 찾아보았다.

　섬기는 교회에서 또 생활 속에서 많은 사람의 신앙 이야기를 접할 수 있지만 여기서는 교파와 교단을 넘어 '한국예비역기독군인회연합회(KVMCF) 울산 지역회'(이하, 울산기독군인회 또는 지회)와'울산극동방송 운영위원회'에서 함께 봉사하는 분들의 지난 삶과 생활 속 신앙 이야기를 통하여 신앙의 본과 삶에 교훈을 가지려 한다.

　'울산기독군인회' 고문이며 신앙 연륜이 많은 세 분의 장로님, 지도 목사님, 목회자 두 분의 신앙 이야기, 한 분의 나라 사랑 이야기, 울산극동방송 운영위원회에서 함께 봉사하며 사회 활동을 하는 두 분의 집사님과 영농인, 직장에서 독서 경영으로 하나님의 나라를 이루어가는 제니스 병원장 그리고 발달장애인을 도우며 다양한 사역을 하시는 한 분 목사님의 이야기를 풀어내려 한다.

실명으로 편지를 써주시고 기꺼이 삶을 나누어주시며 합력하여 선을 이루어 복음 전파라는 사역에 힘을 모아주신 모든 분들께 진심으로 감사를 드린다.

1. 오랜 신앙 연륜자의 삶 이야기

1. 독서문화운동가의 실천적인 신앙생활 이야기
강신원 장로

2020년 단풍이 곱게 물든 가을의 어느 토요일, '울산기독군인회' 고문 강신원 장로의 서재를 방문하였다. 울산대학교 교정이 보이는 서재의 한쪽 벽에는 소크라테스의 글이 담긴 족자가 걸려 있었다. 오늘은 왠지 이 족자의 글귀가 특별하게 보였다.

마침 KBS-2TV에서 방송한 2020 한가위 대기획 '대한민국

어게인' 나훈아 콘서트에서 '테스 형' 노래가 흘러나온 후이기에 소크라테스의 글귀가 더 의미 있게 다가온 것 같다.

강신원 장로의 서재 테이블에는 조선일보가 올려져 있었다. 그리고 '테스 형, 너 자신을 모르는 사람이 왜 이리 많은가요'라는 제목의 기사와 함께 소크라테스 그리고 가수 나훈아의 사진이 크게 실려있었다.

강 장로는 신문을 보며 "나훈아 기사예요. 얼굴도 소크라테스와 닮은 것 같지요? 나훈아는 가수를 넘어 철학자이며 사상가라고 하네요"라고 하셨다.

나는 "테스 형 노래로 이 시대의 영웅이 된 것 같습니다. 그런데 장로님 소크라테스의 글귀를 족자에 담은 사연이 있습니까?"라고 물었다.

"지혜의 왕이라는 솔로몬 왕이 자신의 이름도 밝히지 못하고 전도자의 말이라는 표현으로 전도서 12장에서 "헛되고 헛되도다 모든 것이 헛되도다"라고 한 것을 보고 '지혜의 왕 솔로몬도 헛된 인생을 살았구나'라고 생각했어요. 그런데 100세 스승 김형석 교수께서 솔로몬 왕은 이미 3,000년 전에 모든 것이 헛됨을 알았으니 이는 '지혜의 극치'라고 하신 말씀에 엄청난 충격을 받고 나 자신의 무지함을 비로소 깨달았지요. 그래서 소크라테스의 "너 자신을 알라 내가 아는 것은 내가 모른다는 사실밖에 없다"라는 말이 가슴에 와닿았어요. '하나님 없는 모든 것이 헛되다'라는 것을 생각하며 족자의 글을 거울 보듯 나 자신을 매일 돌아보고 있답니다."

지난 추석 나훈아 콘서트를 생각하면 지금도 가슴이 울렁인다. 멋진 기타 연주, 자유로운 의상, 특별한 영상들, 그리고 "아! 테스 형, 세상이 왜 이래 왜 이렇게 힘들어"라며 부르짖던 그 외침이 아직도 마음속에 스며들어 있다.

"코로나19로 어렵고 힘들지만 다시 한번 해보자"라던 나훈아의 말에서 잠깐이나마 힘든 시간을 잊고 용기를 얻었었다.

로마서 8장 28절은 "모든 것이 합력하여 선을 이루느니라"라고 말한다. 이처럼 우리가 협력하여 노력하면 지금보다 더 나은 미래가 올 거라고 믿는다.

고대 그리스 철학자 소크라테스는 "너 자신을 알라"라며 무심코 던진 말이 위대한 진리가 될 줄 알았을까?

강 장로는 자신이 가장 좋아한다는 성경 말씀 "일어나 빛을 발하라…"(이사야 60장 1절)와 함께 전 하버드대학교 총장 나단 푸시의 '청춘을 이끌어야 할 다섯 가지 요소'에 대해 말씀하셨다.

첫째, 흔들 수 있는 깃발
둘째, 변하지 않는 신념
셋째, 따를 수 있는 지도자
넷째, 평생을 함께할 친구

다섯째, 함께 부를 수 있는 노래

이렇게 다섯 가지를 말씀하신 강 장로는 "오늘의 젊은이들은 단군 이래 가장 많이 배운 우수한 자원으로 이유가 있을 때 행동하는 자들"이라며 "앞으로 이 나라를 이끌어갈 그들에게 무엇이든 도움이 되려 노력한다"라고 말했다.

'울산기독군인회'는 복음 선교 활동과 문화 선교 활동으로 지역 군(軍) 선교를 위해 봉사하며 기도하고 있다.

강신원 장로는 문화 선교 활동으로 복음 전도의 길을 열어주신다. "병영 독서문화 운동은 새 시대를 열어갈 대한민국의 성장 동력이며 국가경쟁력 향상의 지름길이다. 또한 독서 토의를 통한 수평적 대화 문화는 장병들과 좋은 관계를 맺어 '지회'의 복음 전도와 군인 교회 교역자들의 독서 선교에 도움을 주려는 것이다"라고 말했다.

강신원 장로는 2002년 '지회' 7대 회장을 맡으며 당시 울산 대영교회에서 77**부대 임마누엘 군인교회로 교적을 옮겨 장병들과 가까이서 선교 활동을 하고 있다. 젊은 시절 보병 중대장으로 월남전에 참전했을 때 조국에 대한 소중함을 느끼고 '조국을 위해 무엇을 할 수 있을까?'라는 생각을 늘 마음에 담고 있다고 했다. 최전방 일선 부대장을 거친 강 장로님은 전역 후 울산의 대기업에서 직장 내 기독신우회를 이끌고 '독서하는 국민'이라는 선진 문화시민의식을 고취하는데 노력하였다.

왜 독서 전술 토의인가?

"뱀이 마시는 물은 독이 되어 나오고 젖소가 마시는 물은 우유가 되어 나온다. 일반인의 독서는 지식이 되고 군인의 독서는 전투력이 된다. 대한민국 청년 장병들은 미래의 핵심 인적 자원이다. 이들은 청년 중에 청년으로 선발된 국가대표 선수이고 이들이 입고 있는 군복은 국가대표 유니폼이다"라고 말한 강 장로는 21세기가 시작되는 2000년부터 육군 77**부대 본부 및 예하부대, 공군 5**방공포대, 해군 3**편대 등을 방문하여 장병 독서 전술 토의를 지원했다.

육군 77**부대 본부 도서관에서(2011)
독서 토의를 하는 강신원 회장

해군 3**편대 도서관에서(2011)
독서 토의를 하는 강신원 회장

● '스토리텔러 강신원의 책 이야기' 발간 기증

강신원 장로는 2011년 2014년 2019년 세 차례에 걸쳐 '스토리텔러 강신원의 책 이야기'을 발간했다. 이 책은 울산 지역 육·해·공군부대 장병의 독서 전술 토의를 위한 기증용 교재로 제작되었다.

　강 장로는 장병의 정신 전력과 신앙 전력 및 장차 지도자의 꿈을 키워갈 수 있는 내용을 담아 자비로 출간했다.

　이 책은 울산 지역 군부대, 울산대 학군단, 단체와 기관에 배포해 '독서 선교'라는 메시지를 전달했다. 울산 외 지역으로는 해외파병 동명부대, 부산 항만 방어전대 및 포항 해병 *사단 * 연대, 제5*보병사단 본부 등에 기증했다.

❶ 해군 3**편대 책 기증(2011)
❷ 공군 방공유도탄포대 책 기증(2011)
❸ 울산통합방위협의회 책 기증(2011) 강신원 회장과 박맹우 울산시장
❹ 제5*보병사단 본부 책 기증(2014) 강신원 고문, 이승도 사단장, 필자 및 참모

● 병영도서관 건립지원, 군대는 국민교육의 도장

　강신원 장로는 지회장 역임 시 '병영도서관건립추진위원회'를 결성하여 '지회'와 군선교연합회, 군 교역자들의 헌신으로

'책 읽는 병영을 위하여! 지식 강군 차세대 지도자의 꿈!'이라는 슬로건 아래 2002년부터 장병 독서 지도와 군부대 책 보내기 운동을 전개하였다. 2006년부터 2010년까지 울산 지역 육·해·공군 모든 부대에 병영 도서관을 건립하는데 앞장섰다.

육군 77**부대 도서관(2011)   해군 3**편대 도서관 건립(2014)

2011년 제48회 전국 도서관 대회 병영 부문에서 77**부대 병영 도서관이 우수 도서관으로 선정되어 문화체육관광부 장관상을 받았다. 이는 77**부대 부대장, 임마누엘부대교회 신성호 목사, 강신원 장로의 큰 역할과 군을 사랑하는 울산기독군인회, 울산군선교연합회, 울산 시민의 뜻이 모아진 결과다.

강신원 장로는 현대중공업에서 '충무공 이순신함'을 이지스함 수준으로 리모델링하는 기간 중 매주 함대에서 독서 지도 및 안보 강연을 하였으며, '울산기독군인회' 후원으로 울산포럼 회장 김동수 박사가 쓴 '바다가 미래다'(블루앤노트 간) 책을 함대원들에게 지원하였다. 그리고 김동수 박사가 쓴 '이순신 장군의 구국생애' 교육용 책을 '울산기독군인회' 후원으로 함대와 울산대학교 학군단에도 기증하였다. 현재 울산대 학군단 강의장 내에는 강신원 장로께서 기증한 책이 모여있는 서가(書架)가 자리하고 있다.

병영도서관 부문 우수부대 수상 후(2011)
좌에서 신성호 목사, 77**부대장,
강신원 장로 부부

울산대학교 학군단에 '지회' 후원 책 기증(2014)
좌에서 강신원 장로, 김동수 박사,
학군 단장, 필자

● 무궁화 사랑, 나라 사랑, 무궁화 선양 운동

무궁화 팸플릿 표지
(2013)

'울산기독군인회' 강신원 고문이 주축이 되어 2013년부터 무궁화 사랑 나라 사랑 '나라꽃 무궁화 바로 알기' 무궁화 선양 운동을 펼쳤다.

신품종 무궁화 300여 그루를 울산 지역 군부대에 보급하여 국기 게양대를 중심으로 심어 태극기와 무궁화가 어우러지는 '무궁화 태극 부대'라는 이미지를 통해 장병들에게 애국심을 고취해 왔다. 그리고 무궁화 홍보 책자와 전단지를 제작하여 관공서, 시민 단체 등에 배포하고 특히 시교육청과 공동으로 각급 학교 교재로 활용하였으며, 울산 시낭송회에서는 매년 초·중·고 학생들의 무궁화 자작시 낭송대회를 개최해 오고 있다.

2017년 봄, 이러한 무궁화 선양 운동의 결실이 마침내 이루어졌다.

울산시는 태화루 아래에서 십리 대숲에 이르는 공간 1만㎡의 면적에 '무궁화 정원'을 조성하였다. 이곳에서 울산 출신의 세계적인 무궁화 육종가 심경구 박사가 육성한 24품종의 무궁화를 눈으로 확인할 수 있다. 이는 국내 최대 규모의 무궁화 정원일뿐 아니라 손꼽히는 아름다움으로 태화강 국립공원 지정에 일조했다. 그 외 장생포 고래마을 영상관 주위에도 무궁화 동산이 조성되었고 각 구청 단위로 무궁화 단지가 조성되어 울산은 명실공히 '무궁화 도시'라는 위상을 세웠다.

강신원 장로는 '나라꽃 무궁화 바로 알기'에서 아래와 같이 발표했다.

「무궁화는 6월 하순부터 10월 초순까지 100여 일을 지속적으로 꽃을 피운다. 꽃은 해가 떠오르는 일출과 동시에 만개하고 해가 지는 일몰에 오므라들고 떨어진다. 한 꽃이 지면 바로 옆에서 또다시 새로운 꽃이 피어난다. 이렇게 매일 새롭게 거듭나기를 계속하여 한 그루에서 하루 50~100여 개씩 100여 일을 지속하면서 2,000~3,000송이 이상을 꽃피우는 특성을 지닌다.

새벽 일출과 동시에 눈 부신 햇살을 받으면서 만개한 무궁화의 자태는 정말 황홀하다. 그래서 무궁화를 '빛의 꽃'이라고 부른다. 인도의 시성 타고르가 일찍이 코리아는 '동방의 빛'이라고 칭송한 의미와 나라꽃 무궁화는 상통한다는 생각이 든다. 한편 무궁화는 지는 모습도 아름답다. 아무리 아름다운 꽃이라도 질 때는 색상이 퇴색하고 꽃잎이 흩어져 마무리가 지저분하다. 그러나 무궁화는 질 때 꽃잎을 모아 오므린 다음 꼭지에서 그대로 떨어지기 때문에 다른 꽃들과는 달리 질 때의 품격이 다르다. 또한 무궁화의 강인한 생명력은 우리 민족혼을 상징한다. 아름답게 피고 지는 고귀한 자태의 나라꽃 무궁화를 바로 알고 국민 모두가 무궁화와 같이 고귀한 삶을 살아가는 선진문화 세계시민의 긍지를 키워가기를 희망한다.

　　21세기 아시아 태평양 시대의 개막과 함께 세계의 중심축으로 부상한 한반도는 문명의 발상지 그리스 반도와 중세 로마로 상징되는 이

울산 태화강 국가 정원 '무궁화 정원'(2020)

탈리아 반도와 같이 21세기 한반도 르네상스를 꿈꾸며 민족혼의 상징 태극기, 애국가와 더불어 무궁화의 의미와 가치를 되살려 '한반도 반도화의 재창조'라는 창조적 성장 동력으로 이끌어내기를 기대한다.」

강신원 장로는 신앙의 길을 걸으며 하나님 사랑을 나라 사랑으로 승화시키고 미래의 지도자인 청년을 위해 많은 것을 투자하고 있다.

한편 울산극동방송 남현용 방송 부장이 '지회' 기도회에 참석하여 '지회'의 군선교 활동을 취재하였다. 그리고 지식 청년 강신원 장로가 오늘의 청년들에게 들려주는 책 이야기를 '청년이 청년에게'라는 프로그램으로 만들어 스토리텔러 강신원의 책 이야기를 2019년 4월부터 2020년 8월까지 매주 1회씩 총 70회 방송하였다.

강신원 장로는 연세가 산수(傘壽)이나 언제나 지식 청년이며 독서 선교사이며 국민 독서문화운동가인 무관의 리더이다. daum 카페 「울산기독군인회 책사랑 주님사랑」에는 그에 대한 많은 이야기가 담겨있다.

II. 과학도의 창조신앙과 생활 전도 이야기
박덕창 장로

'울산기독군인회' 고문이신 임마누엘교회 박덕창 장로는 1930년 평양에서 태어나 고등학교 과정을 마치고 해방 후 월남하여 서울에 정착하였다.

서울에서 대학교 재학 중 6.25 전쟁이 나며 전쟁 중 징병되어 포병 장교로 복무 후 대위로 전역하였고 전역 후에는 울산석유화학 단지 내 한양화학㈜에 근무하였다.

　박 장로는 모태신앙으로 울산 강남교회 출석 중 1971년 장로 임직을 받았으며 지금은 울산교회에 출석하고 있다.

　다음은 박덕창 장로와의 대담이다. 나는 한 과학도가 걸어온 지난 삶과 신앙에 대한 귀한 이야기를 함께 나누고자 문답 형식으로 보다 생생함을 전하려 한다.

　어린 시절 그리고 학창 시절에 대한 특별한 기억이 있습니까?

　"나는 평양 창동 유치원 1회 졸업생이에요. 어릴 때 어머니의 손을 잡고 창동교회에 다니며 교회 종탑에 올라가 놀던 일이 생각납니다. 당시 교회는 유치원을 운영했어요. 직제는 다르지만 고등학교까지 다녀서 내가 살던 평양시 창전리와 장대재 고개며 친구들과 놀던 대동강과 모란봉 등이 눈에 선합니다."

　당시 평양에 창동교회 외에 어떤 교회가 있었습니까?

　"평양노회 소속인 창동교회는 장대현교회에서 분립해 1905년에 창립 되었습니다. 창동교회는 능라도교회, 가현교회, 와산리교회 등 5개 교회를 개척해 설립했어요. 이

평양 창전리 소재 창동교회
(1905년 1월 22일 창립)

외에도 다른 교단 교회와 내가 알지 못하는 교회가 더 있었습니다.

어머님은 어떤 분이셨는지요? 처음 복음을 접한 것과 가족 이야기가 궁금합니다.

"1800년대 말 평양에서 블레어(한국명: 방위량) 선교사로부터 복음을 들은 할머니에서 어머니로 신앙이 이어졌어요. 어머니는 당시 안창호 선생이 창설한 대성학교에 입학했는데 안창호 선생에게 수학(受學)시 산술, 물상, 서예를 잘한다고 인정받았어요. 어머니 이름은 신복실(申福實)이었는데 안창호 선생은 어머니의 이름을 중국의 유명한 실학자 장량(長良)의 이름을 딴 신장량(申長良)으로 개명해 주었어요. 그만큼 애제자였죠.

큰형님 박재창은 일본 와세다대학과 와세다대학원을 졸업했어요. 1936년 와세다대학 부설 기숙사(유애학사)를 설립한 벤니호(미국 남침례교 선교사) 목사와 와세다 교회 창립 멤버이기도 합니다. 형님은 평양에서 조만식 선생과 조선민주당 창당에 참여하였으나 당시 정치 상황 때문에 남으로 내려오게 되었어요. 서울에서 고당 선생의 가족들을 돌보며 '고당 조만식 선생 기념관'을 설립해 상임위원장을 지내며 평생 고당 선생을 기리는 일에 몸담고 성도교회 장로로 하나님을 섬기시다가 2010년 소천하셨습니다.

군대에서 자동차학과 교관을 하셨고, 우리나라 자동차공학 교사 자격증 2호 취득자이신데 언제 자동차 관련 공부를 하였으며 특별히 자동차에 관심을 가지신 이유가 있습니까?

"대학교 들어가기 전 일본에서 출판된 '자동차요전(自動車要

典)'이란 기술서적을 수입하여 자동차의 모든 기능을 철저히 독학했어요. 당시에는 일본에도 자동차가 많지 않았지요. 그렇게 연구한 이유는 자동차를 만들어 고향에 가겠다는 꿈이 있었기 때문입니다."

고향에 갈 수 없는 사람의 마음이 어떨까 싶습니다. 고향이 그리울 때는 어떻게 하셨나요?

"예전에는 북녘땅 고향의 교회 사진과 고향 산하를 그려보았지만 이젠 하늘 본향을 그립니다."

6.25 전쟁 참전과 군대 생활 중 특별히 생각나는 것은 어떤 것인지요?

"전쟁 시 우리의 상황은 미군에게 지원받은 장비가 있어도 운영 요원이 없었어요. 특히 수송을 위한 장비 운전자가 필요했어요. 나는 포병 간부로 선발되었지만 전쟁 중 포병학교 자동차공학과 창설에 참여하게 됐지요. 미 포병학교 교본을 번역해 매뉴얼을 만들고 장비를 운용할 인재 육성을 위해 주 52시간 기술 강의를 하는 것은 또 다른 전선이었습니다. 정전 후에는 광주 상무대 포병학교에 후방 예비교육사단 창설을 대비하여 대령 10여 명으로 '특별 고등군사반'이 개설되었죠. 당시 박정희 대령을 포함한 고급 간부들을 상대로 자동차학과 교관을 한 것은 초급 장교인 나에게는 아주 특별한 기회였습니다.

교안 발표 준비와 주요 장비의 운용, 정비 등 매뉴얼 정리로 바쁜 시간이었지만 재미있는 일도 있었지요. 당시 포병학교 교장 심흥선 대령(후, 공보부장관 외)은 "장교는 국제 신사로서 사교춤을 배워야 한다"라며 이화여대 체육과 학생들을 초빙하여 체육관에서 춤을 가르쳤지요. 그래서 나는 지금도 사교춤 기본 스텝을 잘 압니다."

당시 미군과의 통역과 교범 번역은 어떻게 이루어졌는지요?

"상무대의 미국 고문단(顧問團, Adevise Group)은 전군의 교육, 장비 지원 등으로 한국군을 발전시켰지요. 그리고 통역은 통역병과와 미군 고문이 주로 하였어요. 기술교범(Technical Manual) 번역은 교관들이 하고, 포술학 야전교범(Field Manual)은 당시 교장 부관이던 조중건 중위가 많이 했지요. 조 중위는 희미한 전깃불에서 밤마다 복잡한 전문 교범을 번역하느라 눈을 버릴 만큼 모든 일에 열정적이고 꿈이 많은 장교였습니다. 통역병과 마크가 앵무새라서 앵무새병과라 부르기도 했지만, 어느 전투병과 보다 중요하고 힘든 일을 하였습니다.

조 중위는 통역병과에서 포병으로 전과하여 포병 대위로 미국 포병학교 교관으로 갔지요. 미국에서 제대하며 미국 대학에서 공부하게 된 것은 특별한 케이스였어요. 캘리포니아 버클리 대학 졸업 후 귀국하여 형님 조중훈 회장님을 도와 미국과의 신용을 높이며 베트남전의 수송 일을 맡는 등 한민족의 전진을 의미하는 한진(韓進)과 대한항공을 성장시키며 한강의 기적과 우리나라 경제를 부흥시킨 주역들입니다. 망백(望百)의 조중건

옹은 지금도 여전히 우리의 젊은이들이 꿈을 품고 그 꿈을 이루어가기를 바라십니다."

전역 후 교회 활동은 어떠셨나요?

"전역 후 서울 성도교회에서 중·고등부 부장을 했고, 옥한흠 목사가 대학청년부를 맡아 제자훈련을 시키셨어요. 당시 성도교회 담임 사역자인 김희보 목사(총신대 총장 역임)는 교육에 많은 관심을 가지셨습니다. 옥한흠 목사님과 함께하였던 청년 대학생(박성수 회장, 방선기 목사, 박성남 목사)들이 성장하며 후일 사랑의 교회의 든든한 기반이 되었지요. 나는 옥 목사님 대리 간증을 많이 해드렸습니다. 그리고 울산에 와서 강남교회에 출석하였습니다. 지금은 임마누엘 군인교회를 섬깁니다."

군인 교회에 나가신 특별한 사연이 있는지요?

"아내 박명복 권사는 1995년 주님 곁으로 갔어요. 아내와 지금 임마누엘교회 담임이신 신성호 목사는 중학교 사제(師弟) 간이었어요. 그런 인연과 젊은 군인들 가까이서 조금이라도 군 선교에 도움이 되려는 마음이지요. 코로나 등으로 인해 민간인 출입이 제한되어 지금은 울산교회에 다니고 있습니다."

생전의 박명복 권사께서는 어떤 분이셨습니까?

"무척 활동적이며 마음이 따뜻한 사람이었지요. 민주공화당 제2 여성부장을 지내며 통솔력과 글을 잘 써서 당시 박준규 의

장이 육영수 여사께 추천도 하였지요. 그러나 장인이 정치 활동을 막으셨어요. 장인은 숭의여자 보육대학 재건 초대 학장을 지내셨는데 무척 강직하셨어요. 아내에 대해 가장 기억에 남는 것은 1975년 울산 강남교회 여선교회장시 처음 시도했던 바자회입니다. 아내는 묵해(墨海) 김용옥 서예가의 글을 표구하는 등 물심양면이었지요. 이렇게 물품으로 한 바자회는 한양화학과 다우케미칼에서 많은 관심을 주어 당시 약 3,000 달러의 선교비를 모아 매주 울산교도소 수감자와 병원 환자를 도왔습니다.

한양화학에서는 어떤 일에 종사하셨습니까?

"미국 다우케미칼이 한양화학 설립에 참여하여 새로운 기계의 운영과 장비 관련 부문을 맡았습니다. 회사 규정의 사회 구제 예산에서 당시 울산 강남교회 건축 지원, 울산대학교 장학금 지원 등 지역 선교에 참여할 수 있었지요."

울산 YMCA 9대 이사장직을 수행하셨는데, 많은 이야기가 있을 것 같습니다.

"회사 퇴임 후 88올림픽을 전후로 일본 히로시마 YMCA와 활발한 민간 교류를 위해 열심히 뛰었던 생각이 납니다. 히로시마 YMCA 창립 50주년 행사에 울산 YMCA 이사장 자격으로 참석해 축사를 했던 일과 김기현 의원이 17대 이사장 시 YMCA 30년사 편집 위원장을 하며 YMCA 발전을 위해 노력했던 것도 기억에 많이 남습니다. 그때 일에 대한 보람을 느꼈죠.

그리고 1993년 김영삼 대통령과 호소가와 총리가 경주에서 한일 정상회담을 할 때 우리는 민간 교류 차원에서 50여 명의 '울산 YMCA 여성합창단'이 일본으로 건너가 공연을 했습니다. 공연 반응이 좋아 일본 아사히 신문과 인터뷰를 할 만큼 대한민국 민간 국위선양에 애썼던 기억이 있습니다."

후쿠야마 YMCA 홀에서 한일 YMCA 여성합 창단 친선교류 합창제(1993)를 열었다.

울산YMCA 여성합창단 박덕창 단장의 인사 말과 일본 후쿠야마 여성합창단의 합창 장면

포항 한동대를 방문하여 김영길 총장을 만나 창조 과학을 위해 많이 애쓰신 것으로 압니다.

"김영길 장로와, 과학자이자 교육자인 원동연 박사 등과 '창조 과학회' 창설에 함께했습니다. 김영길 장로는 미국 NASA 연구원, KAIST 교수, 한국창조과학회 초대 회장 등을 역임한 훌륭한 분이었지요.

'한국창조 과학회'의 취지는 서론도, 본론도, 결론도 창세기 1장 1절 "태초에 하나님이 천지를 창조하셨다"입니다. 설립 목적은 인간, 생물체, 우주 등에 내재된 질서가 우연이 아닌 창조주 하나님의 신성과 능력임을 과학적으로 증명하며, 이 시대가 만물의 기원에 대한 바른 세계관을 갖고 창조주 하나님을 인정

하는 것에 이바지하는 것입니다.

1993년 대전 엑스포 박람회 시 '창조과학 전시관'을 운영하였습니다.

당시 박람회 장소와 조금 떨어진 곳에 원동연 박사가 자신의 건물을 희사하고 각 회원들의 헌금으로 전시관을 설립하였지요. 당시 우리는, 진화론 사상 고취로 오염된 청소년들의 두뇌를 창조과학적인 올바른 세계관으로 거듭나게 하는 것이 '한국창조과학회'의 사명이라고 생각했습니다. 자라는 세대에게 우주의 질서가 우연히 진화된 것이 아님을 알리려는 '한국창조과학회' 회원들의 진실된 마음으로 준비했습니다.

한동대 김영길 초대 총장은 한동대를 기독교 정신을 기반으로 한 인성교육 등 혁신적 커리큘럼으로 21세기를 맞는 새로운 교육 모델을 제시했지요. 그는 '공부해서 남 주자, 세상을 변화시키자'는 특별한 모토로 한동대를 신흥 명문사학의 반열에 올렸습니다. 그분은 숙환으로 2019년 6월 30일 향연 81세로 소천하셨습니다.

해외여행 중 전도하셨다는 이야기를 들었습니다.

"'한국창조과학회'에서 만든 소책자 전도지를 해외로 출국할 때면 소지하지요.

2018년 '지회' 강신원 장로와 함께 조선일보가 주관하는 '일본 속의 한민족사 탐방 규슈편' 행사 답사 중 규슈에 있는 신사에서 총주사로부터 설명을 들은 뒤 창조과학회에서 일본어로 만든 전도지를 주며 "창조주에 대해 들어보셨나요? 읽어보세요"라며 전도하였습니다.

그리고 오래전 하와이에서 '예수전도단'이 주관하는 장로 부부 세미나에 참석한 후 코나 공항에서 귀국 대기 중일 때 일본 히로시마대학교 생물학 교수와 대화하게 되었어요. 진화는 생물학에서 취급하는 것이기에 그에게 일본어 전도지를 주며 "당신은 원숭이의 후손입니까? 이것을 읽어보세요"라며 전도하였습니다. 내가 일본 고어(古語)로 말하니 내 말을 잘 들어주었습니다."

창조과학학회가 만든 전도지 내용은 어떤 것입니까?

"소책자 전도지로 한국어, 영어, 중국어, 일본어로 만들었고 '당신은 창조주를 아십니까?'라는 제목으로 일곱가지 사실을 기록하고 있어요. 이러한 소책자 전도지가 많이 만들어져 활용되어야 한다고 생각합니다."

전도지의 7 사실의 내용은,

* 천지 창조 - 사실 ① 우주 만물은 하나님이 창조하셨으며, 우연히 생겨난 것이 아닙니다(창 1:1).
* 생물 창조 - 사실 ② 생물은 하나님의 설계에 의하여 각각 그 종류대로 창조되었습니다(창 1:24 - 25).
* 인간 창조 - 사실 ③ 사람은 하나님의 형상대로 창조된 영적 생명체이며 원숭이로부터 진화된 단순한 고등동물이 아닙니다(창 1:27, 창 2:7).
* 하나님의 존재와 능력 - 사실 ④ 사람은 하나님이 지으신 우주 만물을 통해 하나님의 존재와 능력을 분명히 알 수 있습니다(롬 1:20, 시 19:1).
* 사람의 죄의 결과 - 사실 ⑤ 사람이 창조주 하나님을 부인하고 불순종한 죄 때문에 생명을 주신 창조주 하나님과 분리되어 죽게 되었습니다(롬 1:21, 롬 1:25, 롬 6:23).
* 죄 용서와 구원 - 사실 ⑥ 예수 그리스도만이 사람의 죄를 용서하실 수 있고, 하나님과 화해시킬 수 있는 유일한 분입니다(롬 5:8, 요 14:6).
* 새로운 피조물 - 사실 ⑦ 예수 그리스도를 당신의 구세주로 영접하면 당신은 죄 사함을 받고 구원받아 새로운 피조물이 됩니다(요 1:12, 고후 5:17).
소주제에 대한 설명과 '영접기도문' 그리고 〈부록〉으로 '생명의 기원의 과학적 고찰'을 짧게 설명하고 있다.

건강을 유지하는 비법이 있다면 말씀해 주십시오.

"성경이 건강관리 매뉴얼입니다. 나는 날마다 같은 시간에 울산대공원을 걸으며 아름다운 자연에 감사하면서 데살로니가전서 5장 23절 말씀(평강의 하나님이 친히 너희로 온전히 거룩하게 하시고 또 너희 온 영과 혼과 몸이 우리 주 예수 그리스도 강림하실 때에 흠없게 보전되기를 원하노라)으로 영·혼·육의 건강을 위해 기도합니다."

인생을 돌아볼 때 감사한 일이 많으시겠지만 특별히 기억나는 것은 어떤 것일까요?

"나는 혼자이지만 아직 구역회를 하고 있어요. 구역 멤버들은 내가 회사에 근무할 때 함께 일했던 여직원들인데 이제는 손주를 둔 할머니들입니다. 김치, 반찬 등을 늘 냉장고에 넣어주고 지금껏 동행할 수 있어 감사합니다. 지금까지 살아온 것도 에벤에셀 하나님의 은혜입니다."

오랜 세월을 보내시며 가장 행복한 것을 꼽는다면 어떤 것일까요?

"지금까지 인도하여 주신 에벤에셀 하나님께는 '지금까지 지내 온 것'을, 그리고 주님 앞으로 갈 때까지에 대해서는 '나의 갈길 다가도록'이라는 두 찬송가의 가사를 질문에 대한 답으로 하겠습니다."

앞으로의 계획 또는 남기고 싶은 말씀을 주시겠습니까?

"해방을 맞이했지만 고향을 뒤로하고 사선을 넘어 월남했고 그후 한국전쟁을 겪었습니다. 그리고 산업화 과정의 파노라마 같은 인생 속에서 위대한 포부를 가져보기도 하고, 여러 개의 자격증과 1960년 국가 특허국으로부터 얼굴 피부 관리용 '미안기(美顏器)' 특허를 받으며 많은 일에 도전도 했습니다. 그러나 나의 계획은 결국 하나님의 뜻대로 이루어지는 것을 알 수 있었습니다. 현실에 충실하면서 '코람데오'의 마음으로 그날그날을 충실하게 맞으려 합니다. 내가 가진 모든 것으로 주님을 위해 뜻있게 쓰이는 것이 정리될 때가 하나님이 내게 주신 일의 마무리라고 생각합니다. 내 마지막 소원은 남북이 말씀으로 통일되어 이 땅 위에 주님의 나라가 건설되어 하나님께 영광 돌리는 대한민국이 되는 것입니다."

'미안기' 특허는 활용하지 못하셨나요?"

"당시 화장품 회사는 미안기를 활용할 생각을 하지 못했고 나도 바쁘다 보니 상용화 기회를 놓쳤어요. 요즘은 화장품 회사에서 미세전류 이온 교환 미용 기구가 많이 나오는 것 같군요."

혼자 생활하시는데 시간은 어떻게 보내시는지요?"

"자연과학을 하는 사람은 늘 생각하고 연구하기 때문에 혼자 있지만 지금껏 지루하다는 생각을 가져본 적 없어요. 또 하나님이 늘 함께하시니 외로울 것도 없지요. 항상 감사하며 삽니다."

2020년 11월 어느 토요일, 박덕창 장로와 함께 푸른 바다가 펼쳐진 '간절곶' 주변 카페에서 쉼을 가졌다. 박 장로는 단기 4293년 4월 20일에 발행된 '특허공보(特許公報)'에 실린 '미안기' 기사를 보여주셨다. 빛바랜 책자에는 전기 작동으로 얼굴 피부를 관리하는 '미안기'의 고안 내용과 도면이 실려 있었다.

청년 시절 비행선을 만들고 자동차를 만들어 고향에 가겠다는 꿈을 가졌던 박 장로는 여전히 꿈을 품은 모습으로 젊은이들에게 비전을 준다.

"그 후에 내가 내 영을 만민에게 부어 주리니 너희 자녀들이 장래 일을 말할 것이며 너희 늙은이는 꿈을 꾸며 너희 젊은이는 이상을 볼 것이며" - 요엘 2:28

III. 희망을 심어주는 교직자의 생활신앙 이야기

김경식 장로

3대째 기독교 가정에서 태어난
김경식 장로

이번에는 '울산기독군인회' 고문인 울산제일교회 김경식 장로의 지난 삶과 신앙 이야기를 나누려 한다. '지회' 모임 그리고 책을 준비하면서 김경식 장로의 격려와 희망적인 말씀을 통해 그의 오랜 교직 생활을 간접적으로 느낄 수 있었다.

김경식 장로는 경주 안강 시골 마을에서 태어났다. 김 장로의 가정은 3대째 기독교를 믿는 집안으로 아버지는 자비로 양북면에 교회를 세우셨고 어머니 또한 믿음과 희생을 치르셨다.

김 장로가 중학생일 때 아버지께서 병환으로 돌아가셨다. 형들은 군 복무 중이었기에 농사일은 김 장로가 도맡아 했다. 아침 일찍 일어나 소죽을 끓여 먹이고 학교를 마친 후에는 망태기를 둘러멘 채 소를 몰고 들판으로 나갔다. 소가 풀을 뜯어 먹도록 하고 풀을 베어 망태기에 채우는 동안 귓가에 들리는 종달새의 노랫소리는 하나님의 선물과도 같아 정서적으로 많은 위안을 받았다. 들판에서 돌아와 다음 날 아침 소죽을 끓일 풀을 썰어 놓고 나면 공부를 할 수 있는 시간이 되었다.

소 관리 외에도 할 일은 많았다. 분뇨를 퍼 보리밭에 뿌리는 일, 날이 가물면 밤새 논에 물을 대는 일, 논에 김을 매는 일 등 매일 바쁜 시간이었다. 그러나 아름다운 자연을 벗 삼은 탓에 즐거웠고 그 일은 자신에게 맡겨진 당연한 의무같이 느껴졌다.

김 장로의 어린 시절 꿈은 멋진 군대 장교가 되는 것과 학교 선생님이 되는 것이었다. 훗날 김 장로는 육군 ROTC 포병 장교와 학교 선생님이 되어 그 꿈을 이루었다.

학창 시절 어려운 일을 겪기도 했다.

고등학교 3학년 때 급성 폐렴에 걸려서 죽음 직전의 상황을 경험했다. 물도 마시지 못하고, 몸도 가눌 수 없는 아주 어려운 상황이었다.

김 장로는 "너무 괴로워서 빨리 죽었으면 좋겠다라고 생각했다"라며 당시를 회상했다. 김 장로는 고통 중에 "하나님 살려만 주신다면 주님의 일을 열심히 하겠습니다"라고 간절히 기도하였다. 가족과 본인의 기도로 2주 후부터 차도가 있더니 조금씩 회복되었다.

김 장로는 완치 후 마음에 서원을 하였다.

"죽을 몸이었는데…. 앞으로의 삶은 하나님을 위해 살겠습니다."

죽음 직전의 상황에서 살아 돌아온 것이 신앙 성장의 밑거름이 된 것이다.

김경식 장로는 2010년 울산 무룡중학교 교장직을 끝으로 36년간의 교직생활을 마감했다. 김 장로는 퇴직 후에는 노인들을 위한 모임과 기관, 단체 등에서 특강을 하며 더 많은 봉사를 하고 있다. 그의 봉사의 삶은 많은 표창장과 공로패, 감사패 그리고 '홍조근정훈장' 등을 통해 잘 알 수 있다.

김경식 장로는 교직 생활 중 가장 기억에 남는 학생의 이야기를 전해주었다. 무룡중학교 교장으로 재직 당시 소년원에서 교육받은 학생이 한 명 있었다. 선생님이 모두 난색을 보일 만큼 지도가 안 되는 학생이었지만 김 장로는 예수님의 사랑으로 학생을 설득하기로 마음먹었다.

어느 날 일과를 마친 학생의 어머니와 담임 선생님을 교장실에 꿇어앉도록 하고는 학생을 불렀다. 이를 본 학생은 대성통곡을 하며 난동을 부려 설득되지 않았다. 그러자 김 장로는 교장의 신분임에도 자신도 바닥에 꿇어앉아 학생의 이름을 불렀다. 그때야 학생은 난동을 중단하였다.

김 장로는 자신 앞에 학생을 꿇어 앉힌 후 학생의 손을 잡고 하나님께 간절히 기도했다. 그리고 "너는 마음만 먹으면 무엇이든지 할 수 있다"라고 이야기하자 학생은 "다른 학교로 전학 가지 않고 제가 저지른 잘못에 대해 처벌을 받고 새로운 모습을 보이겠습니다"라며 다짐을 했다.

그때까지 꿇어앉아있던 어머니와 담임 선생님을 학생이 직접 손을 잡아 일으킨 후 그동안의 일에 대해 사과를 했다. 교장인 김 장로 역시 학생을 끌어안고 격려했더니 학생은 한없이 눈물을 흘렸다.

이후 학생과 자주 만나 예수님과 성경 이야기를 해 주자 학생은 3개월 후 교회에 나오게 되었고 그 모습에 감동을 받은 어머니도 교회에 나와 신실한 신자가 되었다.

김 장로는 이 학생의 변화를 본 후 "예수님의 사랑이 청소년에게 절실히 필요하다는 것을 느꼈고 '교육이란 이런 것이구나'라는 것을 느꼈다"라며 감회를 밝혔다.

김경식 장로는 교직 생활 중 학생들의 인성이 점점 후퇴하는 것을 느꼈다. 그래서 교장이 된 후에는 인성교육에 중점을 두어 인성이 몸에 배도록 반복 교육을 실시했다.

김 장로는 1985년 중학교 담임 때를 교직 생활 중에서 가장 어려웠던 시기로 꼽았다. "학생들의 이탈 행위가 많아 학생들을 처벌하고 지도하는 일이 무척 힘들고 어려웠다"라고 회고했다.

담임을 맡은 반 학생들의 성적, 언행, 환경미화, 출결 등은 항상 꼴찌였다. 고심하던 중 마음의 결심을 하고 종례 때 "모두 담임이 잘못 지도해서 이런 일이 일어났으니 내가 한 시간 동안 의자를 들고 벌을 받겠다"라고 말한 후 한 시간 동안 벌을 섰다. 그 시간은 참으로 길게 느껴졌고 매우 힘들었다.

김 장로는 벌을 선 후 학생들에게 하나님께 기도하자고 제안했다. 일부 학생들은 눈이 휘둥그레졌다. 그런 학생들을 설득한 후 손잡고 기도를 드렸다. 기도를 마친 후에는 우리 모두 잘해 보자고 말했다. 다음날부터 학생들의 태도가 아주 좋아졌다. 이후로는 모범 반이 되었고 지도 결과에 아주 만족하였으며 기억에 오랫동안 남게 되었다.

무룡중학교 교장으로 재직할 때는 '진담훈담'이란 특색사업으로 인성교육에 힘썼다. '진담훈담'이란 말은 학교장의 '참다운 이야기, 가르침을 주는 이야기'라는 뜻이다.

인성교육은 단시일에 되지 않는다는 것을 안 김 장로는 지속적인 인성교육을 위해 예수님의 사랑과 기독교를 소개해야겠다고 생각했다. 학생들의 인성이 점점 후퇴하는 것을 느낀 그는 교감 시절부터 자신이 교장이 되면 인성교육과 예수님의 사랑에 대한 훈화에 중점을 두겠다는 생각을 가졌다. 그리고 훈화를 말로 그치지 않고 학생들이 펼쳐볼 수 있도록 작성해 배부하겠다고 생각했다.

김 장로는 교장이 된 후 자신의 마음을 교직원과 학생들에게 알리고 일주일에 3회씩 실천했다. 내용은 예절, 효도, 질서, 마음가짐, 애국심, 자신감, 국경일, 명절, 기념일, 실천, 인내심, 공부, 특기, 독서, 취미생활, 목표, 희망 등에 관한 것이었는데 특별히 기독교에 관한 내용도 첨가하여 자주 훈화를 했다. 그러자 기독교에 대한 학생들의 생각이 달라짐을 느낄 수가 있었다.

김 장로는 '인성교육은 어릴 때부터 가정에서 시작되어야 한다'라고 생각했다. 그에게 "세 살 버릇 여든 간다"라는 속담은 마음에 꼭 맞는 명언이었다. 김 장로는 학생들의 인성교육을 위해 일정한 프로그램을 개발하여 지속적으로 추진했으며, 인성에 관한 것은 무엇이든 생각하여 몸에 배도록 반복 교육을 했다. 그리고 학생이 잘못을 했을 때는 가정이나 학교에서 즉시 주의 줘 생각을 환기시켰다.

학생의 인성교육에서 가장 중요한 것은 가정에서는 부모의 의지, 학교에서는 교사와 관리자의 의지다. 김 장로는 여기에 기독교 이야기를 자주 들려주었더니 학생들이 기독교에 대해 관심이 많아졌고 결국 교회에 나가는 학생이 증가해 큰 보람을 느끼게 되었다.

김경식 장로는 교직 생활과 교회 생활 그리고 사회봉사에도 왕성하게 활동한 만큼 자녀교육에도 특별했다.

"세 살 버릇이 여든 간다"라는 속담을 연상하여 연년생인 두 딸을 강하게 교육했다. 아이가 네 살 때 밥투정을 하기에 몇 차례 밥을 안 주었더니 일체의 밥투정이 없어졌다. 자녀들이 성장하며 학교 숙제가 어렵다고 할 때도 대신해 주기보다 스스로 노력해 해결하도록 지도했다. 고등학교 때는 학교 수업 후 밤 12시까지 독서실을 이용하게 했다. 취침 전 30분 동안은 가족끼리 둘러앉아 성경을 읽고 기도한 후 하루 일과를 마쳤다.

김 장로는 큰딸이 중학교에 입학한 다음 날 자녀들과 의논해 집안의 TV를 없앴다. 자녀교육이 중요하기에 TV를 버리고 김 장로 역시 7년간 TV를 보지 않았다. TV가 없으니 공부도 많이 하고, 취미활동, 성경 읽는 시간, 기도하는 시간, 대화의 시간도 많아져 집안 분위기는 더 화기애애했다.

자녀들의 잘못은 모두 메모해 두었다가 토요일 저녁 가족 네 명이 모두 꿇어앉아 잘못한 일을 이야기한 후 "너희들이 잘못한 것은 아버지가 교육을 잘못시켜서 그런 것이니 아버지가 벌을 받아야 한다"라며 의자를 들고 한 시간 동안 벌을 받았다. 두 딸이 울면서 "잘하겠다"라고 말해도 한 시간을 채운 후에야 서로 손을 잡고 조용히 기도를 드렸다.

일 년에 두 번 있는 방학 동안에는 2박 3일 여행을 했다. 이때는 책 없이, 공부 이야기는 하지 않고 맛있는 음식과 재미있는 이야기와 놀이를 하며 스트레스를 풀었다. 여행 중에는 대학 한 곳을 꼭 방문하여 몸소 느끼도록 하고 도서관을 반드시 견학했다. 이럴 때면 아이들의 마음가짐이 달라짐을 느낄 수 있었다.

주일은 교회 생활에 전념하도록 했다. 이렇게 주일에 공부할 수 없으니 다른 학생들에게 뒤처지지 않기 위해서 평일에는 잠을 한 시간 덜 자고 공부하도록 했다.

김 장로의 큰딸 정은은 이화여자대학교 컴퓨터공학과를 졸업한 후 한국과학기술 대학원에 진학하여 학업을 마쳤다. 그 후 삼성종합기술원에 입사하여 근무하다가 LG연구원으로 옮겨 과장으로 근무하고 있으며, 몇 해 전에는 'LG인 대상'을 수상하기도 했다.

둘째 딸 정인은 이화여자대학교 컴퓨터공학과를 졸업한 후 연세대학교 대학원에 진학했다. 현재 '삼성SDS'에 입사하여 과장으로 근무하고 있다.

"특별히 감사한 것은 사돈을 맺은 두 가정 모두 기독교 가정이고 사돈께서는 교회 장로, 권사이십니다. 큰 사돈은 경북대학교 교수(교육학 박사)로 정년 퇴임하셨는데 저와 같은 교육자의 길을 걸어오셨기에 이심전심(以心傳心), 여러 가지로 의사소통이 잘 되는 점이 매우 좋습니다."

김 장로는 "앞으로의 삶에 어떤 바람을 가지십니까?"라는 질문에 '울산 문수필담 제3호에 실린 자신의 수필 '희망의 삶'을 주시며 웃음으로 대답을 대신하였다.

「나의 좁디좁은 마음엔 넓은 바다를 들여놓아 넓은 세상이 출렁이게 하고 싶고, 얕고 낮은 생각 속엔 깊은 샘을 들여놓아 깊은 지혜가 샘솟게 하고 싶다. 살아있음에 축복을 함께 끌어 안으며 아름다운 말을 하고 아름답게 살아가고 싶다. 사람을 대하면 반갑게 인사하고, 정직하게 즐거운 마음으로 일하고, 하찮은 작은 일에도 감사하고, 아름다운 황금빛 저녁노을에도 눈물겹도록 감동하면서 살아가고 싶다.」

이 글을 스스로 독송하신다며 "부족한 나에게 베풀어주신 하나님의 축복과 따뜻한 정을 크나큰 선물로 생각합니다. 그리고 감사하는 마음으로 신앙생활을 하며 여생을 '희망의 삶'으로 아름답게 꾸며 가고자 염원합니다." 말씀하시며, 가장 좋아하는 성경구절로 데살로니가전서 5장 16-18절을 소개한다.

"항상 기뻐하라. 쉬지 말고 기도하라. 범사에 감사하라 이것이 그리스도 예수 안에서 너희를 향하신 하나님의 뜻이니라"

IV. 원로 장로가 그리는 신앙 이야기

2020년 초에 발생한 코로나19는 백신이 개발되지 못한 채 가을을 맞았다. 코로나19는 자영업자, 기업체뿐 아니라 사회 전반에도 연관되어 나라 경제와 가정 살림에도 어려움을 주고 있다. 코로나19로 인해 지구촌이 새로운 전환점에 놓였다는 생각이 든다. 인간이 처한 상황을 아는지 모르는지 자연은 늘 자기 자리를 지킬 뿐이다. 높디높은 가을 하늘을 보고 있자니 지인으로부터 예쁜 영상과 함께 시 한 편(이혜인 '시월의 기도')이 카톡으로 날아들었다.

나는 자신들의 지난 삶을 나누어 주신 세 분의 장로님을 모시고 점심 식사를 한 후 카페를 찾았다. 우리의 주제는 자연스럽게 코로나19로 집중되었고 이렇게 어려울 때 원로장로가 바라는 신앙과 이 시대를 사는 이들에게 하고 싶은 이야기들이 흘러나왔다. 그리고 종교의 발전과 오늘의 신앙인의 자세와 변화에 대한 이야기도 나눴다. 나에게는 변해있는 우리가 예수님의 정신으로 돌아가자는 메시지로 들렸다.

오늘 우리의 이야기는 앞으로의 삶을 위해 더없이 중요한 것들이었다. 이에 세 분의 이야기를 요약했다.

첫째, 변화에 적응하자

전 세계에 퍼진 코로나19로 인해 한국 교회는 이제까지 경험하지 못한 상황에 처했다. 가장 먼저 눈에 띄는 변화는 공동체 예배를 드리지 못한다는 것이다. 그렇다고 해서 절망이나 좌절할 필요는 없다. 코로나19 사태를 통하여 우리 자신을 돌아보고 예배의 장소가 어디든지 온전한 예배가 무엇인가를 생각하는 기회로 삼으며 주님이 바라시고 기뻐하시는 예배로 돌아간다면 우리의 신앙이 한 단계 성숙하는 기회가 될 것이다. 비대면의 상황은 언제라도 발생할 수 있다. 때문에 현대의 디지털 문화를 십분 활용해 성도 한 사람 한 사람을 더 소중히 생각하고 양육하여 도와가는 체계가 마련된다면 걱정할 것은 없다. 불변하는 복음의 진리를 따라 언제나 변할 수 있는 제도와 환경에 적응한다면 교회와 사회 모두 공생하며 부흥할 것이다.

둘째, 이웃에 봉사하자

교회와 성도는 이웃을 사랑하고 봉사해야 한다. 어려운 이웃이 '내 지역에 교회가 있는 것에 보람'을 가질 수 있어야 한다. 교회를 통하여 지역 상권에 도움이 되고 지역과 소통해야 한다. 교회 주변을 깨끗이 하며 내 교회, 내 지역을 넘어선 다양한 봉사와 참여를 통해 예수님의 사랑을 실천하는 교회, 이웃에 행복을 주는 교회와 성도가 되어야 한다. 지구촌에도, 우리 주변에도 어려움에 처한 사람들은 언제나 있다. 이들을 생각하며 예수님의 정신으로 돌아가야 한다. 비대면으로 교회 봉사의 기회가 제한되는 때에 각 성도들의 삶의 현장에서의 섬김이 더 많이 요구된다.

셋째, 꿈나무를 키우자

성도의 수가 줄어드는 안타까운 현실에서 장차 이 나라를 이끌 꿈나무들을 키울 교회 학교의 중요성을 깨달아야 한다. 교회는 예배를 드리고 말씀을 듣는 곳이다. 하지만 주 중에도 이웃과 소통하며 어울림의 공간이 되고 함께 책을 읽거나 어떤 고민도 이야기할 수 있는 '작은 문화 공간'의 역할을 한다면 좋을 것이다. 꿈나무를 키우는 교회 학교 교사에게 투자하고 격려하는 것도 중요하다. 교사들의 헌신은 다음 세대로 이어지며 꿈나무들이 교회에서 배운 지식과 영성으로 사회 곳곳에서 스스로를 발전시킬 수 있도록 학생과 교사와 청년들에게 투자해야 한다.

넷째, 알곡 신자가 되자

누구든지 처음부터 잘할 수는 없다. 믿음에 견고한 사람도 방황할 때가 있고, 넘어질 때도 있다. 교회는 부족함을 채워주고 받아주는 곳이며, 어떤 고난에 처한 사람도 포용하는 곳이다. 그러나 언제까지 어린 신자로 있어서는 안 된다. 교회의 주축인 평신도들은 그 삶에서 예수님의 가르침을 실현하는 진짜 신자가 되어야 한다. 우리는 본래 가라지 같은 인생이나 하나님은 우리 모두가 알곡이 되기를 바라시며 참아 기다려 주신다(마 13:29-30). 우리가 끝까지 알곡 성도가 되기 위해서는 말씀의 사람, 기도의 사람이 되어 세상의 빛과 소금이 돼야 한다(딤전 5:8, 마 13:29-30).

세 분의 장로께서는 '사회의 원로'라는 말을 들을 때면 "원로보다는 생각이 젊으니 지금도 청년이다"라고 말씀하신다. 오늘의 산업 발전과 우리나라가 경제대국으로 잘살게 된 것은 지금 나이 드신 분들께서 이루신 위대한 업적이다. 오늘의 젊은이들은 그 결실을 받고 있지만 "어르신들과 대화가 안 된다"라는 말을 하기도 한다. 시대는 변한다. 하지만 인간의 본분은 변하지 않는다. 젊은이는 어른을 존중하고 어른은 젊은이의 생각을 수용하며 급변하는 시대의 시대에 발맞춰 가야 한다. 그리고 이 나라 차세대 주역인 젊은이들이 더 큰일을 할 수 있도록 함께 힘을 모아야 한다.

세 분의 어르신들과 이야기를 나누며 영국 시인 사무엘 울만의 '청춘'이란 시 중의 한 소절이 떠올랐다.

김경식 장로 자택서 모임을 가진 후(2020)
좌에서 필자, 강신원 장로, 김경식 장로
박덕창 장로

"청춘이란 인생의 어떤 시기가 아니라 마음가짐이다.

단순히 세월이 흐른다고 해서 늙은 것이 아니라

우리의 이상이 황폐해질 때 늙는다."

2. '울산기독군인회' 군 선교 이야기

I. 울산기독군인회 지도 목사의 바람

컬티 카페에서 '지회' 고문이신 세 분과 '지회' 지도 목사님이 대화의 자리를 마련했다. 컬티 카페는 공연장과 소모임 룸이 있어 다양한 사람들이 만남의 공간으로 이용하며 무엇보다 강신원 장로께서 독서모임을 갖는 곳이다. 이러한 복합문화공간에 모이고 보니 '변종의 늑대'(쌤앤파커스 간, 김영록 지음) 이야기가 자연스럽게 흘러나왔다.

미국 옐로 스톤 국립공원의 늑대는 초원의 포식자인 덩치 큰 사슴의 번식을 조절한다. 이렇게 서로가 조화를 이루며 풍성한 생태환경이 조성된다. 늑대는 한 마리 야수에 불과하지만 자연의 큰 틀에서 보면 자연 생태계에 활력을 불어넣는 '생태공학자' 역할을 한 것이다.

기업 생태계 역시 대기업들이 주축이 되기에 최근 새로운 경제성장의 패러다임을 모색해야 한다는 의견이 대두되고 있다. 이런 측면에서 혁신을 도모하는 '스타트업'은 최근 화제의 중심에 서있다. 기존의 상식보다 '촉'과 '야성'으로 오늘의 기업 생태계를 점령하고 있기 때문이다. '스타트업'이 대기업과 경쟁의 관계인 동시에 공생의 관계라는 특성 또한 눈에 띄는 포인트다.

컬티 카페와 같은 공간이 교회와 함께 이웃의 어려운 사람들을 도와 하나님의 사랑을 실천하는 공간으로 발전하는 미래가 느껴졌다.

한국 사회뿐 아니라 전 세계는 아직도 코로나19의 불안을 해소하지 못하고 있다. 코로나 때문에 잃은 것도 있지만 찾아야 하는 긍정의 요소들도 분명히 있다. 나는 '지회' 김정부 지도 목사께 현재 우리가 안고 있는 문제들에 대해 질문했다.

'울산기독군인회'를 지도해 주시는 김정부 목사는 울산 덕신에 자리하고 있는 '찬송하는 교회'를 담임하신다. 미국 미드웨스트 신학대학교, 대한신학대학원, 국제신학대학원, 총회신학대학원을 졸업한 목회학 박사이자 신학 석사다.

김 목사는 지금까지 네 개의 교회를 개척하며 온 삶을 하나님을 위하여 일했다. 오래전부터 군 선교에 관심이 많아 참여했고 '한국 교회 법학회' 이사로도 활동하며 교회의 분쟁과 어려움에 도움을 주고 있다.

법학회 이사로 많은 활동을 하는 것을 알고 있습니다. 갑작스럽게 발생한 코로나19로 인해 예배에 대한 혼란도 있습니다. 코로나로 인한 영상(비대면) 예배에 대해 찬반 의견이 많은데 학회의 의견은 어떻습니까?

"지난 7월 '코로나 사태와 한국 교회의 법적 관계'라는 주제로 제25회 학술세미나를 개최했습니다. 많은 사람들이 참여해 관심을 모았습니다. 온라인 예배에 대한 의견은 지난 학술세미나에서 제기동교회 담임목사이며 개신대학원대학교 겸임교수이신 진지훈 목사님께서 발표한 '예배의 본질과 온라인예배'라는 주제의 말씀에서 「주일 공동체 예배든지, 온라인 예배든지 옳고 그름의 문제를 따지기 전에 교회가 예배를 드리지 못하는 위기에 봉착했을 때 온라인 예배라는 창의적인 방법으로 위기를 돌파하는 방법을 찾았다는 데 의미를 두어야 합니다. 급변하는 사회 속에서 사용할 수 있는 테크놀리지를 최대한 활용해서 교회와 성도들의 유익을 위해 사용하는 지혜를 발휘해 적응하고 적용해야 합니다」라고 발표했습니다. 디지털 문화를 선하게 사용하여 하나님을 기쁘시게 하는 온라인 예배를 만들어가야 한다고 생각합니다. 왜냐면 교회는 어느 곳에도 있어야된다고 생각하기 때문입니다. 어디에서도 진정한 예배를 드릴 때 하나님은 우리를 만나주시고 이 땅에서 힘 있게 살아갈 용기를 주십니다."

'지회' 지도 목사께서는 회원들의 영성을 도와주지만 군 선교와 '지회'에 대한 바람도 말씀하였다.

"신병훈련소에서 받은 세례가 근무지 교회 교역자와 연계되어 자신이 받은 세례의 의미를 되새기고, 영적 성장을 도울 수 있도록 군선교연합회, 기독군인회, 군교역자회가 서로 정보를 공유하는 바람을 가져 봅니다.

그리고 강신원 고문께서 '지회' 회장 시에는 부대 지휘관과

정훈과의 협조로 직접 부대 장병들에게 독서지도를 할 수 있었지만 지금은 부대 도서관과 부대교회에 좋은 책 신간과 신앙서적 지원 사업이 지속되면 좋겠습니다.

　이전에 울산시와 군부대가 협력하여 전입되는 신병들에게 울산의 주요 산업시설을 견학하게 하고 사우나와 뷔페를 제공하였다는 이야기를 참 의미 있게 들었습니다. 그리고 지역 교회와 부대 교회가 연합하여 강연회, 음악회 등의 문화 활동을 통해 작전과 훈련으로 누적된 피로를 회복시키고 사기를 앙양함과 함께 복음을 전할 수 있는 환경이 만들어지는 바람을 가집니다. 그러나 지금은 코로나로 부대 출입이 제한되고 있어 군인교회 교역자분들을 위해 더욱 기도해야 하겠습니다."

양산 '영성수련원'에서
부산·울산지회 기도회 '울산기독군인회'
김정부 지도 목사 설교(2019)

II. 나의 울산기독군인회 봉사 이야기

　'지회'는 1982년 1대 정인철(예. 대령) 지회장을 시작으로 2대 이득필(예. 대령), 3대 이승로(예. 중령), 4대 김흔중(예. 해병 대령), 5대 현민웅(예. 대령), 6대 박영일(예. 대령)으로 이어졌다.

　나는 1989년 4대 김흔중 회장 때 '지회'에 참여하였다.

김흔중 회장은 직접 성경공부와 조찬기도회를 인도하였으며, 성경공부 자료는 당시 선교회에서 주님을 따르며 배우던 나에게 많은 도움이 되었다.

김흔중 회장이 울산석유화학 공업단지 예비군 연대장이었을 때 석유화학 공단 예비군 지휘관들과 매년 전적지와 명승지 답사 등을 함께한 것은 좋은 추억으로 남아있다. 연대장 퇴임 후 신학을 하고 목사 임직을 받은 김흔중 목사는 이스라엘 선교사로 파송되어 이스라엘, 이집트, 요르단, 터키, 그리스, 로마 등 성서가 쓰인 현장을 다니며 자료를 모아 '성지순례의 실제(聖地巡禮의 實際)'(청담 간)을 출판했다. 이 책은 읽는 이가 직접 성지를 답사하는 듯한 감동을 준다. 두 번째 지은 책 '성서의 역사와 지리'(엘맨 간)는 성서의 역사를 일괄 할 수 있어 성서 이해에 많은 도움이 된다.

'지회' 7대 강신원 회장 이후는 8대 '울산다운공동체교회' 윤충걸 장로, 9대 양문교회 박재국 장로, 10대 남울산교회 최기린 안수집사께서 군 선교를 이끌어 주셨으며, 강남교회 권완용 장로는 '지회' 부회장으로 강남교회에서 '지회' 기도회를 가질 수 있도록 도와주시며 시민교회 김세호 집사는 '지회' 총무로 음지에서 헌신을 주신다.

나는 11대 지회장(2012~2015년)을 맡아 울산기독군인회 카페를 개설하고 홍보용 책자를 제작했다. 울산군선교연합회, 울산기독군인회, 울산군교역자회와 연합하여 '제1차 울산구국기도회'를 가졌다.

　서울 KVMCF 본회 박환인 회장과 임원, 부산지회 임원과 울산지회와의 군 선교 활동에 대한 간담회를 가지며 KVMCF 울산 지역회 기(旗)를 수여받고, 울산 지역 업체 'SK에너지'를 견학하며 친교의 시간을 가졌다.

　'지회'는 전입 신병 신앙 도서 지원, 군 대대급 교회에 복음 설명과 전도지 지원, 해안 초소 위문 등에 중점을 두고 활동하지만, 민간인 신분으로 직접 전도에 어려움이 있다는 것은 복음이 설명된 책을 출판하는 계기 중 하나가 되었다.

KVMCF 제15대
박환인(예, 해병 소장) 회장
KVMCF 울산지역회
기(旗) 수여(2013)

KVMCF 제16대
이정린(예, 육군 소장) 회장
부산 '동삼중앙교회' 박근필 담임목사 외
부산, UN 묘지 참배 후(2015)

울산연대, 산업수도울산의 철통방어 나라사랑 국민교육의 도장

**7765부대장
대령 이정웅**

안녕하십니까.
제7765부대장 이정웅 대령입니다.
우리 7765부대는 대한민국 산업의 원동력인
이곳 울산을 철통같이 지키고자 투철한 사명감
으로 불철주야 맡은 바 소임을 완수하고 있습니다.
저 또한 그 책임의 막중함을 느끼고 있으며
우리 부대는 기본과 원칙에 충실하여 항시 전투
준비태세를 갖추고 있으며, 지식강군으로 육성
하고자 독서전술토의를 통해 장병들의 인성 및 지성을 계발시키고,
나라사랑 마음교육을 적극 추진하여 군 장병들은 물론, 지역 청소년들의
애국정신을 함양시키기 위해 혼신의 노력을 다하고 있습니다.
앞으로도 민·관·군의 유기적 협조체제를 통해 주어진 소임완수에
혼신의 노력을 다 할 것입니다.
특히 기독군인회에서 장병들의 신앙전력화를 위해 항상 앞장서
도와주시고 장병들의 밝고 활기찬 군생활에 많은 도움을 주신 점
깊이 감사드립니다.
앞으로도 부대 장병들에게 변함없는 애정과 관심을 당부드리며,
보내주신 성원을 바탕으로 울산의 안전과 방위를 보장할 수 있는
대비태세 확립에 만전을 기하여 믿음직한 안보의 파수꾼 역할을 완수
하겠습니다.
감사합니다.

"Leader is Reader"

2013년 3월 23일

77**부대 본부 임마누엘교회(2013)
제1차 울산구국기도회를 마치며

77**부대 본부 병영 도서관에서(2013)
*KVMCF 연합회, 부산·울산 지회 간담회 후

*앞줄 좌에서 이번생 목사, 조도제 장로, 박환인 장로(본회 회장), 필자, 강신원 장로
뒷줄 좌에서 오추웅 장로, 성말출 장로, 유관모 안수집사, 신성호 목사, 최기린 안수집사, 홍사영 장로

III. 군대에서 만난 하나님의 은혜

나는 지회장 시 특히 77**부대 3대대 '주사랑교회' 배재영 군 선교사에게 많은 관심을 가졌다. 배재영 목사는 군에서 보병연대 부연대장(중령 예편)으로 전역 후 군인 교회를 섬기고 있었다. 부대 장병들의 생일을 축하하고 전역한 병사들에게까지 연락하여 지역 교회에 연결하며 복음 전도에 헌신하는 모습과 많은 신우들에게 음식을 제공하며 봉사하는 사모님의 모습이 특별히 기억에 남는다.

'지회'에서 주사랑 교회의 장병들에게 복음을 전하고자 하였을 때 직접 칠판을 준비하고 간식을 제공하는 모습 등을 보며 장병들의 복음화에 대한 열정과 사랑의 마음을 느낄 수 있었다.

배재영 목사는 77**부대 3대대 '주사랑교회'에서 2008년부터 2017년까지 9년 동안 전도사로서, 목사로서, 군 선교사로서 장병들을 섬기며 헌신하였다. 군 교역자로서 사명을 다한 후에는 양산 자택에 영성수련원을 세워 그리스도인이 함께 기도할 수 있는 장소를 만들었고, 2020년 2월 17일에는 군 선교와 연계된 청년 선교와 대학생 사역을 위해 부산 신라대학교 입구에 '대학교회'를 개척하였다.

배 목사는 울산기독군인회 13대 지회장 역임(2018~2019년)시 삼일절 100주년 기념 '나라를 위한 기도회'를 가지며, 인접 지역 지회와의 화합을 이끌며 역동 있는 활동을 하였다. 양산의 영성수련원에서 부산지회와 울산지회의 합동 기도회를 시작으로 2019년 10월 5일 밀양 '시산교회'(이삼도 목사)에서 제1회 한국예비역 기독군인회 영남지역(대구, 울산, 부산, 경남) 연합 기도회가 이루어졌다. 이때 부산 '동삼중앙교회' 박근필 목사의 설교와 전(前) 육군 군종감 박욱병 목사의 축사에 이어 나라를 위하여, 국방을 위하여, 군 선교를 위하여 합심 기도를 했다. 다음 모임을 대구 지회에서 개최하기로 하고 찬송가 222장 "우리 다시 만날 때까지"를 부르며 하나님께 영광을 돌렸다. 영남지역의 예비역 기독군인회가 함께 손잡고 나라와 군 복음화를 위하여 합심 기도하는 모습에서 확장된 하나님 나라를 볼 수 있었다.

'남울산교회'에서 나라를 위한 기도회를 마치며 울산예비역기독군인회 배재영 회장 외(2019)

밀양, 시산교회에서 KVMCF 영남지역 기도회. 전 육군 군종감 박욱병 목사 축사(2019)

나는 야전군에서 30년 군 복무를 마치고 섬김의 낮은 자세로 목회의 길을 걷고 있는 배 목사와 대담(對談)의 시간을 가졌다. 많은 사연을 다 기록할 수는 없지만 몇 가지를 소개하고자 한다.

배 목사는 1979년 ROTC 17기로 임관하였으며 첫 부임지는 '제9공수 특전여단'이었다. 중등학교 교사로 발령이 나있어 군 복무를 마친 후 교사가 되는 꿈을 키우고 있었으나 특전사 복무와 함께 10.26 사태, 12.12 사태, 5.18 민주화 운동을 맞으며 사생관, 인생관이 바뀌었다.

"'나는 무엇을 해야 하는가?'라고 스스로에게 물었고 '나의 인생을 국가를 위해 충성하겠다'라는 다짐으로 군인의 길을 걷게 되었습니다. 돌아보면 그 길이 하나님을 만나는 은혜의 길이었습니다."

초임 장교 시절 경험한 힘든 훈련과 위험한 작전은 마음속에 두려움과 위기감을 느끼게 했다. 그는 하나님을 알지 못하는 가정에서 태어나 성장했기에 교회를 알지 못했다. 그러나 이 두려움으로 스스로 교회에 나가게 되었고, 교회에 가지 못할 때는 마음속으로 하나님께 기도했다.

"하나님, 내일 캄캄한 밤에 비행기에서 뛰어내립니다. 낙하산이 잘 펴지게 해 주세요."

"하나님 작전 중입니다. 부대원을 위험에 빠뜨리지 않게 도와주세요. 부하 장병들이 손끝 하나, 털끝 하나 다치지 않게 도와주시고, 작전을 성공적으로 잘 마치게 하옵소서."

기도 내용은 간단했지만 간절했다.

배 목사가 9공수 여단 중위로 근무할 때 부대의 '귀성교회'에 박욱병 목사(당시 소령)가 군종 참모로 부임하였다. 배 목사는 이때 하나님을 만났다.

"목사님은 교회에서 탁구를 치시며 제게 많은 관심과 사랑을 주셨고 결국 저를 예수님 곁으로 인도하셨습니다. 저는 목사님의 기도와 사랑으로 신앙생활에 많은 도움을 받으며 영적으로 성장할 수 있었습니다.”

배 목사는 1982년 결혼 후 아내와 함께 교회에 나갔는데 목사님과 성도들이 당시 신혼인 배 중위 부부에게 많은 사랑을 베풀었다며 그때의 사랑을 아직도 그리워한다.

배 목사는 특전사에서 8년간 근무하며 힘든 훈련 때마다 하나님의 은혜로 잘 이겨낼 수 있었다. 특히 밤에 낙하를 위해 땅을 내려다보면 제일 먼저 교회의 빨간 불빛이 눈에 들어왔다. 그때의 기억 때문에 지금도 친분 있는 목사님을 만나면 “목사님 밤에 교회 십자가에 불을 켜놓아 주세요. 캄캄한 밤에도 하늘에서 내려다보는 사람이 있습니다”라고 당부하기도 한다.

“한 번은 ‘가지산’ 정상에서 작전 중 태풍을 만났습니다. “안전지대인 인접 초등학교로 대피하라”라는 상부의 명령으로 새벽에 등산로를 따라 하산하던 중 인원을 확인하니 부중대장과 대원 한 명이 보이지 않았습니다. “하나님 전우 두 명을 살려주세요. 살려주세요”라고 태풍 속에서 하늘을 향해 울부짖어 외쳤지만 기도 소리는 비바람에 묻혀 바로 옆에서도 들을 수 없을 정도였습니다. 하지만 목청이 터지도록 하나님께 기도했습니다. 시간이 지체되어 찾는 것을 포기하고 집결지로 이동했는데 산 밑 자락에 도달할 즈음 저 멀리서 빗속을 헤치고 힘차게 달려오는 사람이 있었습니다. 그렇게 찾던 중대원이었습니다.

후미에서 이동 중인 전우의 전투모가 태풍에 날아가자 후미의 부중대장이 전우와 함께 전투모를 찾아 재빨리 본대와 합류하려 했으나 거센 태풍으로 대형과 이격 되어 두 갈래 길에서 다른 길로 이동한 것이었습니다. 그렇게 애타게 찾던 전우들을 만나자 기쁨의 눈물이 흘렀습니다. "오 하나님 감사합니다. 주신 은혜 잊지 않겠습니다"라며 기도드린 것이 지금도 생생합니다."

"두려워하지 말라 내가 너와 함께 함이라 놀라지 말라 나는 네 하나님이 됨이라 내가 너를 굳세게 하리라 참으로 너를 도와 주리라 참으로 나의 의로운 오른손으로 너를 붙들리라"- 이사야 41:10

그 외에도 하나님께서는 군 복무 중인 배 목사를 많이 도와주고 구해주셨다. 캄캄한 밤에 비행기에서 뛰어내렸는데 바람이 거세게 불어 낙하산이 휘날려 착륙 지점을 벗어났지만 포도나무 넝쿨 위에 안전하게 착륙한 적도 있었다. 작전 중 차량이 언덕 아래로 굴렀으나 생명에 지장이 없었고, 도하 작전 시범 준비 중 부식 차가 산악 도로에서 기울어졌으나 나무 한 그루가 차량을 지탱해 주어 사고를 막을 수 있었다.

이 외에도 많은 어려움이 있었으나 위기 때마다 하나님이 도와주셨다. 배 목사는 군 생활을 하면서 '하나님이 나와 함께 하신다'라는 것을 여러 번의 경험으로 확신했다.

"특전사에서 '짧은 내 인생 영원한 조국에'라는 구호로 군 생활을 시작하여 '안 되면 되게 하라'라는 구호를 8년 동안 외치며 특전사의 강인함을 노래할 수 있었던 것도 하나님께서 도와주시고 인도해 주신 은혜임을 늦게야 깨달았습니다."

1987년 육군본부 인사 운영감실에서 소령으로 근무할 때는 점심시간에 기도 모임에 참가하였으며, 이때 '나라를 위하여, 국방을 위하여, 군 선교를 위하여' 기도하며 믿음도 성장시키고 기독군인회 활동도 하게 되었다. 육군3사관학교 근무 시에는 십자군 부장 집사로, 학생중앙 군사학교에서는 기독군인회 회장으로 봉사했다.

군 생활을 마친 배 목사는 제2의 삶으로 목회를 선택한 것에 대해 이렇게 고백했다.

"주님께서는 나의 마지막 근무를 울산 77**부대 부연대장으로 부임하게 하였습니다. 부임하자마자 22년 전 하나님께 살려 달라고 부르짖던 가지산을 찾아가 감사의 기도를 드렸습니다. 그리고 연대의 '임마누엘교회'에서 새벽 기도를 드리며 전역 후의 진로에 대해 기도했습니다. 주님께서 주신 응답은 연대 임마누엘교회를 담임하는 신성호 목사를 통하여 부산 장로회 신학대학원에 원서를 내도록 인도하셨습니다. 일점일획도 오차가 없으신 하나님께서는 부족하고 연약한 종을 선택하시어 나의 뜻이 아닌 하나님의 뜻으로 제2의 인생의 길을 십자가의 길로 인도해 주셨습니다."

배 목사는 30년 군 생활을 마치면서 신학대학원에 입학하여 목회의 길을 걷기로 뜻을 정하고. 전역 1년 전인 직업 보도반 기간부터 9년간 군인교회에서 장병들에게 복음을 전했다. 그리고 지금 '대학교회' 목사로서 '청년이 살아야 가정이 살고, 나라가 산다'는 비전으로 청년과 대학생을 위한 사역을 하고 있으며, 한국군선교연합회 부산지회 총무로서, 대한민국 ROTC 기독장교부산지회 지도 목사로서, 울산기독군인회 전 회장으로서 복음을 전하고 있다.

배 목사는 기도하는 아내를 만나게 해 주신 하나님께 감사하고, 결혼 후 28년간 남편의 군 생활을 뒷바라지하며 기도하고, 전역 후에는 십자가의 길을 가고 있는 남편의 군 선교 사역과 청년 사역에 함께하며 위로와 도움, 기도를 아끼지 않는 아내 오윤정 사모에게 감사를 전했다.

"이르시되 추수할 것은 많되 일꾼이 적으니 그러므로 추수하는 주인에게 청하여 추수할 일꾼들을 보내 주소서 하라" - 누가복음 10:2

77**부대 3대대 주사랑교회에서 복음 전도 후 '지회' 임원, 배재영 목사, 사모, 신우들(2014)

'대학교회'에서 예배 후 청년들과 함께하는 배재영 목사(2020)

Ⅳ. 호국 시 낭송과 나라 사랑

2020년은 '울산기독군인회' 14대 박재국 지회장 체제가 시작되었다. 박재국 장로는 '지회' 9대 지회장 역임 후 '지회' 발전을 위하여 한 번 더 봉사하게 되었다. 박재국 장로는 지역 교회, 군인교회 교역자, 부대 지휘관과의 유대를 가지며 '지회'를 내실 있게 이끌어 주신다.

코로나 19로 지회 활동에 제한이 있지만, '지회'는 2020년 호국보훈의 달을 맞아 6.25 한국전쟁 70주년을 기념하는 '민·군 연합예배'를 준비하며 77**부대 4대대 신우들의 특송 그리고 호국 시 낭송이 계획되었다. 나는 호국 시 낭송 섭외를 맞게 되어 '울산시낭송협회' 송영순 회장께 부탁했다.

송 회장은 강신원 장로의 소개로 2016년 군부대 위문 일로 처음 만났다. 송 회장은 2014년 울산 강남 중학교 교장으로 정년 퇴임한 후 '울산시낭송협회'를 창단하여 7년째 운영 중이다.

2017년 '무궁화 사랑, 나라 사랑'이라는 주제와 함께 울산 청소년을 대상으로 시작한 학생 자작시 낭송대회는 '울산시낭송협회'의 숙원사업으로 해를 거듭할수록 많은 이들의 사랑을 받고 있다. '울산기독군인회'에서는 작은 후원을 하고 있으며, 지역 군부대에서는 '시 낭송 콘서트' 등을 통해 군인들의 사기를 높이고 있다.

이런 송 회장이 교회 예배에서 호국 시를 낭송한다면 6.25 기

77**부대 3대대 강당에서(2016)
찾아가는 '울산시낭송협회'
콘서트 '나라꽃 무궁화'

울산박물관 대강당에서, 울산시낭송협회
(2017) '무궁화 사랑, 나라 사랑'
청소년 학생 자작시낭송대회

넘 예배가 더 빛날 것이라 생각되어 송 회장에게 부탁하자 그는 기꺼이 참석해 주었다.

　당일 기념예배는 지회장 박재국 장로가 시무하는 양문교회(김효범 목사)에서 울산 CTS와 기독신문 '울산의 빛' 취재 속에 양문교회 청년부 찬양과 '나라꽃 무궁화 바로 알기' 유인물이 나눠지고 박재국 지회장의 사회로 시작되었다. 기독교 관점에서 본 6.25 영상에 이어 한복을 곱게 차려입은 송 회장이 유연숙 시인의 '넋은 별이 되어'를 낭송했다. 호국 시 낭송은 6.25 기념예배를 더욱 엄숙하게 했으며 순국선열에 대한 생각을 더 많이 하게 했다. 특히 크리스천은 아니지만 크리스천 마인드로 하나님께 영광 돌리는 송 회장을 보며 예배 참석자 역시 많은 감명을 받았다.
　4대대장 외 장병들의 영상 찬양과 '지회' 복영숙 권사, 박신영 권사의 특송, 최하중 장로 기도, 전재현 목사의 '그리스도와 나라사랑' 설교, 김효범 목사의 축도 순으로 진행됐다.

예배가 끝난 후 다과를 나누는 시간을 가졌다.

"회장님 성경 시편 읽어보셨나요?"

"아니요 아직 못 보았어요."

"다음 군부대 위문 시 시편의 시도 낭송해 주실 수 있을 까요?"

"언제라도 불러주시면 기꺼이 재능 기부를 하겠습니다."

울산 양문교회에서(2020)
송영순 회장 호국 시 낭송

그 후 '지회'에서 6.25 기념예배를 위해 도와주신 분들의 감사의 뜻으로 자리가 마련되어 강신원 고문, 송 회장 등 관계자가 함께하게 되었다. 그 자리에서 나는 송 회장께 시편 1편과 시편 23편을 드렸다. 송 회장은 시를 낭독하더니 자녀들에게도 들려주겠다고 했다. 송 회장의 자녀 중에는 신앙을 가진 자녀들이 있어 성경 이야기는 자연스럽게 흘러갔다.

강신원 장로는 "시편에는 애절한 내용이 많다"라며 시편 51편이 음악이 된 이야기를 하였다.

"이 시는 17세기 로마 교황청 소속 그레고리오 알레그리가 '미제레레'(신이여, 저를 불쌍히 여기소서)라는 애절한 시를 작곡하여 음악으로 만들었습니다. 교황이 감명을 받고 이 노래가 너무나 아름답기에 신을 잊게 한다는 이유로 시스티나 성당에서 고난

주간에만 연주가 허락되었습니다. 이 시가 세상에 알려진 것은 모차르트가 14살 때 행사에 참석해 음악을 듣고는 그것을 기억해 악보에 적었기 때문입니다."

시편 51편은 다윗 왕이 예하 장수의 아내 밧세바를 범하고 하나님께 엎드려 용서를 구한 시다. 하나님은 진심으로 통회 자복하며 용서를 구하는 자에게 자비를 베푸신다.

이날은 6.25 관련 이야기가 많아 나는 큰집 최희삼 사촌 형님이 6.25 전쟁 중 갓 태어난 딸을 두고 입대해 3사단 백골부대원으로 전투에 투입되었고 치열한 전투를 벌이던 철원 김화지구 전투에서 장렬히 산화하신 이야기를 하였다.

박재국 회장은 구순이 넘으신 자형의 6.25 참전이야기와 한국전쟁 중 치열했던 고지 전투에 얽힌 이야기를 하였다.

「6.25전쟁 시 큰 자형 되시는 김기석 은퇴 장로(건천중앙교회)로부터 21사단 백두산부대 전투 이야기를 많이 들었고 비 오듯 쏟아지는 총알을 피해 가며 전투하시던 이야기, 전우의 시체를 넘고 넘으면서 전투하시던 이야기, 장렬히 전사한 전우들의 이야기는 많이 들었고 그런 제가 육군3사관학교 13기로 장교로 임관하여 21사단 백두산 부대에서 소대장, 대대 참모, 중대장을 역임하면서 백석산 전투, 피의 능선 983고지 전투, 도솔산 전투, 펀치볼 지구 전투 지역에서 근무하면서 실감하였고 특히, 소대장 시절 백석산 산병호 진지 공사를 하면서 많은 전사자의 유골과 철모, 탄피, 수통 등을 보면서 얼마나 전투가 치열하였고 많은 전사자가 발생했는지 직접 체험하였다. 특히, 소대장 시절 백석산 산병호 진지 공사 시 안철원 사단장과 이용률 연대장님이 방문하셔서 진지 공사 상황을 보시고 감탄하시고 칭찬해 주셨고 사단 지휘관 회의에서 사단장 표창장을 받고 휴가 나온 것이 지금도 생생하게 기억난다.」

송 회장은 우리 민족에게 이와 같은 전쟁이 다시는 없어야 하기에 나라 사랑을 알리는 무궁화 꽃 자작시 대회를 열었다. 코로나로 인해 대회가 열리지 못하는 것에 아쉬움을 가졌다. 지금은 언택트 시대에 맞게 학교와 협의하여 무궁화가 피는 기간 무궁화 영상과 무궁화 자작시를 보내면 온라인 예선 심사를 하여 무궁화 자작시 대회가 지속되는 것에 힘쓰려 한다. 강신원 고문은 "민간 자율로 나라꽃 무궁화 선양운동을 통해 학생들에게 나라사랑을 일깨우는 것은 송 회장이 처음인 것 같다" 라며 "'지회'와 함께 '무궁화 사랑' CD도 제작하자"라고 하셨다. 송 회장은 "차후에 행사가 계획되면 '시편 23편'과 '무궁화 꽃이 피었습니다'라는 시를 낭송하겠다"라고 말했다.

송 회장은 교장 역임 시 등교하는 학생들에게 먼저 "사랑합니다"라고 인사하며 반겨주었다고 했다. 이 이야기를 들으며 송 회장의 학생 사랑이 나라 사랑이며, 나라 사랑이 곧 차세대 주역이 될 청소년 사랑이라는 것을 강하게 느꼈다.

V. 하나님의 은혜와 전우애

울산에는 12경이 있다.

1. 태화강 국가 정원과 십리 대숲
2. 대왕암 공원
3. 가지산 사계
4. 신불산 억새평원
5. 간절곶 일출
6. 반구대 암각화와 천전리 각석
7. 강동·주전 몽돌해변
8. 울산대공원
9. 울산대교 전망대
10. 장생포 고래문화 마을
11. 외고산 옹기마을
12. 대운산 내원암 계곡

이중 영남의 알프스로 꼽히는 '가지산'은 교향곡 4악장이라는 표현처럼 다방면에서 정상으로 오르는 등산로가 있어 이곳에서 보는 계절 마다의 풍경이 무척이나 아름답다. 가지산 주변에는 통도사, 운문사, 석남사, 표충사 등 문화유적지가 많다.

2019년 늦여름 '지회' 회원들과 함께 밀양 얼음골을 찾아 케이블카로 가지산 등산을 하며 정상에서 휴식 중이었다. 울산 연대 예하 해안을 담당하는 부대의 '한마음 군인교회'를 오래 섬기고 은퇴하신 정홍치 목사는 '한국기독교군선교연합회 울산지회' 창설의 산파 역할을 한 이야기를 해주었다.

당시 세계 기독교군선교연합 회장인 이필섭 장로(예비역 대장)를 만나 울산으로 초청하여 도움을 받고 울산시 500여 교회에 공문을 보내 각 교단장을 만나 벧엘교회(최덕순 목사)에서 군선교연합회 발기인 예배를 드렸다. 그리고 이듬해 남부교회(고 옥복은 목사)에서 창립예배를 드렸다.

정 목사는 군 복무 시절 강원도 인제에 있는 '쌍호 군인교회'에서 군종병으로 근무하며 하나님이 살아계심을 체험했고 그 은혜로 목회를 하게 된 교회에 꼭 50년 만에 곧 방문할 예정이라며 기뻐했다.

"목사님 저도 조재진 군목님이 계실 때 쌍호교회에서 전역 예배를 드렸습니다."

"아 반갑네요, 나는 이기종 목사님이 계실 때 군종과에 근무하며 목사님께 많은 영향을 받았지요."

"이기종 목사님은 제가 출석하는 울산감리교회의 오래전 담임목사 아니신가요?"

"맞습니다. 현재 미국에 계시는데 지금도 울산감리교회 교회 건축에 많은 관심을 가지고 있으세요."

정홍치 목사는 1964년 부산 장신대 2년 수료 후 입영통지를 받았다. '어디에 가던 성경만 읽을 수 있으면 된다'는 마음으로 성경 한 권을 사서 입대했다. 그 후 강원도 인제 보병 17연대에 배치받아 근무했으며 연대 쌍호교회 이기종 군목에게 발탁되어 군종병으로 근무하게 되었다.

히브리서 11장 1절 "믿음은 바라는 것에 실상"이라는 말씀으로 하나님이 살아계심을 믿게 되고 또 체험을 가지며 전역 후 신학을 마치고 군 선교에 헌신하기로 했다.

1996년 울산 노회에서 군 선교 목사로 파송 받아 목회 활동 중 2001년 부산 53사단 군종 참모와 부산 남노회 남선교회 연합회, 울산 노회의 도움으로 77**부대 9중대에 '한마음군인교회' 헌당식을 가졌다. 교회 건축과 십자가를 세우는 과정에서 당시 불교 신자였던 중대장과 중대원을 교회로 인도하며 오랜 기간 군 선교의 사명을 감당하였다.

군대 이야기, 교회 개척, 선교 이야기는 시작만하면 끝이 없다. 이날 가지산에서 같은 쌍호교회에 다닌 것을 확인하고는 서로 반갑다며 함께 쌍호교회를 방문하자고 했지만 여건이 허락지 않았다.

"정 목사님, 제가 쌍호부대에서 중대장 근무 시절 중대원이 그린 성화 두 점이 쌍호교회에 있습니다. 성화가 잘 있는지 봐주시면 고맙겠습니다."

정홍치 목사는 뜻있는 분들의 마음을 모아 전도지와 신앙 서적을 준비하여 당시 함께 근무했던 대구 김은교 목사와 함께 쌍호부대에 다녀오신 후 쌍호교회 정주현 군목과 장병들의 환대에 무척 감격해 방문 소감을 이야기했다. 나는 정 목사를 통해 당시 교회는 화재로 소실되었고 지금은 '소망교회'(김지철 목사 시무 시)에서 지원한 현대식 교회가 세워졌음을 알게 되었다.

전통 있는 부대에 새로운 교회가 세워진 것은 감사할 일이지만 최재영 병장이 그린 큰 폭의 유화 성화 두 점이 모두 소실됐다는 소식에 안타까웠다.

군 복무 당시 최재영 병장은 조선대 미술대학 재학 중이었다. 미술을 전공했던 부친의 영향으로 일찍부터 미술을 하였다는 그를 교회에 인도하자는 마음이 들었다.

어느 날 최 병장에게 "가능한 시간에 교회에 걸어 둘 성화를 그려 기증해 줄 수 있나?"라고 물었다. 최 병장은 "그림을 그리면 손이 굳지 않으니 좋다"라며 흔쾌히 승낙했다. 당시 중대장이었던 나는 내가 할 수 있는 범위에서 최 병장이 교회에서 그림을 그릴 수 있도록 도왔다.

최 병장은 전역 후 조선대학교를 졸업하고 작품 활동 중 1994년 영국으로 건너가 1999년 윔블던 아트 칼리지(런던예술대학교)에서 순수미술 석사 과정을 마쳤다. 이후 3년 가까이 작품 활동을 하다가 2002년 한국으로 귀국하였다. 당시 런던에서 보내온 편지에 「저는 개인적으로 군 시절이 체력적으로 가장 힘들고 고달팠던 시기였지만 인생에 있어서 가장 기억에 남아 있습니다」라는 글을 보며 군대는 인생의 또 다른 대학이라는 생각을 했다.

최재영은 광주에서 〈화가의 집〉을 운영하였고, 국내외에서 많은 개인 초대전과 단체전 등에 참여하면서 왕성한 활동을 하는 작가이다. 그의 전시회 팸플릿에 실린 작품 중 인간, 얼굴, 포옹 등을 보면 일반 풍경화와 달리 쉽게 이해가 되지 않는 부분이 있었으나 적지 않은 시간 동안 외국에서 홀로 체류하면서 가족과 고국에 대한 그리움에서 비롯되었다는 것을 알게 되었다. 이 책의 각 장을 시작하며 소개되는 다섯 점의 그림은 지극히 일부분이겠지만 〈그림 이야기〉를 통해 그림 속 이야기를 다소나마 알게 되었고, 그림에 대해 관심도 가지게 되었다.

쌍호교회 소식을 들으니 최 병장과 의형제를 맺었던 지난날의 시간과 지금까지의 끈끈한 전우애에 다시금 감사를 가진다.

강원 원통에서 중대 야외훈련 중(1985)
필자, 최재영 병장(우)

강원 인제 쌍호군인교회 신우(2020)
정주현 군목, 정홍치 목사, 김은교 목사 외

3. 생활 속 신앙 이야기

평신도는 사회의 모든 영역에서 일하며 사회를 이끌어가는 주역으로 그 역할이 크다. 이런 평신도의 영성을 도와 생활 속에서 빛과 소금의 역할을 할 수 있도록 이끌어 주는 목회자의 역할은 더 크다고 생각된다.

이번에는 생활 속에서 전도를 이루어가며 성경을 사랑하는 사람들의 이야기를 전하려 한다.

첫 번째는 '리스뜨레또21' 카페 대표와 영농인, 두 번째는 독서 경영, 말씀 경영으로 시대를 앞서가는 '제니스병원' 병원장, 세 번째는 복합문화공간을 활용하여 복음 사명을 감당하는 '컬티카페' 운영자와 목사님이 그리는 생활 속 신앙 이야기를 만나 본다.

I. 리스뜨레또21 행복한 바리스타

울산에서 '리스뜨레또21' 카페를 운영하는 이옥희 대표는 울산극동방송 운영위원회에서 함께 활동하는 생활 속 신우이다.

교회 집사인 이 대표는 "전도가 즐겁고 행복하다"라고 말하는 바리스타다.

'리스뜨레또21' 카페에 들어서면 '사명 선언서'란 글이 보인다.

'가게를 사역 터로 만들겠다. 사회 곳곳에 선한 영향력이 퍼지는 지도자로 거듭나겠다. 커피로 예수님 향기를 전하는 하나님의 기업이 되도록 노력하겠다. … '는 내용이다.

6년째 무료로 성경을 공급하는 이 대표는 '하나님과 행복한 동행'(나침반 간)이 "처음 믿음을 가지려는 사람들에게 도움이 된다"라고 한다. 이 말에 힘을 얻어 나도 책을 지원해 성경과 함께 비치하여 필요한 분들에게 도움이 되려 하고 있다.

이 대표는 카페를 찾는 사람 중 필요한 이들에게 바리스타로서 커피를 가르치며 성경을 가르친다. 성경을 좀 더 체계적으로 가르치고 싶어 야간 신학대학교를 다니며 또 한국기독실업연합회에서 봉사도 하고 있다.

이 대표는 '평신도가 그리는 신앙인의 모습'에 대해 "나는 예수님을 만나고 삶에 새로운 의미를 알게 되었어요. 내가 생활하며 살아가는 곳이 곧 사역지라는 생각으로 임하려 해요. 주업이 예수님 전하는 것이고 부업이 커피입니다. 그것이 즐겁고 행복합니다"라고 말한다.

생활 속에서 전도의 열심을 보게 되는 데 교회에 다닌 지는 얼마나 되었나요?

"오래되지 않았어요. 나는 19년 동안 절에 다녔어요. 그리고 학생 때도 책을 좋아했고 지금도 독서를 많이 하고 있어요. 6년 전 이곳 가게에서 '데일 카네기 행복론'을 읽던 중 '성경 속에 행복의 길이 있다'는 글을 보고 당시 성경 살 돈이 아까워 지인 언니에게 "집에 돌아다니는 성경 책 있으면 달라"라고 해서 구약 창세기부터 읽었습니다.

구약을 다 읽으면서도 절에 나갔어요.

신약을 읽던 중 요한복음 13장 34절에서 "서로 사랑하라 내가 너희를 사랑한 것 같이 너희도 서로 사랑하라"라는 말씀을 보고는 마음 깊은 곳에서 뜨거움이 오며 감동이 되어 펑펑 울었습니다. 그리고 스스로 교회를 찾아 그때부터 새벽 기도에 나가고 있습니다.

　나도 삶에 어려움이 있었습니다. 살면서 사람의 위로와 평안에는 한계가 있지만 하나님이 주시는 평안은 무한함을 알 수 있었으며 예수님을 만난 삶이 실제 행복하기에 다른 이에게도 그 사랑을 전하고 싶었습니다. 그때부터 성경을 무료로 공급하고 예수님을 좀 더 잘 전하고 싶어 야간 신학교에도 다니고 있어요. 그리고 많은 지성들이 말한 내용이 성경에 다 있다는 것을 알 수 있었어요."

　직접 만나는 사람들에게 어떻게 전도하나요?

　"나는 성경의 예화를 실생활에서 적용해요. 예를 들면 선악과 이야기, 다윗 이야기를 통해서 남자의 이해를 주면 사람들이 "성경에 그런 것도 있어요?"라며 잘 들어 줍니다."

　참 좋은 전도 방법이네요. 앞으로의 계획이나 기도 제목이 있을까요?

　"나의 기도는 예수님 전하는 것이고 예수님을 어떻게 잘 전할 수 있을까?라는 것입니다."

　이 대표는 북한 이탈주민 새터민들과의 따뜻한 이야기와 함께, 2020년 '울산 주간 활동 서비스센터'와 발달 장애인의 자활을 돕기 위한 업무협약을 맺고 장애인들에게 교육을 지원하여 그들이 생활하는 데 도움을 주고 있다. 또한 커피를 가르치며

성경 이야기를 통하여 그들에게 희망을 주고 삶에 의미를 찾는
일을 도와주고 있다.

카페에 성경과 신앙 서적을 비치하여
무료로 공급하고 즐겁게 생활에 임하는
이 대표에게서 사명을 위하여 목표를 세
우고 시간을 계획하여 매일의 삶을 이루
어가는 실천적인 신앙인의 모습을 보았
다. 이렇듯 우리의 생활 속 곳곳에는 이
름도 없이 빛도 없이 예수님의 사랑을

발달 장애인을 교육하는
리스뜨레또21 이옥희 대표
(2020)

실천하는 신앙인이 있다. 모두가 이 사회의 희망 바이러스다.

어느 날 회사에 근무 중에 전화가 왔다. '리스뜨레또21' 이
옥희 집사의 전화였다. 전화 내용은 며칠 전 카페에서 '성경'과
'하나님과 행복한 동행' 책을 나눠주었는데 받은 분이 밭에서
책을 읽다 눈물을 흘렸다는 내용이었다. 내가 쓴 책을 읽고 눈
물을 흘렸다니…. 무슨 사연이 있는 것인지 몹시 궁금했다. 나
는 그를 만났다.

그는 '울산대공원'과 가까운 곳에서 채소 농장을 하며 교회
에 다니는 이범상 집사였다. 이 집사는 연세대학교 대학원 금
속공학과를 나와 금속재료연구소의 연구원 등을 거쳤으며 울
산에서 수학 학원을 운영하기도 했다. 그런데 아들이 몸이 아
프자 모든 일을 접었고, 당시 목사님이 아들을 위해 기도해 주
셨기에 너무도 감사하여 아들과 교회에 나가게 되었다.

어느 날 이 집사는 'SK에너지'에 근무하는 친구가 무료로 성경을 공급하는 카페에 가자고 하여 리스뜨레또21을 찾았고 그곳에서 전도를 위해 무료로 나눠주는 성경과 '하나님과 행복한 동행'을 받았다.

이 집사가 무료로 받은 책을 읽은 날은 마침 비가 왔다. 비를 피할 수 있는 채소밭 옆의 작은 쉼터에서 휴대폰으로 찬송을 들으며 신앙 서적을 읽던 중 '나 같은 죄인을 구원해 주신 주님의 은혜와 아들의 몸이 아프지 않았다면 내가 하나님을 찾았을까?'라는 생각 등이 겹쳐 눈물이 났고 이렇게 책을 읽게 해 준 것이 고마워 전화한 것이라고 했다.

건강을 회복하여 교회에서 드럼 봉사를 하는 아들은 "아버지가 하나님을 믿은 것은 이번 생에서 가장 잘한 일"이라고 말했다. 이 집사는 아들이 무척 대견스럽다. 이 집사는 7년 전 무농약 채소 재배를 시작했으며 "앞으로 건강한 채소를 공급할 것이며 내가 키운 채소가 복음 채소가 되도록 기도한다"라고 말했다.

이 집사와는 자주 만나게 되었고 서로 삶을 나누게 되었다. 그러던 중 술을 마시는 지인들과 어울리며 교회에 가자고 전도하는데 이들과 어울리기 위해 자신도 술을 마시니 마음이 편치 않다는 이 집사의 이야기를 들었다.

"술은 힘든 것을 잠시 잊게 하고 즐거움을 줄 수 있지만, 결국은 후회를 주며 자신과 타인을 해악으로 몰고 가지요."

이 집사는 술에 대해 잘 알기에 정리하려는 마음과 신앙에 대해 평소 궁금했던 것을 물었다.

복음이 전해지지 않았던 시대에 살던 조상 또는 예수님에 대해 아무 것도 듣지 못한 사람들도 예수를 안 믿었으니 지옥 갑니까?

"성경은 죄의 대가로 누구나 심판을 받는다고 말합니다. 그런데 우리 죄를 용서하기 위해 대신 돌아가셨다가 부활하신 예수님 믿으면 천국 가는 것이니 이것이 좋은 소식이죠."

이 집사는 채소 중 케일이 으뜸이라고 말했다. 그래서 나도 케일을 좋아하게 됐다. 나는 가끔 이 집사의 채소밭에 들러 함께 기도하고 농장에 필요한 것을 지원하며 믿음 생활을 하려 애쓰는 이 집사에게 조금이라도 도움이 되려 한다. 그것은 나에게도 영적인 운동이 되고 기쁨이 된다.

2020년 9월이 시작되며 태풍 '마이삭'에 연이어 '하이선'이 울산 지역을 지나며 이 집사의 농장도 피해를 입었다. 이 집사는 두 번의 태풍에 채소밭이 망가져 허탈해했다. 삶의 터전이 망가졌으니 얼마나 낙심이 될까?

우리는 살면서 엎친 데 덮치는 경험들을 하며 수많은 좌절에 부딪친다. 힘들지만 그럴 때일수록 기도해야 한다. 기도할 때 하나님은 그런 가운데서도 감사를 가지게 하며 다시 시작할 용기를 주신다.

어느 철학자는 '우리가 가는 길에 걷기 좋은 길만은 아니다. 먼 곳으로 항해하는 배가 풍파를 만나지 않고 조용히만 갈 수는 없다. 차라리 고난 속에 인생의 기쁨이 있다'고 했다. 어려움 속에서도 하나님께 감사하며 기도하는 이 집사에게 하나님은 그 길을 인도하여 주실 것을 믿는다.

농한기에는 단기간 공장 일을 하며 다양한 운동도 즐겨 한다는 이 집사에게서 2021년 설 명절을 며칠 앞둔 어느날 장문의 메시지가 왔다.

「최하중 장로님께,

저 또한 교회를 15년 다녔지만 내 마음속에 하나님을 진정으로 모시지는 못한 것 같습니다. 사람은 모두 죄인이란 사실을 깨닫는 것 만해도 세월이 참 많이 흐르네요. 제가 원래 돈 버는 재주는 없지만 친구 좋아하고, 후배들 좋아하고, 운동 좋아하고 그렇게 살았습니다.

무농약, 무비료, 무멀칭 이라는 '3무' 농사를 시작한 지 7년이라는 세월이 지났습니다. 케일과 채소를 키우면서 땀도 흘려보았고 여러 사람들을 만났습니다. 때로는 막걸리가 먹고 싶어서 '복음 채소'라는 이름을 빌려서 술을 먹었습니다. 공업탑에서 주먹을 쓴다는 친구들과 후배들을 주님께 전도한다는 핑계로 같이 어울려서 살아왔습니다. 번번이 복음을 전하려고 나름대로 노력했지만 늘 나 혼자라는 것을 깨달았습니다. 가끔씩 저는 허상을 봅니다. 내가 내가 아닌 것을 봅니다.

성경을 읽을 수 있고 일할 수 있는 힘이 있는 것 또한 내가 하는 일이 아니라는 것을 깨달았습니다. 하나님을 의지하고, 하나님으로 힘을 얻고, 하나님으로 즐거움을 가지려 합니다. 저는 형님을 뵈면서 이제부터는 십계명 중에서 세 번째인 "너 하나님의 이름을 망령되이 부르지 말라"라는 말씀을 거역하고 살아온 인생이지만 그래도 다시 한번 한 영혼을 구하려고 주님께 기도드리겠습니다.」

II. 직장에서 이루는 하나님 나라

울산 '제니스병원' 정영원 원장은 독서문화운동가 강신원 장로님의 소개로 알게 되었다. 우리는 제니스 북 카페에서 독서경영과 직장 예배 등에 관한 이야기를 들을 수 있었다.

나는 일터에서 하나님의 뜻을 찾아 하나님 나라를 이루어가는 정 원장의 이야기를 더 많은 분들과 나누고 싶었다. 그래서 '울산의 빛' 신문의 김상희 실장과 CTS 이철민 본부장과 함께 정 원장을 찾았다.

제니스병원 정영원 원장은 1분의 시간도 허투루 쓰지 않을 만큼 열과 성을 다해 진료에 임한다. 그 모습은 감동적이기도 하다. 정 원장은 자신의 전문 부문인 눈, 코 재수술에서 국민일보가 선정한 '2017년 고객 선호 브랜드 지수 1위'와 '가슴 성형수술 대상'에 선정될 만큼 독보적이다.

그렇게 본인의 일에 전념하면서도 분야별 원장 21명, 직원 200여 명을 이끌어가는 전문 경영인이다. 제니스병원은 현재 성형 외에도 피부과, 외과, 암 치료 등 여러 분야의 진료가 가능하다.

그는 대학에서 의학 공부만 하느라 경영 분야까지 공부할 기회를 가지지 못했다. 그럼에도 여성가족부로부터 '가족친화 인증서'를 받았고, 부산고용노동청 울산지청장으로부터 '일·가정 균형 우수기업 최우수상'을 수상했다. 2018년에는 남녀 고용 우수 기업으로 국무총리 상을 수상하였다. 그리고 2015년부터 2020년까지 문화체육관광부로부터 '대한민국 독서경영 우수직장 인증서'를 수상했다.

제니스병원의 제니스(Jenith)는 Jesus의 J와 정상, 최고를 뜻하는 Zenith의 합성어이다. 상호에서 이미 예수님을 선포하고 예수 그리스도의 정신으로 경영을 하며 찬양을 드린다는 의지가 담겨있다. 무엇이 그를 의술과 경영까지 해내며 책임 있는 중견기업인으로 우뚝 서게 했을까?

제니스병원은 '독서 경영'으로 잘 알려져 있습니다. 제니스만의 특별한 경영 철학이 있나요?

"저는 독서의 힘을 믿습니다. 병원을 경영하기 위해서는 진료뿐 아니라 복합적인 전문 지식이 필요합니다. 그렇다고 해서 다시 대학에 입학해 공부를 할 수도 없기에 언제, 어디서나,

2~3만 원이면 모든 것을 배울 수 있는 책을 통해 여러 분야의 지식을 쌓기로 했습니다. 제니스 타워 11층에 위치한 북 카페에 각 분야의 서적을 비치하며 독서 경영을 시작했죠.

　각 부문별 전문 서적, 자기계발 서적, 인문·고전 서적 등 폭넓은 독서는 나를 거듭나게 하였고 나아가 남을 변화시킬 수 있었습니다. 직원들과 함께 독서하기 위해 추천 도서를 선정해 필독서를 주어 직원 승진 고가에 반영하고 있으며, 매월 한 권의 책을 직원에게 지원하기도 합니다. 경영자도 성장해야 하지만 직원이 함께 성장할 때 기업도 성장하고, 소통하고, 한마음으로 비전을 공유할 수 있다고 생각합니다. 독서 경영은 전인적인 교육이므로 일반 교양 도서뿐 아니라 '차마 신이 없다고 말하기 전에', 'WHY JESUS' 등 신앙 서적도 함께 읽고 나누기도 합니다. 이런 과정을 통해 직원들과 크리스천 경영 마인드를 자연스럽게 공유하고, 직원들이 기독교 세계관에 관심을 갖도록 돕고 있습니다."

　직원 예배는 어떻게 시작되었나요?

　"처음에는 대여섯 명이 모인 소그룹으로 시작했습니다. 신앙을 가진 리더들을 세워 소그룹으로 가벼운 티타임 형식으로 진행하다가 독서모임으로 발전했죠. 그렇게 여러 도서를 나누며 신앙 서적도 함께 읽어가면서 7년 정도 모임을 지속해 왔습니다. 참가하는 직원들이 마음의 문도 열린 것 같고, 예배를 드려보자는 마음이 모아졌어요."

직원 예배를 위해 많은 기도와 준비가 있었을 줄로 압니다.

"신년 특별 새벽 기도 때 느헤미야를 읽을 기회가 있었습니다. 성벽을 재건한 느헤미야의 이야기를 듣자니, 우리의 성벽은 무엇일까 고민하게 되었습니다. 성벽은 안전하게 성전을 보호하는 것이죠. 그렇게 성전은 무엇인지에 대한 보다 근원적인 질문에 닿았습니다. 리더들과 함께 말씀을 읽고 기도하고 고민하던 끝에 우리의 성전은 '예배를 세우는 것'이라고 결론 내렸습니다. 이 병원에서 예배가 드려지고 회복되는 모습을 꿈꾸며 설립 초기부터 예배당으로 사용할 수 있는 강당도 마련했습니다.

처음에는 20여 명이 세미나실에 모여 직원 예배를 이어갔습니다. 감사하게도 몇 해 전 성탄절을 기점으로 보다 많은 직원들이 함께 참여하게 되었고, 지금은 처음에 꿈꿨던 대로 강당에서 매주 월요일 저녁마다 예배를 드리고 있습니다.

제가 섬기고 있는 울산신정교회의 교역자들과 울산시티센터교회 목사님께서 설교로 섬겨주십니다. 조금 더 꿈꾸는 것이 있다면, 앞으로는 제니스병원 교회를 전임으로 섬겨주실 목사님을 기다리고 있습니다. 특별히 암환우를 대상으로 한 예배와 임직원을 대상으로 한 예배는 분리되어야 한다고 생각합니다. 청중에 맞는 바른 말씀을 전해주실 목사님과 함께 제니스병원의 강당에서 하나님을 높여드리는 예배가 끊이지 않기를 꿈꾸고 있습니다. 더 나아가 제니스병원 직원들은 청년층이 많은데 울산지역의 청년들을 살리고 함께 예배하는 데에도 앞장서고 싶습니다."

'성전'이 예배라면, 재건해야 할 '성벽'은 어떤 것일까요?

"'제니스성형외과'에서 '제니스병원'으로 새로운 도약을 한 것을 성벽 재건이라고 생각합니다. 지난 10년간 우리의 정체성이 되었고, 유익을 주었던 '성형외과'라는 프레임을 벗고 담을 넘는 가지처럼 '병원'으로서 진료 분야를 넓히고 혁신을 이루어 나가는 것이 우리가 성벽을 재건해 나가는 도전이라고 생각합니다. 의원에서 병원으로 도약하기 위해서는 100가지가 넘는 까다로운 규정이 있습니다, 감사하게도 절차가 잘 마무리되었고, 제니스병원으로 새롭게 시작하게 되었습니다.

저는 항상 두 군데 교회를 섬긴다고 생각합니다. 제가 실제로 출석하고 섬기는 울산신정교회와 제니스병원교회입니다, 교회 안에서만 머무르는 신앙이 아니라 내 삶에서, 가정에서, 그리고 직장에서 신앙 생활을 이루어 갈 수 있기를 소망합니다. 제니스병원도 말씀으로 든든히 세워져 갈 수 있기를 소망합니다."

직장에서 이루어 나가는 하나님 나라! 이를 위해 성경적 가치관으로 경영을 했을 때, 어려운 점은 없으셨나요?

"쉬우면서 어렵기도 합니다. 한 생명이 주님 앞에 돌아오는 것은 수백억 원의 재산으로도 이룰 수 없는 정말 귀한 일입니다. 내가 맡은 자리에서 예수님을 전할 수 있다는 것이 감사하면서도 한편으로는 경영자로서, 직장 상사로서 직원들에게 지혜롭게 행동해야 한다는 부담도 큽니다. 그렇기 때문에 힘을 한곳으로 모으려고 노력합니다. 나는 능력과 시간의 제한이 있는 유한한 인간이기에 하나님께서 주신 재능대로 선택과 집중을 해서 달란트를 활용하고자 합니다. 내가 잘하는 것과 좋아하는 것 그리고 해야만 하는 것이 하나가 되는 지점이 바로 병원입니다."

지금까지 신앙을 이어올 수 있었던 힘은 무엇입니까?

"모태신앙으로 고향 포항에서 온 가족이 교회를 다녔습니다. 어린 마음에 어쩌다 빠지는 날이며 부모님과 여덟 명의 누나들에게 호되게 야단을 맞곤 했죠. 그래서 어릴 때는 하나님을 믿는 것과 교회를 섬기는 것에 '세뇌 당했다'고 투덜거렸습니다.

대학생 때 CMF라는 의료선교 단체에서 친구를 전도해야 하는 입장이 되었는데 그때 비로소 저에게 주어진 모태신앙이라는 환경이 감사한 것임을 알게 되었어요. 어른이 된 후에 복음을 받아들이는 것이 생각보다 많이 어려운 일이었죠. 때로는 고난의 상처와 그만큼의 회복이 많았던 한 선배가 부럽기도 했는데 지금은 내 모습 이대로 사용하실 하나님을 기대합니다."

쉽지만은 않은 전문직 생활과 병원 경영까지 하다 보면 힘든 일이 많을 텐데 감당해낼 수 있는 비결이 있나요?

"지금은 물론이지만 예전에 대학병원에서 근무할 때도 항상 일이 즐거웠습니다. 내가 잘 할 수 있는 일을 즐겁게 한다는 것은 정말 하나님께서 주신 큰 복이라 생각하고 기쁘게 할 수 있는 마음을 주셔서 감사합니다."

제니스타워 벽면에 걸려 있는 대형 현수막의 글귀 '남이 너희에게 해주기를 바라는 그대로 너희도 남에게 해주어라 -Bible'이 화제입니다. 대부분의 기업들은 건물에 홍보성 글귀를 올리는데 병원과 연관이 없는 글을 대형 현수막에 올린 이유가 있나요?

"제니스병원은 울산 시민의 도움으로 성장을 이루고 있습니다. 그래서 이 건물을 건축할 때부터 울산 시민들에게 위안과 힘을 주는 문안을 계절별로 만들어 걸어보자고 생각했습니다. 때때로 저도 병원 홍보를 하고 싶은 유혹을 받는데 병원 마케팅 직원들 생각도 같았습니다. 그래서 "다시 한번 병원 광고를 걸자고 제안을 하면 사직서를 낼 각오를 하세요"라고 말했어요. 지금은 병원 내의 문안선정위원회에서 처음의 뜻에 맞도록 시즌별로 글귀를 공모하여 선정하고 있습니다."

원장님의 마지막 꿈은 무엇인가요?

"영화 〈쉰들러 리스트〉를 아시나요? 저는 〈정영원 리스트〉를 만들어 1천 명을 이루는 것이 목표이자 꿈입니다. 많은 유대인들을 구한 쉰들러처럼, 저도 제가 맡은 이 자리에서 영혼을 구하고 싶습니다. 단순히 교회에 한두 번 데려가는 것이 아니라 세례를 받고 주일성수를 하며 스스로 신앙생활을 이어나갈 수 있도록 돕고 싶어요. 1천 명이라는 숫자가 너무 크게 느껴질지 모르지만 제가 이루지 못하면 제 아들, 딸에게, 제 자녀의 자녀에게 가훈, 가업, 사명으로 물려주고 싶습니다. 우리 가정을 통해 복음이 전해지고, 신앙의 대가 끊어지지 않는 귀한 선순환이 되리라 믿습니다."

제니스타워 북 카페에서(2020)
CTS 이철민 본부장과 인터뷰하는 정영원 원장

제니스병원 직원 예배 장면(2020)
찬양하고 있는 제니스병원 직원들

정영원 원장은 울산 신정교회 장립 집사이며 청소년부 부장교사로 섬기고 있다. 아내는 산부인과 의사로 울산 동구에서 직원 20여 명의 제니스여성의원을 운영하고 있으며 슬하에 1남1녀를 두고 있다.

III. 복합문화 공간 '컬티 카페' 이야기

울산 시내에서 복합문화공간 '컬티 카페'를 운영하는 원혜영 집사는 극동방송 운영위원회의 화요 조찬 기도회에서 피아노 반주를 하고 있으며 울산극동방송 '사랑의 뜰안' 프로그램에서 진행 보조를 담당하고 있다. 이와 더불어 카페 경영까지 하면서도 봉사 멤버들과 함께 병원, 농촌 노인정 등을 방문해 악기 연주 봉사도 하고 있다.

'컬티 카페'는 멤버들의 역할이 분담되어 짜임새 있게 운영된다. 원혜영 집사는 문화 사역을, 조현미 집사는 장애인 사역을 담당한다. '컬티 카페'에는 다목적홀과 소그룹 모임 공간이 있는데 다목적홀은 주일에는 예배의 공간으로, 주 중에는 독서 모임, 세미나, 생일파티, 각종 문화예술 공연 등으로 활용된다. 카페를 운영하며 복음 사명을 감당하는 원혜영 집사에게 '평신도가 그리는 신앙인의 모습'과 특별한 만남의 공간에서 가지는 '컬피 카페' 이야기를 들을 수 있었다.

"예수님을 나의 구주로 고백한 우리는 모두 선교사가 아닌가 생각합니다. 생활 속에서 복음 사역을 고민하던 몇 사람이 모여 '컬티 카페'를 시작했어요. 전도 대상자들과 커피를 마시며 문화라는 이슈를 시작으로 자연스럽게 만날 수 있는 장소를 만들게 되었죠.

카페는 만남과 대화의 장소이지만 여기서는 좀 더 다양한 만남을 가질 수 있는 환경을 만들어 가고 있습니다. 주일에는 목사님과 예배드리며 영적인 필요를 채우고 있습니다. 목사님은 다양한 달란트와 섬김으로 많은 사람들에게 각기 다른 모양으로 복음을 흘려보내고 계십니다.

이곳이 전도의 플랫폼이 되어 도시 교회와 농촌 교회를 연결하고, 장애인과 비장애인, 다양한 어려움으로 힘들어하는 사람들과 각자의 모양대로 섬기고자 하는 사람들을 이어주며 많은 선한 열매가 맺어지는 아름다운 공간이 되고 있어요.

그 가운데 모나고 삐뚤어진 우리를 하나님이 하나님의 계획에 맞게 연단하시고 하나 되게 하시어 사용하고 계신다고 생각해요. 삶 속에서 하나님의 마음으로 살아내려 애쓰는 것이 하나님이 기뻐하시는 평신도의 모습이라고 생각합니다."

컬티복합문화공간(2021)

'울산오후교회' 설교하는 최성만 목사(2021)

'코로나19'는 각종 새로운 신조어들을 등장시키며 사회 여러 분야에서 변화를 만들어 가고 있다. 이곳 복합문화 공간에서 사역하는 최성만 목사는 이러한 변화의 시대 이전부터 새로운 변화에 도전하는 사역을 했다.

기독신문 '울산의 빛' 편집국장인 최성만 목사는 주일이면 이곳에서 '울산오후교회'(마 20:6-7)로 예배를 인도하며 다양한 분야의 사역과 함께 장애인들의 필요를 채워주고 있다. 최성만 목사와 컬티 카페에서 기독신문 기자단 미팅을 하며 이곳을 찾는 장애인이 늘어나는 것을 보았다.

최 목사는 "어떻게 장애인을 도우세요?"라는 질문에 "이곳을 찾는 발달장애인들을 낮은 자의 모습으로 찾으시는 주님의 모습으로 대하고 있습니다. 새로운 사람들이 찾아와 경제적으로 어려울 때도 있지만 재정의 필요는 주님께서 채워주실 것을 믿고 모두 맞이합니다."

울산에만 5만여 명의 장애자가 있으며 공기관과 교회 등에서 돕지만, 손이 미치지 못하는 것이 사실이다. 이들과 함께 그림을 그리고 음악을 가르치며 나눔의 삶을 실천한다. 못생긴 나무가 산을 지킨다는 말이 있듯이 바보만이 십자가를 질 수 있다. 우리에게 평화의 기도로 더 잘 알려진 성(聖) 프란치스코는 '하나님의 바보'라는 별명을 가진다. '바보'는 '바라볼수록 보고 싶은 사람'이다. 성 프란치스코는 제자 레오 형제가 참된 기쁨이 어디 있는지 가르쳐달라는 물음에 "추위와 굶주림에 매정한 거절도 달게 참아 받고 그리스도의 가난을 생각하여 즐거워한다면 그런 것이 완전한 기쁨"이라 말한다.

최 목사님은 여러 가지로 어려운 세상이지만 앞으로의 비전을 다음과 같이 밝혔다.

"플랫폼 선교 단체를 만들어 시니어, 여성, 다문화가정, 장애인, 청소년, 청년, 남성 7개 영역의 사람들에게 복음을 전하는 계획을 가지고 한 걸음씩 나아가고 있습니다.

이를 위해 더웨이, 더라이프, 청년 G.I, 에즈라드림스쿨 운영 등 다양한 프로그램이 진행되고 있습니다. 이런 노력들은 미자립 교회, 시골 교회, 해외 선교지 등에서 사역하는 형제들을 위함입니다. 앞으로 수많은 사람이 이곳 플랫폼에서 하나님의 일을 하게 될 것이라 믿으며 울산의 육백여 교회가 동행해 주기를 바랍니다."

출근 시간 차 안에서 듣는 최성만 목사의 유튜브 '그래도티

비'는 아침마다 은총을 받게 하고 하루의 영적 필요를 채워주고 소외된 이웃과 함께하는 마음을 갖게 한다.

코로나 팬데믹으로 힘든 시간이지만 계절의 변화는 변함이 없다. 2021년 신축년 새해에는 울산시민문화 재단 '유피풀'에서 주최·주관하고 기독신문 '울산의 빛' 후원, 최성만 목사가

제작을 총괄한 발달장애인 배우들의 뮤지컬 '우리들의 이야기'가 공연됐다. 코로나로 계획된 공연이 연기되고 있지만 가족들과 이웃 모두의 축복 속에 이루어졌다.

뮤지컬 '우리들의 이야기' 포스터(2020)

4. 나의 신앙 이야기

복음은 내가 만난 예수님을 가감 없이 전하는 것이라 생각한다. 그래서 이 장의 마지막은 내가 살아오면서 예수님을 만나고, 동행한 나의 신앙 이야기를 나누고자 한다. 비록 무엇 하나 내세울 것 없고, 거창한 사역을 하지도 않았지만 이런 사람에게도 예수님은 찾아오시고, 또 전도라는 하나님의 지상 명령에 동참할 수 있게 사용하신다는 것을 함께 깨닫고 함께 더 용기를 내고, 하나님을 알아가고자 하는 열망을 품게 되기를 소망한다.

내 고향 봉화

　내 고향은 경북 봉화다.

　봉화는 경상북도 북부에 위치하며 동북쪽은 깊은 계곡을 이루며 경관이 수려한 불영계곡과 불영사를 지나 울진으로, 동남쪽은 눌산 부트내 마을을 지나 일몰과 일출을 볼 수 있는 일월산과 고추의 고장 영양으로 이어진다. 서쪽은 영주 내륙을 이으며 남쪽은 낙동강 상류를 이루고 청량산과 도산서원을 지나 안동호에 이른다. 북서쪽은 서쪽의 높은 산이 벽처럼 가로막혀 있다는 서벽을 지나 도래기재를 넘으면 소의 입을 닮았다는 우구치의 첩첩산중을 구절양장 돌아가면 방랑 시인 김삿갓면을 지나 영월로 간다. 북동쪽은 종심 깊게 맑은 물과 소나무가 울창한 고선계곡을 따라 청옥산 휴양림을 지나며 태백으로 이어진다.

　영화 '워낭소리'의 무대이기도 한 봉화는 예부터 산이 깊고 물이 풍부하며 공기가 맑은 곳이다. 약 70km의 낙동정맥 트레일 봉화구간은 분천역, 승부역, 석포역을 중심으로 계절마다 걷기 좋은 청정 숲길을 안내한다. 또한 V트레인 백두대간 협곡열차는 낙동강 물줄기를 따라 산타마을 분천역, 하늘도 세평 꽃밭도 세평이라는 승부역과 철암역을 순환하며 협곡의 비경을 감상하며 일상의 피로를 풀어준다.

　태백산과 소백산 줄기의 깊은 산들은 풍성한 산나물과 약초를 내며 계곡 사이로 흐르는 지류들은 생명의 낙동강을 이루어

간다. 사미정의 돌 바위는 수탉의 놀이터이며, 석천계곡의 너럭바위 맑은 물은 내성천을 이루며 은어 축제를 가진다.

봉화는 '한국의 시베리아'라는 별명처럼 공기가 맑아 전국에서 가장 얼음이 먼저 얼고 추위가 매서운 곳이기도 하지만 밤하늘의 별들이 잘 보여 별자리 여행을 할 수 있다. 예부터 백목의 왕 금강송 춘양목은 가을이면 맛있는 송이 향을 내며 봉화사과는 맛이 좋다. 물야에는 피부병과 위장병에 좋은 성분을 함유한 오전약수가 있다.

봉화에는 수목원이 있다.

태백산 기슭에 위치한 아시아 최대 규모의 '국립백두대간 수목원'에는 호랑이도 있고 종자저장시설과 각양의 나무와 식물들 그리고 다양한 야생화는 볼거리를 넘어 산림 생태계 연구와 좋은 자연학습 체험의 시간을 가지게 한다. 수목원 주변 서벽, 금정은 소나무의 고장답게 금강송 명품 숲길이 많이 있다. 산길을 오르면 아무것도 없다. 산새소리와 나무 사이를 스치는 바람뿐이다.

봉화 물야에는 소설 춘향전의 주인공 이몽룡의 생가인 '계서당'이 있다. 나는 2020년 겨울 계서당을 찾아 계서종택을 관리하며 거주하고 있는 계서 성이성 선생의 13대손 성기호 씨와 이곳에 얽힌 많은 이야기를 들을 수 있었다.

계서당은 조선 중기 문신이며 춘향전 이몽룡의 실존 인물로 알려진 계서(溪西) 성이성(成以性, 1595~1664) 선생이 거주하면서

후학양성에 힘쓰던 곳이다. 이몽룡의 실제 이름인 성이성은 암행어사로 파견되어 부패한 관리들을 적발해 척결하여 칭송을 받았다고 기록하고 있다. 성이성의 여인을 향한 따뜻한 마음과 함께 청렴한 성품으로 1695년(숙종 21) 청백리로 녹선(錄選) 됐다고 이야기한다.

남원부사인 아버지 임지를 따라 남원에서 기생 월매의 딸 춘향을 만나 양반의 자제와 기생의 딸과의 애틋한 사랑 이야기를 이곳에서 만날 수 있다. 춘향과의 사랑은 이루지 못했지만 이는 춘향전의 모티브가 되었으며, 소설에서 주인공 성을 '이' 씨로 바꾸고 대신 춘향을 '성' 씨로 정했다고 전해 내려온다.

성기호(80) 씨는 "남원의 춘향제와 이곳 성이성(이몽룡)의 문화교류, 계서의 청백리 정신, 춘향의 신뢰 정신을 기리는 관광지로 개발되기를 바란다"라고 말하며 아쉬움을 가지었다.

경북 봉화 계서종택 전경   계서당 안채에서 자료를 보며(2020)
성이성의 13대 후손 성기호(좌) 씨와 필자

봉화 춘양에는 '억지 춘양'이란 말이 있다.

춘향전에 변 사또의 억지 수청을 거부한 춘향을 줄여 억지춘향에서 나왔을까? 어쩌면 계서당 성춘향과 무관치는 않은 듯하다. '억지 춘양'은 첩첩 오지에 억지로 시집을 오게 되어 나온 설도 있으며, 춘양에 시집온 며느리가 억지로라도 춘양에 정이 들어 나왔다는 말도 있다.

춘양목은 재질이 좋아 나무 장사가 일반 소나무도 금강송 춘양목이라 억지로 우겨 팔았다는 것에서 나온 설도 있으나, 유력한 설은 영동선 철길을 춘양으로 돌리며 안 될 것을 억지로 이루려는 데서 유래한다고 전해진다.

봉화에는 대한민국 근대문화유산인 '봉화척곡교회(奉化尺谷敎會)'가 있다. 1907년 창립된 척곡교회는 한국인이 자발적 노력으로 세워진 자생 교회이다. 당시의 예배당과 교육 시설이 원형되로 보존되어 있다.

그리고 태백산 자락 각화산의 고즈넉한 각화사, 깊은 산 문수산의 해넘이가 아름다운 축서사, 명호면에는 퇴계 이황(李滉)이 그토록 사랑했던 청량산이 있다. 청량산의 봉긋한 암봉 육육봉(12봉오리)이 제각각 솟아 경관이 수려한 자리에 신라 원효대사가 세운 천년고찰 청량사가 있다. 신라 명필 김생(金生)이 서도를 닦은 김생굴과 신라 문장가 고운(孤雲) 최치원이 마시고 총명해졌다는 총명샘이 있다. 기암괴석을 서로 잇는 청량산 하늘다리는 국내에서 가장 길고 가장 높은 곳에 위치한다.

봉화 닭실마을은 경주의 양동(良洞), 안동의 내앞(川前), 하회(河回)마을과 함께 삼남지역 4대 길지(吉地)로 꼽는다. 다양한 성씨의 집성촌과 청암정, 석천정 등 곳곳에 누각(樓閣)과 정자(亭子) 그리고 고택이 많이 있다. 봉성의 '봉화 정자문화 생활관'은 옛

선현들의 휴식과 수양의 공간이었던 누정(樓亭) 문화를 만나며 체험을 가질 수 있다.

특히 봉화의 만회고택(晚悔古宅), 남호구택(南湖舊宅), 춘양의 만산고택(晚山古宅), 성암재(醒巖齋)는 고택 체험을 제공한다. 만산고택과 담장으로 연결된 성암재 주인은 해외에서 오랜기간 무역회사 주재원 생활을 한 후, 울산 온산공단 내 대기업 사장을 하며 주로 탄산바륨과 스트론튬을 생산하였다. 퇴임 후 낙향하여 선대의 고택을 유지 관리에 노력하며 전통과 현대가 조화로운 고택 체험을 제공한다. 성암재 주인 강춘기 사장이 울산에 계실 때 만나면 좋은 말을 해 주었는데 고향에서도 자격 있는 바리스타로 직접 내린 핸드드립 커피를 제공하며 고택과 주변에 얽힌 이야기를 주며, 경주 양동마을이 고향이며 다도 전문가인 소탈한 안주인의 이야기도 있다. 아기자기한 이야기와 함께 잘 정돈된 내부와 정원에서 밝은 달과 자연을 벗 삼아 그윽한 연꽃차향과 특별한 음식을 맛볼 수 있다.

봉화 소천 '구마계곡'은 계절마다의 오지 트레킹이 좋은 곳이다. 고선계곡 무진랜드는 주변이 넓고 맑은 환경에서 사계절 쉼을 가질 수 있다. 고선계곡의 끝자락 '국립청옥산자연휴양림'은 나무가 우거져 그늘이 충분한 자연 속 캠핑장이다. 천혜의 환경 봉화는 가장 산간오지에서 이야기가 있는 가장 좋은 관광지로 도약 중이다.

V트레인 백두대간 협곡열차   커피를 내리는 강춘기 '성암재' 주인

성경을 처음 접하며

　나는 고선계곡(고양이가 앉은 형상의 산이 가까이 있는)의 길가 초가집에
서 아침 해가 추녀에 미칠 때쯤 태어났다. 자라는 동안 군내 몇
곳으로 이사를 했고 기찻길 옆 부트내 마을에 정착해 초등학교
와 중학교를 다녔다.

　집에서 사십여 리 떨어진 미션스쿨인 춘양실업중학교에 다
니던 때 학과목으로 성경을 처음 접했다. 천지 창조, 홍해 바다,
다윗, 동방 박사 이야기 등 학교에서 들은 재미난 내용을 나름
대로 기억했다가 집에 와서 어머니께 전달해 드리기도 했다.
교회가 없던 시골이라 우리 가족 중 성경 이야기를 들은 것은
내가 처음이다. 어린 시절의 많은 기억 중 가장 특별한 것은 열
명이 넘는 식구들이 저녁을 먹고는 멍석이 깔린 마당에 누워
도란도란 이야기를 나누던 때다. 여름밤 무수한 별과 풀벌레
소리를 들으며 막연하지만 '하나님이 계셔서 별들도 만들고 풀
벌레 소리도 나게 한 것일까?'라고 생각한 것 같다.

눌산, 부트내 마을, 고향 집에서(2018년 여름)

　어린 시절, 내가 원하는 것을 어머니께 말하면 큰 형이 다 들어 주었다. 고향을 떠나 인천에 있는 고등학교에 진학했지만 교회에 가는 것은 생각도 하지 못했다. 중학교를 다니며 성경을 학과목으로 들었지만 타지에서 고등학교에 다니며 교회에 가는 것은 생각지도 않은 일이었다.

　고등학교 2학년이던 어느 토요일, 같은 중학교를 다니다가 서울로 간 여자 동창 몇 명이 인천으로 찾아왔다. 우리는 함께 자유 공원과 박물관을 다녔고 그중 한 친구와는 그 후에도 편지를 주고받으며 만남을 가졌다. 그 친구는 만날 때마다 교회와 학교에서 있었던 종교 활동 이야기를 해주었다. 친절한 친구에게 호감을 가지며 나도 교회에 관심을 갖게 되었다.

　어려운 가운데 공부시키는 부모님과 형제들을 생각하며 열심히 공부해야 한다고 생각했다. 한동안은 자유 공원 가는 길 옆에 위치한 대성학원의 홍보지를 돌리거나 잡일을 돕고 무료 수강을 하기도 했다. 그러나 타지에서 혼자 있다 보니 위험한 순간도 많았다.

　한 번은 내 생일에 친구 몇 명이 자취 집을 찾아왔다. 우리는 둘러앉아 그릇에 소주를 부어 한 번에 마셨다. 나는 난생 처음 술에 취했다. 다음날 큰 형이 청도에서 일을 보고 집으로 가는 길에 인천에 들렀다. 큰 형은 방바닥에 널브러진 술병을 보고도 다른 말없이 "가게 외상값은 갚았다"라며 용돈을 주었다.

방학을 맞아 고향에 올 때면 그때마다 마을은 새마을 운동으로 변하였다. 고향 우리 집도 초가지붕에서 슬레이트 지붕으로 바뀌고 수돗물이 나오고 개량 화장실이 지어졌다. 새마을 지도자였던 형님과 서로 도우며 살기 좋은 마을을 스스로 만들어가는 마을 분들이 자랑스러웠다. 늦게 교회를 가시게 된 어머니는 늘 단정한 옷차림으로 돋보기를 쓰시고 해진 성경책을 읽고 계신 모습이 선하다.

나는 칠 남매 중 여섯째다. 둘째 형은 객지에 나가 돈을 벌어 가산을 일으켰고, 장남 형님은 부모님을 모시며 많은 식구를 보살폈다. 형들의 관심과 어머니가 때때로 보내주는 사랑과 신앙의 교훈이 담긴 편지는 나의 엇나가는 행동을 다시 제자리로 돌아오게 이끌어 주었다. 학생이 넘어질 환경은 어느 시기나 있기에, 누구의 보호를 받으며 성장하는 것이 얼마나 중요한지 깨닫게 되었다.

인천 송도에서 고교 친구들과(1974)

종교 활동을 이야기해 준 친구(1975)

힘들었던 시간들

인문계 고교를 졸업했지만 당시의 여건으로는 정규대학에 진학할 수 없었다. 어머니에게 대학에 보내 달라고 또 조를 수는 없었다. 다시 고향에서 하릴없이 힘들어하는 나를 서울에 있는 중학생 동창 친구가 격려하며 용기를 주었다.

서울과 고향에서 종종 만나며 서로를 알아가던 중 나는 친구에게 사랑한다는 고백의 편지를 썼다. 여러 날 기도하며 답을 한다는 그녀가 나의 프러포즈를 받아준 것은 기뻤지만 앞으로 무엇을 할까 막막했다.

나는 부산에서 자형이 다니는 국제화학에 들어가 신발 검수 부서에서 일하게 되었다. 처음 경험하는 공장 일이 재미도 있었다. 큰 누나는 "너도 이제 사회인이 되었으니 용돈이 필요할 거다"라며 담배살 돈, 술 마실 돈 등 용돈을 주었다.

당시 고졸은 공장에서 꽤 인기가 있었던 것 같다. 공장 동료들과 당감동 묘지 근처에서 전축을 틀어 놓고 춤추고 노래하며 어울렸지만 마음은 답답하기만 했다. 어려운 가운데서도 쌀을 보내주고 돈을 보내주어 공부시켜준 부모님과 형제들에게 뭔가 보답을 해야 한다는 생각과 빈털터리 나를 믿어준 친구 생각을 하다가 공장을 그만두고 안동의 어느 독서실을 찾았다. '내가 할 수 있는 것을 해보자'라는 생각이었다.

동문동 '청운독서실'에서 숙식을 하며 몇몇의 재수생들과 열심히 공부하며 공군 제2사관학교 시험을 치르고 신체검사 중 시력에서 떨어졌다. 대구 K2 비행장 큰 돔의 격납고 같은 곳에서 시행된 신체검사 중 처음 보는 작은 숫자들이 잘 보이지 않았다. 그날은 비가 많이 왔다. 앞이 안 보이도록 쏟아지는 비를 보고 있자니 내 미래도 뿌옇게 안 보이는 것 같았다.

얼마 후 현역입영통지서를 받은 나는 친구에게 그만 만나자는 편지를 남긴 후 입대해 강원도 인제 보병부대 소대에 배치됐다. 교회에 가는 것은 이제 아무런 의미가 없었다. 시간이 흘러 나는 일병이 되었다.

어느 일요일 종교 행사 집합 전달에 고참 오 상병의 통제를 벗어날 겸 나도 교회로 가던 중 대대본부 벽보에 붙은 육군3사관학교 모집 요강 포스터가 보였다.

나는 중대장에게 응시 희망의 뜻을 전했다. 그러자 중대장께서는 정말 완벽하게 공부할 수 있는 여건을 만들어 주었다.

춘천에서 시험을 본 후 신체검사를 끝내고 2km를 시간 안에 들어오는 체력검증을 위해 출발선에 선 나는 전투화를 신고 있었다. 검사관은 "운동화를 신어야지…. 괜찮겠어?"라고 물었다. 나는 "뛸 수 있습니다"라고 대답했다. 전투화를 신고 2km를 뛰었던 그 시간은 내가 살면서 포기하고 싶다고 생각한 몇 가지 기억 중 하나로 꼽힐 만큼 힘들었다. 체력검사 후 검사관은 "잘했다"라며 칭찬을 했다. 나는 지금도 전라도 영광이 고향으로 알고 있는 적은 키의 오갑균 상병님이 생각된다. 둘만의 비밀했던 일도 있지만, 나의 삶에 방향에 영향이 되었다.

하나님을 더 알아가며

● 세례

입교한 육군3사관학교는 기독교, 불교, 천주교 중 1개의 종교를 가지고 종교 활동을 하도록 했다. 나는 자연스럽게 기독교를 선택했다. 충성대교회 김순권 목사에게 세례를 받고 훈육대의 기독교 대표 생도가 되어 종교 활동에 적극 참여했다. "기도하며 기다린다"라는 친구에게도 시가 담긴 교회 주보를 편지로 보내며 만남을 이어갔다.

2학년이 되던 어느 날, 박창용 교수께서 성경공부 희망자를 모집했다. 평소 성경에 대해 궁금했던 나는 몇몇 동기들과 참여하며 처음 네비게이토 선교회에 대하여 들었다.

● 주님 영접

1980년 임관 후 병과 교육을 받으러 광주에 갔을 때 박 교수는 네비게이토선교회 광주 지역 형제들과의 만남을 주선해 주었다. 그리고 박 교수는 대구에 있는 목사님과 광주에 와서 그동안 신앙에 대하여 궁금한 것에 대해 질문을 받고 모든 질문에 최대한 쉽게 대답을 해주셨다.

추운 겨울 극한 유격 훈련 중에는 형제들이 건네준 성경 구절을 암송하며 하나님을 찾았다. 일과가 끝나면 금남로로 나아가 젊음을 이야기하고, 주말이면 여행을 했다.

통영 충무공 유적지를 찾아
동기들과 선상에서(1980)

여행은 나에게 많은 것을 알게 해주었다. 여수 지역 충무공 유적지를 돌아보던 중 '죽기를 각오하면 살 것이고, 살기를 각오하면 죽을 것이다'라는 이순신 장군의 말씀을 접하고 군인 본분의 각오를 다지기도 했다. 당시는 성경을 배울 때였지만 아직 그리스도인이라는 생각은 들지 않았고 예수님이 내 삶에 계시다는 생각은 더더욱 가지지 못했다.

어느 겨울, 형제들이 지내는 생활관에 초청되었는데 은행에 근무하는 장윤현 님이 복음을 들을 것을 권했다. 세례도 받고 성경 공부에 참여도 했지만 복음을 들어 보겠느냐는 단도직입적인 권유를 받은 것은 처음이었다.

나는 "네"라고 대답하였고 '다리예화'로 설명을 들으며 마음에 감동이 있어 예수님을 영접하는 기도를 따라 했다. 기도를 하고 난 뒤 눈을 떴을 때 내 삶이 조금 더 환해진 것 같은 기분을 느꼈다. 3개월간의 교육 기간은 광주 형제들의 따뜻한 사랑을 새롭게 느낀 시간이었다.

교육 수료 후 각 임지로 가기 전 박 교수님은 부산에서 열리는 수양회에 참석하도록 해주셨다. 처음 참석해 보는 수양회는 모든 진행이 짜임새가 있었으며 형제자매들의 기쁨의 모습들이 인상적이었다. 강사는 최광수 선생님과 변희관 목사였으며 다양한 주제의 'Workshop'이 있었다. 특별히 변희관 목사의 'World Vision' 메시지는 그 후에도 긴 여운으로 마음속에 남았다.

부산 애린 유스호스텔 강당에서(1981)
군인 형제들의 인사 후, 구호를 외치며
좌에서 다섯째 조수아 선교사,
여섯째 박창용 교수

부산 애린 유스호스텔 로비에서(1981)
앞줄 좌에서 세 번째 변희관 목사
뒷줄 좌에서 첫 번째 필자
일곱 번째 문성묵 박사

사진 속에 등장한 몇 분을 소개하면 조수아 군선배는 전역 후 1994년부터 동아시아에서 병원 일을 통해 의료사역과 대학생 사역을 하다 작년에 귀국하였다. 여전히 동아시아 선교에 꿈을 갖고 있다.

박창용 교수님은 2020년 2월 금오공과대학교 기계시스템공학과를 정년퇴임하였으며 대구 수성구 아멘교회 시무장로로 역임하였다.

문성묵 군선배는 당시 경북대학교 위탁생으로 캠퍼스에서 열심히 주님을 배우고 복음을 전했다. 이후 국방대에서 안전보장학 석사, 경북대에서 국제정치학 박사 학위를 취득하였고 남북군사실무회담 수석대표 및 국방장관회담 대표로서 평양을 두 차례 방문하여 회담에 참여하기도 하였다. 국방부 북한정책과장과 군비통제차장을 역임한 후 2009년 육군 준장으로 예편하였다. 예편 이후에는 한국국가전략연구원 통일전략센터장 및 월간 국가안보전략 편집장, 대진대학교 통일대학원 초빙교수, 국방FM '국방광장' 진행 등 통일안보 분야에서 왕성한 활동을 하고 있다. 목동제일교회에 출석하며 제자 삼는 사역에 적극 동참하고 있다.

수양회 강사시던 변희관 목사는 현재 세계로선교회 부산 대표로 여전히 세계 비전을 주시며 제자삼는 사역에 온 삶을 드리고 있다.

● 첫 임지

강원도 화천으로 첫 부임하며 믿음 생활도 잘하려는 마음을 가졌으나 연일 계속되는 교육 훈련과 모임들로 새롭게 다짐한 믿음 생활은 쉽지 않았다. 때때로 부대 교회 목사님을 찾아갔는데, 목사님은 나의 고민들을 주의 깊게 들어주시며 그때마다 좋은 말씀을 해주셨다. 지금 생각해 보면 신앙의 위기 때마다 부족한 나의 말을 들어주시고, 좋은 말씀으로 씨를 뿌려준 믿음의 선배님들 덕분에 많이 엇나가지 않고 하나님 곁으로 다시 돌아올 수 있었던 것 같다.

● 결혼

힘들 때마다 격려하며 힘을 주었던 고향 친구는 친구에서 연인으로, 연인에서 평생의 반려자가 되었다. 나는 아내가 다닌 교회이자 장인이 장로로 시무하는 춘양교회에서 결혼식을 올렸다.

시편 127편 '여호와께서 세우신 가정'이란 말씀으로 주례를 해 주신 주용수 목사, 아내와 함께 다닌 중학교 교장으로 우리 결혼의 축사를 해 주신 최상익 장로, 교회 채풀과 학교 성경 시간에 성경 이야기를 해 주신 김일규 장로, 이렇게 세 분이 기도하여 주셨다. 이제는 고인이 되신 분들이지만 세 분께는 언제나 감사의 마음을 가진다.

중학교 성경 과목 담당이셨던 김영자 선생님은 안동 '용상교회'를 섬기시며 우리 부부가 결혼하기 전부터 지금까지 우리를 아껴주시고 만남을 가져주셔서 늘 감사드린다.

당시의 중학교 건물은 춘양교회 봉사관으로 사용되고 있다.

우리 중학교 교훈인 '하나님을 공경하자. 배워 실천에 옮기는 사람이 되자'는 나의 삶에 교훈이 되고 신앙생활의 자양분이 되었다.

결혼 축사하는 최상익 장로(1981)

춘양교회와 춘양교회 봉사관(2018)

　유서 깊은 신앙인의 집안에서 자란 아내와 가정을 꾸린 후 그동안 정체되었던 신앙생활에도 큰 변화가 있었다. 군인 교회를 나가면서도 주초 문제, 주일성수, 경박한 언어 등과 같은 많은 문제들이 내 삶에 자리 잡고 있었다. 아내와 사귀던 때는 이런 것들이 큰 문제가 되지 않았지만 일상을 공유하는 부부가 되고 나서는 걸림돌로 여겨졌다. 그러나 인내심을 갖고 내가 변하기를 기다리는 아내의 사랑, 부임하는 곳의 교회마다 열심히 봉사하는 아내의 헌신과 기도하는 모습에서 나도 진정한 신앙생활에 대해서 고민을 하게 됐다.

● 신앙 갈등

　군인 교회와 부대 내의 종교 행사에 참석하는 나였지만 마음속에서는 무언가 부족하다는 생각을 끊임없이 하고 있었다. 이런 의문들을 해소하기 위해 종교 서적을 사서 읽으며 나름의 노력을 했다. 전방에서 근무를 할 때는 야외에서 숙영하며 훈련하는 시간이 많았다. 별이 쏟아질듯한 조용한 밤 중대 방어 지역 콘크리트 삼병호에서 밤을 보낼 때면 그때마다 하나님과 예수님에 대해서 깊은 생각을 했다. 성경에 나오는 내용들을 진짜 믿어보려고 해도 이성과 과학에 반하는 것 같은 그 엄청난 사건들을 진짜로 믿어야 하는지 엄두가 나지 않았다. 나는 전역을 하여 사회에서 하나님을 좀 더 잘 알아가며 새로운 일을 찾기로 결심했다.

강원도 인제 쌍호교회(조재진 군목)에서 마지막 전역 예배를 드렸다. 가야 하는 길이라면 즐겁게 가야 하며 그러기 위해서는 잘 알아야 한다고 생각했다.

● 선교회

1987년 여름, 전역 전 직업교육을 받기 위하여 부산에 도착했다. 나는 곧 변희관 목사님이 사역하시는 N선교회를 찾아갔다. 변 목사님의 환영을 받으며 우리 부부는 전역 군인들이 많이 있는 팀에 속하여 새로운 신앙생활을 시작했다. 전역한 군 선배들은 육군 3사관학교 생도 시절 충성대교회 변희관 목사님과 직접 성경 공부를 한 것을 알 수 있었다. 비슷한 길을 걸어온 믿음의 선배들은 이미 나의 처지를 아는 듯 하나같이 내 상황을 이해해 주고 보듬어주었다. 그리고 차근차근 복음을 다시 설명해 주고, 암송하면 좋은 말씀들을 추천해 줬다. 단체 교육이 끝나면 수준에 맞게 소그룹으로 심도 있는 교제가 진행되어 영적인 성장에 큰 도움이 됐다.

성경공부를 통하여 주님과 인격적으로 만나며 주님과 동행한다는 것을 조금씩 체험할 수 있었다. 나는 직장 업무에 최선을 다하며 또한 힘이 닿는 대로 전도하며 훈련하는 일에 매진했다. 실패도 있고 성공도 있었지만 '제자는 태어나는 것이 아니라 훈련으로 된다'라는 말이 무엇인지 삶으로 체험할 수 있었다.

양산 '감림산기도원'에서(1988)
영남 지방 수양회를 마치며

메시지를 전하는 변희관 목사(1989)
(현, 세계로선교회 부산지역 대표)

● 지역 교회

선교회 중심으로 시작된 나의 신앙생활은 1998년 울산감리교회에 출석하며 새로운 영역을 경험했다. 교회의 공과정 성경공부와 행사에도 빠짐없이 참석하며 선교회와는 사뭇 다른 교회 생활에 적응하기 위해 노력했다. 담임목사께서 진행하는 TBC 성서서당과, 예배 때마다 선포하는 말씀들을 집중해서 들었고, 말씀을 조금 더 깊이 알아가는 강해 설교는 신앙생활의 새로운 장을 열어주었다.

교회 생활에 적응해가며 아내는 성가대에서, 나는 청년부에서 봉사했다. 울산 소망정형외과클리닉 원장이신 청년부장 이선일 선생님은 청년 사역자로 많은 헌신을

이선일 선생님 자택에서, 청년 멘토들과(1999)
좌에서 이선일 원장, 권숙형 장로, 필자,
서교환 원장(부부)

했다. 청년들의 멘토 권숙형 권사, 서교환 권사와 함께 나도 배워가며 내가 맡은 사역은 청년 리더를 양육하여 그들을 중심으로 다시 소그룹을 이끌어갈 수 있게 하는 것이었다.

2020년 가을 어느 날 이선일 원장과 만나며 2019년 아내 김정미 선교사의 암 진단을 받고 2020년 암에서 승리한 돌봄의 처방전과도 같은 '유방암, 아내는 아프고 남편은 두렵다'(산지. 간) 책과 함께 여러 권의 책을 쓴 이야기를 나누었다. 바쁘고 어려움 가운데서도 책을 저술한 것과 암에서 승리한 김정미 선교사에게 감사하는 시간이었다.

교회로부터 교육선교사로 임명받은 이선일 선교사는 지금도 한결같이 성경 교사, 청년사역자, 의료선교사로 주님을 섬기신다. 4대째 기독교 가정인 이선일 선교사는 병원을 경영하며 코스타코리아 공동대표(전), 한국창조회 공동대표(전), 초교파 청년연합공동창립과 공동대표 등 많은 일을 하신다. 또한 2011년 미스코리아 진(眞)이자 배우로 활동 중인 딸 이성혜가

속해있는 연예기획사 '여호와 이레'라는 뜻이 담긴 '제이 이레 (J.Ireh)'의 대표이기도 하다.

2021년 3월 사위 황의현과 공동 저술한 '오직 의인은 믿음으로 말미암아 살리라'(탐구, 간) 신간을 받으며 언제나 누구에게나 다감한 Dr. Araw 이선일 원장에게 감사의 마음을 드린다.

권숙형 장로는 당시 'SK(주)'에 근무하는 기술사 자격을 보유한 간부였고, 나는 화학기계를 제조하는 회사의 일반 관리직이었다. 제작된 화공기가 어떻게 활용되어 질까? 무척 궁금하기도 하지만, 웅장한 석유화학 시설을 볼 때마다 모든 기술인과 기능인들께 존경을 가질 뿐이다. 권 장로는 SK에너지 본부장과 SK건설 부사장을 역임 후 지금은 글로텍엔지니어링 부회장으로 근무하면서 한국플랜트산업협회 정책자문위원, 서울대학교 EDRC총괄운영위원, 미국 API(미국석유협회) 기술표준 위원 등으로 재능기부 차원의 역할을 하고 있다.

그의 직장 생활을 회고하는 저서 'SK와 행복한 동행'(지식과감성, 간)에서 '윤활기유 생산공정기술'을 개발하여 미국 특허 등 세계 22개국 특허를 획득하고 생산된 기유제품(YUBASE)이 세계시장 1위에 오르게 하는 주역을 맡은 이야기가 있고, 국내외 여러 대형 프로젝트를 추진하는 과정에서도 주님을 높이며 주님의 특별한 도움이 있었다는 고백이 담겨있다. 그는 현재 서울 '신림중앙교회' 장로로 시무하고 있다.

서교환 원장은 청년멘토에서 새 가족부로 옮겨 오랫동안 새 가족 양육 교사로 섬기며 바쁜 병원진료 중에도 평신도 양육 교사들이 활용할 수 있도록 성경 창세기에서 요한계시록까지 방대한 정리와 신앙서적을 요약하여 자료를 제공하며 새 가족부 성경공부를 인도하였다.

2000년 새로 오신 박갑서 목사께서 청년부를 담당하며 북한을 위한 기도모임을 시작하였다. 나도 모임에 동참하며 읽었던 '통일맞이성서연구'에서 '통일은 우리 민족이 화해를 하자는 것이지만 그것은 모든 인류가 하나의 공동체를 이루어 살아가기 위한 거대한 노력의 한 부분'이란 글이 기억에 남는다. 강원도 고성과 경기도 파주의 통일전망대를 찾아 청년들과 함께 기도하며 분단된 현실의 아픔을 느끼고 새로운 비전을 마음에 품게 됐다.

2001년 'SK가스㈜'에 근무하며 '직장인성경공부모임(BBB)'에서 사역하는 박종문 권사가 청년부장으로 봉사하고 우리 부부는 부목사께서 진행하는 '전도폭발훈련'과 '일대일 제자 양육 성경공부' 과정을 마친 후 교회로부터 '일대일 양육 사역자'로 임명받았다. 제자훈련과 함께 교회에서 지정해 주는 두 가정을 방문하여 돕는 사역을 하였다.

교회에서 초신자를 위한 '확신 있는 제자' 교재가 발행되며 2004년부터 우리 부부는 새 가족 양육 교사로 다른 사람들과 모여 여럿이 함께 새 가족 확신반 과정을 봉사하였다. 2018년 장로 임직을 받은 후에는 부여된 부서에서 섬김을 가지고 있다.

교회 제4기 전도학교를 마치며(2016)
담당목사, 담임목사, 사모, 강사와 학생

교회는 교회 학교 등 모든 부서에서 평신도들이 사역하고 봉사할 수 있는 환경을 만들어 준다. 새 가족부에서 주관하는 전도학교는 목회자의 도움을 받은 평신도가 직접 강의와 진행을 하므로 평신도의 역량과 전도의 동기를 높이는 평신도 제자훈련으로 발전되고 있다.

● 나의 일

육군 보병 대위로 전역한 나는 울산 석유화학 단지 내 화공기 제조회사에서 안전과 환경 그리고 총무 업무를 배우며 첫 번째 일을 시작했다. 그다음은 현대자동차 부품을 수출하는 회사에서 생산 및 관리 부문을 담당하였으며 그 후에는 조선(선박) 부품 제조업체로 자리를 옮겨 현재까지 일반 관리 업무에 종사하고 있다.

산업도시 울산은 화학, 자동차, 조선 업종이 주를 이룬다. 이러한 업종에서 근무하며 느낀 점은 밤낮없이 산업의 최일선에서 주어진 업무에 최선을 다하는 우리 모두는 국가에 충성하는 사람이라는 것이다.

2010년 선박부품 제조업체인 '한국MST주식회사'에서 근무를 시작한 월요일 아침 미팅 시간이었다. 대표이사께서 회의를 마치며 "월요일에서 금요일은 회사를 위해 일하는 날입니다. 토요일, 일요일은 여러분의 날입니다. 오히려 토요일, 일요일에 더 일찍 일어나고 개인의 발전을 위해 시간을 활용해야 합니다"라고 말했다. 당시 사회 경험과 나이도 있던 나로서는 이 말이 무척 마음에 와닿았다. 평소 특별한 기술이 필요없는 일반 업무직에 종사했던 나는 '자격증을 취득할까'라고 생각했지만 '평소 마음에 두었던 복음과 기본 신앙을 정리하자'는 것으로 마음을 굳혔다. 이런 마음으로 책을 정리할 수 있는 환경을 주신 하나님께 감사드린다.

방북 이야기

인생을 살다 보면 누구에게나 많은 이야기가 있다. 내 인생에도 많은 이야기가 있었지만 가장 가슴 벅찼던 기억을 꼽는다면 단연코 '방북 이야기'다.

나는 2002년 '한국이웃사랑회'에서 주관하는 북한 지원 사업장 모니터 프로그램에 참가 신청을 했다. 철책 너머로 총을 들고 바라보던 그곳, 교회 청년부와 북녘을 바라보며 기도하던 북한을 직접 가보고 싶었다.

대대원과 전방 철책 보수 작업 중
북녘을 바라보며(1985)

강원도 고성 통일전망대에서(2000)
청년담당 박갑서 목사(좌)와 필자

　방북단 구성은 그동안 '한국이웃사랑회'를 통하여 북한을 지원해 온 울산감리교회, 익산감리교회, 대구범어교회 교인이 주축이 되어 총 40명이었다. 2002년 여름, 민간 NGO로서 그동안의 지원금이 목적대로 활용되고 있는지 확인을 위해 북한 '민화협(민족화해협력회)'이 우리를 초청했고 정부의 승인으로 이루어졌다. 당시 날짜별로 내가 보고 느낀 것을 기록했다. 사진과 함께 짧은 기록을 살펴본다.

6월 28일(금)
　처음 여행 항로는 전세기 편을 통해 남북한 직항로를 이용해 평양으로 가는 것이었다. 그러나 진행 과정에서 돌연 북경을 통한 우회 방문이 이뤄졌다. 북한 대사관으로부터 입국 비자를 받아야 했는데 우리가 북경에서 자금성을 관광하는 동안 비자는 모두 받을 수 있었다.

6월 29일(토) 평양 도착, 만수대 언덕, 환영 만찬
　북경 글로리아 호텔에서 공항으로 가는 버스에서 단장인 이

일하 목사는 평양의 일정과 주의 사항을 전달하고 다 함께 기도를 드렸다

"주님, 형제를 사랑하지 않고서 우리가 어찌 하나님의 사랑을 이야기할 수 있겠습니까."

예정보다 30분 늦게 출발하는 고려항공 기내에서는 "까투리 사냥을…"라는 민요가 흘러나왔다. 우리 일행의 좌석은 중앙에 배치되고 북한 사람과는 얼굴을 마주할 수 없도록 커튼이 가로 놓여 있었다. 누군가 승무원에게 평양 날씨를 물었다. 그러자 "평양 날씨는 개었습니다"라는 상냥한 말소리가 들렸다.

얼마를 날았을까?

"여러분 우리는 압록강을 건너고 있습니다"라는 안내방송에 기내는 "와~"하는 탄성이 흘러나왔고 모두 창밖을 내다보았다. 넓은 강의 하구가 바다와 만나는 압록강이 펼쳐져 있었다. 착잡함과 설렘을 안고 평양국제비행장인 순안공항에 도착했다.

우리를 마중 나온 사람이 "월드컵 3,4위전도 못 보고 이곳에 오게 해서 어떡합니까? 안정환 선수 슛 장면은 멋지더만요"라고 부드럽게 말하자 그동안의 긴장이 모두 풀어졌다.

숙소인 호텔로 가던 중에 만수대 언덕에 도착했다. 공원 속의 도시 같은 평양시가지 모습이 한눈에 들어왔다.

차창으로 지나는 조형물들에 대한 설명을 들으며 고려호텔에 도착했다.

호텔에 도착하자 민화협 주최로 환영 만찬이 이루어졌다.

환영사에 이어 단장 이일하 목사께서 짧은 답사 후 기도를 했다.

"하나님 아버지…"라며 시작되는 힘 있는 기도가 끝나자 만찬이 시작되었다. 식사 후 테이블 일행들과 호텔 밖으로 나갔다. 거리의 이동식 상점에서는 다양한 공예품들을 팔고 있었고 식당에는 담소하며 식사하는 사람들의 모습이 보였다.

6월 30일(일) 만경대, 봉수교회, 구빈목장, 제3인민병원, 평양교예단

새벽 5시경 일어나니 창밖은 이미 밝아 있었다.

너무나 조용한 아침이었다.

만경대를 들러 두레박 우물에서 시원한 샘물을 마시고 오전 10시경 봉수교회에 도착했다. 이곳의 담임목사께서 여자 전도사와 함께 반갑게 맞아주었다. 많은 북한 주민이 앉아 있었고 성가대 찬양을 시작으로 예배가 시작되었다.

"빛나고 높은 보좌와 그 위에 앉으신…."

이날 담임목사께서는 "좁은 문으로 들어가라"라는 성경 구절로 선한 사마리아인의 이야기와 욥의 이야기 그리고 6.15 공동선언 이야기로 설교를 했다. 뒤이어 성가대 특송이 있었고 교인들은 우리가 교회를 나갈 때까지 자리에서 일어나 환송해 주었다.

봉수교회 담임목사 설교 장면(2002)   봉수교회 예배 장면(2002)

예배 후 우리는 도시 한복판에 있는 나지막한 모란봉 공원에
올랐다.

을밀대에서는 대동강을 바라보며 울창한 숲과 나무 그늘에
서 잠시 더위를 식힐 수 있었다. 공원에는 가족인 듯한 이들이
한가로이 둘러앉아 음식을 먹고 있었다. 그 옆을 지나는 우리
에게 "술 한 잔 하시라"라며 권하는 사람도 있었다. 조금 떨어
진 곳에는 청년들이 둘러서 기타를 치며 노래를 했다. 그 모습
을 보니 갑자기 나의 청년 시절 모습이 떠올랐다.

평양에서 가장 큰 한옥 건물인 듯한 옥류관은 대동강과 잘
어울렸다. 점심으로 냉면을 먹고 이웃사랑회 지원 사업장인 구
빈 목장과 평양 제3인민병원을 모니터 했다.

젊은 팀은 평양 외곽의 구빈리에 있는 염소 농장으로 향하고
나는 병원팀이 되었다.

도착한 병원은 규모가 컸으며 병원 지원품에는 이웃사랑회
마크가 붙어있었다. 아동 병실을 방문하여 한 어린아이에게 어
디가 아픈지 물으며 안아주었다. 우리를 안내하던 병원 관계자
는 병원 상황을 설명하며 안내하던 중 알루미늄 새시 창문은

겨울에 도움이 된다고 하며 지원에 감사해 했다.

저녁시간 평양교예단 공연을 관람했다. 공연 중 중간중간 배우들이 펼친 코미디를 보며 북한 주민과 함께 웃는 시간을 가질 수 있었다.

평양, 모란봉공원에서 청년들과(2002)
좌에서 청년, 필자, 청년, 임태종 목사

평양, 제3인민병원 병실에서(2002)
입원 중인 어린아이를 돌보며

7월 1일(월) 묘향산, 보현사, 아리랑 축전

우리는 이른 아침 목사님이 묵고 계시는 방에 모여 예배를 드렸다. 평양의 아침, 거리에는 힘찬 출근을 격려하는 악대의 연주 소리가 울려 퍼졌고 시민들은 부산히 움직였다.

우리는 묘향산으로 향했다. 달리는 버스 차창으로 스치는 시골 마을과 산하는 적막해 보였다. 반짝이며 흐르는 청천강을 지나며 '넝변'이란 안내 표시판을 보았다. '김소월의 진달래꽃의 시(詩)가 된 약산이 어딜까?'라는 생각이 들었다.

묘향산에는 각국에서 북한 최고 지도자에게 보내온 선물들을 나라별로 진열해 놓은 '국제친선전람관'이 있었다. 묘향산을 안내하는 누각에는 우리나라 관광지와 같이 다양한 기념품들이 있었다. 어떤 이는 말린 산나물을 샀고 나는 사진이 있는 엽서를 달러로 샀다.

반찬이 풍성한 향산호텔 식당의 점심은 맛이 좋았다. 이곳은 특별한 북한 음식과 휴식이 가능한 산속의 고급 호텔이다.

보현사 안내자는 묘향산 안내와 고려대장경, 서산대사의 유품 등 민족역사유적물을 소개하였다. 천년 목조사찰 보현사 대웅전 앞에는 높이 8.58m의 '8각 13층탑'이 있었다. 매층 추녀마다에 달려있는 풍경은 104개로 바람이 조금만 불어도 경쾌한 소리를 낸다. 나는 울창한 수림으로 덮여있는 보현사 앞의 냇물에 발을 담그며 누구나의 일상이 되기를 바랬다.

우리는 숙소로 돌아오는 길, 능라도 경기장에서 열리는 아리랑 축전을 관람하기 위해 100달러를 주고 2등석 표를 구입했다. 2만 명의 학생으로 구성된 카드 섹션과 총 6장으로 구성된 매스게임은 손뼉을 치게 했다. 공연의 마지막은 10만 명 가량의 젊은이가 다 함께 작별하며 막을 내렸다. 안내원은 "이 공연에 딸이 참석하고 있다"라며 "늦잠만 자던 녀석이 대견스럽다"라고 말했다.

묘향산 보현사 앞 냇가에서 휴식하며(2002)

능라도 경기장, 아리랑 축전의 한 장면(2002)

7월 2일(화) 백두산, 삼지연

평양 순안공항에서 40인승 소형 전세기 편으로 약 1시간 반

정도 날아 삼지연공항에 도착했다.

해발이 높아 여름인데도 날씨는 쌀쌀했다. 우리는 버스 3대에 나눠타고 천지를 향했다. 주변은 끝없는 침엽수였으나 해발이 높아지자 드넓은 초목지가 보였다. 버스 안내원은 "…백두산은 2750미터로 겨울에는 눈이 많아서 눈 위를 걷다가 신발을 잃어버리면 봄에 신발이 나무에 걸려 있습니다…"라며 설명을 했다. 버스에서 내린 그곳에 짙푸른 물의 천지(天池)가 모습을 보이더니 이내 안갯속에 모습을 감췄다. 분화구의 외륜산을 이룬 최고봉은 장군봉, 향도봉 등 여러 봉오리와 골짜기, 호반 주변의 여러 꽃들과 자연 풍경은 장엄하고 아름다웠다. 우리는 백두산 지역 밀림과 세 개의 못이 가지런히 놓여 있는 삼지연 (三池淵) 일대를 안내받아 돌아보았다.

나는 'SK'에 근무하는 조태형 부장과 한 방을 썼다. 하루 일정이 끝난 저녁 시간 우리는 44층 회전식 전망대에 있는 칵테일바(?)에 갔다. TV에는 월드컵 축구 3, 4위전(한국:터키) 녹화방송이 나오고 있었다. 종업원은 TV를 보며 한국 선수가 실축을 하면 "어이구야"라며 아쉬워했다. 어떤 이가 "종업원 동무, 진휘즈 한 잔 주세요"라고 말했다. 진휘즈는 진토닉이었다. 이곳에서 평양역과 시내의 야경을 관망할 수 있었다.

운무(雲霧)에 가려진 천지(天地)에서(2002)　　큰 연못이 있는 삼지연(三地淵)에서(2002)
'국가 기진점'이란 표지석의 글이 보인다　　　멀리 백두산 천지(天地) 자락이 보인다

7월 3일(수) 귀국길

귀국길에 오르며 평양에 있는 그림 등 다양한 품목이 진열된 상점에 들려 구매의 기회를 가진 후 중국 심양으로 나왔다. 번화한 심양의 한 식당에서 저녁식사를 가지며 방문에서 느낀 점을 서로 나누었다. 이 자리에서 6월 29일 북경에서 출발 1시간 전에 서해에서 무력충돌이 발생했다는 것을 알게 되었다. 우리는 그 사실을 모르고 출발되었으며 평양에서도 그 소식을 얘기해 주지 않았다. 우리는 알지 못하고 평양에 있었지만 서해교전(제2연평해전)으로 산화한 우리 젊은 군인들에게 깊은 애도를 드렸다.

눈으로 보는 것에는 분명 허와 실이 있겠지만 강한 국방력과 함께 크리스천으로서 '사랑에 조건은 없다'는 긍정의 생각을 가지며 작은 사랑의 마음으로 서로 신뢰를 쌓아 갈 수 있는 민간교류의 필요를 가진다. 제2연평해전이 있었지만 우리를 받아들임은 북한의 변화로 보았으며 공원에서 음료 한 잔 마시라는 손길에서 월드컵 게임을 보며 한국을 응원하는 것에서 우리는 한민족이라는 동질성을 느낄 수 있었다. 방북을 성공적으로 이끌어 준 '이웃사랑회(굿네이버스)' 이일하 목사님과 노심초사 기도해 준 모든 분들께 감사의 마음을 가지고 이튿날 인천으로 귀국하였다.

만경대 우물에서(2002)
민화협 간부에게 두레박 샘물을 건네며

평양 봉수교회에서(2002)
봉수교회 담임목사와 방북단 일행

"새 계명을 너희에게 주노니 서로 사랑하라 내가 너희를 사랑한 것 같이 너희도 서로 사랑하라" - 요한복음 13:34

토마스 선교사의 순교는 평양 복음화의 초석이 되어 평양은 동양의 예루살렘이라 불릴 만큼 한국 교회 순교의 씨앗이 된 곳이다. 언제인가 북녘 땅에 다시 말씀이 전파되고 복음의 씨앗이 심겨지는 놀라운 역사가 일어나게 될 줄을 믿고 그때를 위해 모두가 합심하여 기도해야 할 줄로 믿는다. 남과 북의 우리의 자녀들이 서로 손을 잡고 이웃을 위해 하나님을 위해 기도하는 그날의 꿈을 가진다.

책 출간 이야기

● 책을 출간하며

나는 울산감리교회에서 새 가족 양육 교사로 여럿이 함께 봉사하며 그간의 신앙 체험과 경험, 복음 설명과 믿음의 기본 요소들에 대하여 시간이 허락하는 대로 조금씩 정리했다. 정리된 원고를 담임목사님께 드리고 검토와 추천서를 부탁했다. 목사님은 교회 건축 등 바쁜 와중에도 원고를 검토해 주시고 함께 기도해 주시며 추천서를 써주셨다.

울산감리교회 신축 조감도(2021년 9월 헌당)

USMC 담임목사 최인하

『작은 목자』의 길을 안내하는 책

추천사- 울산감리교회 담임목사 최인하

한 크리스천 사업가가 캄보디아 오지에 학교를 건축해 주었습니다. 그러자 마을 분들이 너무나 고마워 기증자의 이름을 건물에 새기자고 하였으나 크리스천 사업가는 극구 사양했습니다. 알지 못하는 사람이 행해준 귀한 마음을 잊지 않고자 현지인들은 학교 벽에 이렇게 새겼답니다.

"그리스도인이 만들어 주다."

그렇습니다. 이 책 저자 최하중 장로는 전문적인 저술가도 아니고 글쓰기의 달인도 아닙니다. 그저 영원한 생명을 주시고 붙들어 주시는 하나님의 은혜에 감격하고 감사하여 그 은혜를 함께 나누지 않고는 견딜 수 없어 기도하며 몇 번을 점검하여 이 글을 썼습니다. 이것은 주님의 사랑을 체험한 신앙 고백입니다. 좋은 것을 나누려는 사랑의 편지입니다. 새 생명의 양육을 위한 땀입니다.

이 책은 예수님을 영접하여 '하나님의 자녀'가 되고, 예수님의 지상명령을 순종하여 '전도자'가 되며, 예수님을 사랑하여 "내 어린 양을 먹이라!"(요 21:15)는 주님의 당부를 실천하는 '작은 목자'의 길을 안내하는 책입니다.

조선시대 문인 유한준의 글이 떠오릅니다.

"사랑하면 알게 되고, 알면 보이나니, 그때 보이는 것은 전과 같지 않으리라."

예수님의 사랑의 포로가 된 그리스도인은 교회에 처음 나온 새 가족이 보이게 되고, 다가가게 되며, 친구로 동행하게 됩니다. 새 가족을 향한 저자의 뜨거운 마음과 깊은 사랑을 공감하며 주님께서 이 책을 읽는 모든 분들에게 동일한 감동을 주실 것을 기도합니다. 마지막으로 개신교 선교의 아버지로 불리는 윌리엄 캐리 인도 선교사의 유언을 나눕니다.

"내가 죽거든 캐리에 대해서는 아무것도 말하지 말라. 캐리의 구주에 대해서만 말하라."

● 책 출간 기념

2019년 3월 '하나님과 행복한 동행'(이하 '이전 책')이 출간되었다. 출석하는 교회에서 책 출간을 광고하여 주시고, 근무하는 회사 대표이사(김갑기 사장)께서 전 직원에게 책을 사주어 감사하였다. 울산기독군인회(배재영 회장)에서 출판 기념회를 열어주어 감사했다. 울산극동방송 운영위원회(서상찬 위원장) 조찬 기도회에서 책 출간에 대한 간증 기회를 주어 감사했으며 독서문화운동가 강신원 장로는 울산극동방송 운영위원회에서 다른 책 소개와 함께 '하나님과 행복한 동행'을 소개해 주어 감사했다.

울산 남울산교회에서(2019)
'울산 기독군인회'의 출판기념을 가지며

울산 극동방송 공개홀에서(2019)
운영위원회 조찬 모임에서
출간 간증을 나눈 후

하나님과 행복한 동행

(나침반 간, 최하중 지음) 추천자 강신원 독서문화운동가

평범한 생활인의 일상적인 이야기책

최근 독서문화 출판계에 나타나는 현상 중에 이름이 알려지지 않은 평범한 일반인의 책이 독자들로부터 공감을 얻고 사랑받는 현상을 자주 보게 된다. 이들은 책을 써서 돈을 벌겠다는 목적도, 전문 작가로 등단해 이름을 올리겠다는 야심 같은 것도 없다. 일상의 생업 현장에서 그때그때 떠오르는 것을 그냥 넘기지 않고 글로 적어 축적하였다가 나름대로 정리하여 이웃과 함께 나누고 싶을 따름이다.

평범한 기독교 평신도의 생활신앙 이야기책

기독교계에도 이러한 추세에 발맞추어 생활신앙 이야기책이 나왔다.

'복음과 믿음 생활의 기본 요소 안내'라는 부제를 단 '하나님과 행복한 동행'이라는 책이다.

저자 최하중 장로는 짧지 않은 직업 군인 생활을 마감하고 산업 수도 울산에서 산업 전사의 일원으로 제2의 삶을 살며 그 과정에

서 자신의 삶이 보이지 않는 누군가의 인도에 이끌리고 있음을 체감한다.

저자는 이러한 생활신앙의 체험을 많은 사람 특히 믿음이 없는 전도 대상자나 믿음이 초보 수준에 있는 사람들 또는 믿음 생활을 떠나있는 사람들에게 적용 가능하도록 자신이 겪은 복음과 믿음 생활의 내용을 나름대로 재구성하고 편집하여 글을 썼다. 저자는 누구나 믿음의 필요를 이해하고 예수님 안에서 매일매일 하나님과 행복한 동행자로서의 삶을 누리게 하고 싶다는 소망의 기도를 해오고 있는 순전한 무명의 평범한 생활 신앙인이다.

저자는 처음부터 작정하고 책을 짓겠다는 생각을 감히 품지 못했다. 신앙생활과 병행하여 '마음 밭 독서회'에서 책 이야기를 나누고 '울산예비역기독군인회'에서 군 선교의 일환으로 회원들과 함께 해안 초소를 방문하여 위문과 도서를 보급했다. 대대급 부대 교회 순회 예배와 복음전도 활동을 하며, 섬기는 교회에서 사역을 하면서 체득한 신앙 체험의 내용을 기록한 글을 모으고 이야기를 나누다 보니 주위에서 책으로 엮어보라는 권유가 있었고 특히 섬기는 교회의 담임목사의 격려가 있어 책을 짓는 결심을 하게 된 것이다.

책을 통해 자신을 돌아보다
'마음 밭 독서회'와 울산예비역기독군인회'에서 오랜 세월 함께 활동해 오면서 나눈 이야기들이 이같이 아름다운 모습의 책으로 완성된 것을 보니 하나님의 섭리와 은혜를 새삼 깨닫는다.

첫 페이지를 열면서부터 눈을 떼지 못하고 나 자신이 초심으로 돌아가 예수님 앞에서 말씀을 듣고 있는 어린아이와 같은 심정을 느꼈다. 정말 복음과 믿음 생활의 기본을 다시 맛보게 하는 스마트한 책이다.

신앙생활의 연륜이 있는 분들도 읽어보면 초신자 시절의 자신의 모습을 돌아보는 계기가 될 것 같다. 아무쪼록 많은 사람들의 공감과 동참하는 역사가 있기를 바라며 기도드린다.

● '극동방송' 인터뷰 이야기

이전 책을 출간한 후 울산 극동방송에서 인터뷰를 했다. 난생처음 방송국 데스크에 앉아 긴장한 나에게 진행자는 "생방송이 아니고 녹화이니 부담 갖지 말고 대화하듯 하면 된다"라며 안심시켜 주었다. 진행자가 기도한 후 녹화가 시작되었다. 그런데 인터뷰를 시작한 진행자의 멘트가 너무도 가슴에 와닿았다.

"애청자 여러분 안녕하세요. 크리스천 리더스 바이블 남현용입니다. 한 벌에 수천 달러에 달하는 명품 정장의 제조 원가가 겨우 50달러에 불과하다는 뉴스를 봤습니다. 중국에서 제조되는 이 명품 정장의 제조 원가는 우리 돈으로

울산 극동방송 남현용 방송부장(2019)

육칠만 원 정도이지만, 여기에 명품 브랜드를 붙이고 나면 가격이 수십 배나 넘게 뛴다는 것인데요, 이 제품을 제조하는 공장의 대표는 "원단이나 재질, 또 제작 과정도 무시할 수 없지만 제조가와 판매가의 차이를 결정하는 가장 결정적인 요소는 역시 '어떤 브랜드인가?'라는 것"이라고 이야기합니다.

 물건이야 브랜드 하나로 가치가 바뀔 수 있다 하지만 사람 인생은 그렇지가 않지요. 아무리 많은 돈을 들이고, 보기 좋은 것들로 치장을 해도 비참한 삶이 있는가 하면, 겉보기에 특별할게 없는 것 같아도 행복한 삶이 있습니다.
 별다를 게 없어 보이는데…. 어쩌면 남들보다 더 어려운 형편 같은데 늘 감사와 기쁨이 넘치는 사람들, 바로 '영원한 생명'을 약속하신 '예수'라는 브랜드를 영혼에 붙인 사람들입니다. 이 '예수'라는 브랜드는 제조할 땐 돈으로 환산할 수 없는 생명의 가치가 투자됐는데, 판매가는 역설적이게도 ' 0원', 무료입니다.
 뿐만 아니라 세상이 매긴 가격이 아무리 보잘것없는 인생이라 해도 이 '예수'의 브랜드를 붙이고 나면 그 무엇과도 바꿀 수 없는 '영생'이란 가치를 지닌 명품이 됩니다.

 지금, 여러분의 영혼에 십자가로 박음질한 '예수의 브랜드'가 박혀 있는지요?
 우리 지역 크리스천 삶을 통해 살아계신 하나님의 은혜를 나누는 시간이죠. '크리스천 리더스 바이블' 오늘은 맡겨진 삶에 현장에서 최선을 다해 살아가시면서 동시에 주님께서 명령하신 영혼 구원의 사명, 제자 양육의 사명을 감당하기 위해서 애쓰시며 특별히 하나님께서 주님의 몸 된 제단에 보내어 주신 새 가족들을 잘 안내하고 신앙을 돕는 사역을 오랫동안 해오신 분을 모셨는데요, 찬양 한 곡 나누고 본격적인 이야기 나누겠습니다."

본 방송과 두 곳의 전화 대담에서 여러 이야기 중 공통된 질문은 "전문 사역자도 아니고 바쁜 직장인인데 어떻게 책을 쓸 생각을 했나요?"라는 거였다. 복음을 들은 누구나 좋은 소식을 전하려는 마음을 갖는다. 그리고 다양한 방법으로 복음은 전해지고 있다. 나 역시 내가 들은 좋은 소식을 내가 할 수 있는 것으로 함께 나누려는 것이며 삶에 보람과 의미를 찾으려는 것이라 생각한다.

이전 책 출간 후 광주극동방송 '사랑의 뜰 안'과도 전화 인터뷰를 진행했다. 담당 조미숙 PD는 내가 청년이던 시절의 광주를 회상시키고 청취자의 문자에 대응하며 흥미 있게 진행해 주었기에 감사한다. 또한 우리나라 최북단의 영동방송은 당시 고성 산불로 방송국이 전소되어 서울 본부에서 전파 송출 중임에도 지역 복음을 위하여 인터뷰를 진행했다. 이에 김혜미 PD에게 감사의 마음을 전한다.

●왜 '이전 책'을 소개하는가?

　이전 책 '하나님과 행복한 동행'을 소개하는 이유는 이전 책의 주요 내용이 본서 '사람을 향한 마음(하나님과 행복한 동행Ⅱ)'에 기록되기 때문이다. 본서 1장은 새로 쓴 장이며 2장-5장은 이전 책의 내용을 간추리고 보완하였다

　이전 책을 쓰게 된 동기가 있다.

　1999년 경북 봉화 물야교회에서 울산감리교회 청년부 여름 신앙 수련회를 할 때였다. 우리는 낮에는 농촌의 일손을 도왔고 저녁에는 마을 분들을 초청하여 위안의 시간을 가진 후 전도지로 복음을 전하였다.

　나는 먼 고을에 살고 있는 분들을 야간에 차로 모셔드리며 '교회에 나올 환경이 어려운 분들에게 전도지와 함께 복음이 설명된 책을 준다면 믿음의 시작에 도움이 되겠다'라는 생각을 처음 했다. 그 후 생활 속에서 이러한 아쉬움과 필요를 계속 보게 되면서 책으로 정리하자는 생각이 떠나지 않았다. 이러한 생각은 교회 내 새 가족 양육 교사들 모임에서, 지역 군 부대 봉사에서 경험한 것들을 정리하는 계기가 되었고 '복음과 믿음의 기본 요소'에 대한 책을 쓰게 되었다.

　다음 장에서는 이 땅에서의 짧은 생애에서 무엇을 선택하고 무엇을 추구하는 것이 가장 소중한 것인지에 대하여 성경을 통하여 알아보고자 한다.

최재영 작가의 그림 이야기

최재영 作

못난이 삼 형제(웃보, 심술보, 울보)

예전엔 많은 집에 텔레비전 위나 거실 장식장에 이 인형이 놓여 있었다.

울고, 웃고, 찡그리고 있는 이 인형이 어디서부터 유래하게 되었는지는 모르지만 그 시절에는 정말 많은 집들이 못난이 삼 형제를 눈에 잘 띄는 제일 좋은 위치에 모셔(?) 두었던 것 같다.

나는 현대사회 물질에 대한 욕망의 아이콘으로 고급 자동차를 선택했고, 못난이 인형들을 통해 부자가 되고 싶은 보편적 인간의 욕망을 해학적으로 바라보았다. 못난이 초상은 아주 싸구려가 고급스럽게 포장되어 소통하는 우리 현실, 즉 정신보다 물질을 중시하는 세태를 풍자하고자 했다. 세 인형이 각기 다른 표정과 감정을 보이고 있지만 우리가 하루를 살아가면서 비켜 갈 수 없는 감정들이며, 곧 우리들의 현재 자화상이다.

딱히 빛이 보이지 않는 우리의 삶은 여전히 혼란스럽다. 점점 웃음이 사라져 삭막해져가는 현실 속에서 우리 스스로는 남모르게 울고 있고, 찡그리고 화를 내고 또 누군가는 웃고 있을 텐데 말이다. 먹구름이 금방이라도 비를 뿌릴 듯한 하늘에 소방 헬리콥터와 기러기 두 마리가 바쁘게 날고 있는데 못난이 형제들은 아랑곳하지 않는다. 만화적, 키치적인 느낌을 살리면서 우스꽝스럽고 비상식적인 화면을 동화 속 세상으로 표현해보고 싶었다.

▶못난이 삼 형제, 50X65cm, 캔버스 위에 아크릴 혼합재료, 2014

제2장

사람을 향한 마음

"지혜 있는 자는 궁창의 빛과 같이 빛날 것이요
많은 사람을 옳은 데로 돌아오게 한 자는
별과 같이 영원토록 빛나리라"
– 다니엘 12:3

청년 시절 "이 땅에서 부, 명예, 학문, 쾌락 등에만 목적을 두고 열심히 살다가 죽는다면 정말 허무하지 않는가?"라는 질문을 받은 적이 있다. 나는 이 질문에 동의하며 '그렇다면 우리에게 진정한 만족을 주는 것이 무엇일까?'라는 생각을 했다.

직업 군인이었던 나는 전역 후 사회에서 새롭게 신앙생활을 하며 그 답을 어렵지 않게 찾았다. 그리고 수많은 분들이 이미 그 길을 걸었으며 걷고 있는 것을 알 수 있었다.

문제는 그 답을 성경을 통해 듣지만, 보이지 않는 하나님의 약속을 신뢰하지 못하고 헌신하지 못한다는 것이었다. 이런 나 자신을 발견하며 믿음에 선진이 걸은 그 길에 더 관심을 가지게 되었다.

철학자 에머슨은 '생각이 바뀌면 말이 바뀌고, 말이 바뀌면 행동이 바뀐다'라고 했다. 이 말을 그리스도인의 삶에 적용하면 하나님을 믿는다고 말하는 사람, 혹은 생각하는 사람의 삶은 믿지 않는 사람과 분명한 차이가 나타나야 한다. 지금까지 책을 읽으며 예수님을 믿기로 결심한 사람이라 하더라도 머릿속에는 수많은 의문들이 있을 것이다.

지금 세상이 정말 끝인가?

내세가 있는가?

보편적인 구원이 있는가?

그렇다면 우리는 어떻게 살아야 하는가?'

이 의문들에 모두 답을 하는 것은 어렵겠지만 그래도 그리스도인이라면 '어떻게 살아야 하며, 무엇에 가치를 두고 살아야 하는지 그리고 믿지 않는 사람들과 삶이 어떻게 달라야 하는가?'에 대해 생각해야 한다.

나는 하나님을 모르는 시골에서 태어났으나 하나님은 성경을 접할 수 있는 환경을 주셨으며 복음적인 선교기관에서 주님을 배울 수 있는 기회와 좋은 교회와 훌륭한 목회자들과 함께 신앙생활을 할 수 있는 환경으로 인도해 주셨다.

그러나 우리 주변에는 아직도 여전히 성경을 접할 기회를 갖지 못하는 사람과 당장 교회에 갈 여건이 어려운 사람이 많다. 평신도로서 내가 듣고 배우며 가진 작은 체험이지만 처음 믿음을 시작하고, 아직 믿음의 필요를 알지 못하는 분들께 조금이나마 도움이 되려는 바람으로 책을 쓰게 되었다.

"사람이 만일 온 천하를 얻고도 자기 목숨을 잃으면 무엇이 유익하리요 사람이 무엇을 주고 자기 목숨과 바꾸겠느냐" - 마가복음 8:36-37

이 장에서는 하나님의 선물인 오늘의 소중함과 주님의 유언과도 같은 부탁을 이루어간 믿음의 사람들의 그 길을 짧게나마 돌아보고 믿음의 많은 요소들 중에서도 영원한 생명을 가진 사람을 향한 이야기를 나누며 소주제들을 하나씩 살펴보도록 하겠다.

1. 짧은 생애 중요한 선택

인간의 생애는 보통 70년에서 80년, 아주 장수하면 100년이 조금 넘는다.

인생 전부를 놓고 보면 매우 긴 것 같지만 정작 우리가 살아 보면 세월이 화살보다 빠르다고 느낄 때가 많다. 10대 때에는 언제 어른이 되고 가정을 꾸리게 될까 생각을 하다가도 어느새 생각보다 훌쩍 나이가 들어 세상에 덩그러니 놓여 있는 스스로를 발견하게 된다.

성경은 야고보서 4장 14절에서 "우리는 잠깐 보이다가 없어지는 안개와 같다"라고 말하며 성경 여러 곳에서 우리 인생은 참 짧고 덧없음을 말하고 있다(시 90:10, 시 103:15-16).

우리는 출생을 통하여 이 땅에서의 삶이 시작되었으며 영원이란 시간에 비하면 한 점과 같은 짧은 시간이라 할 수 있는 생을 살다가 누구나 죽음을 맞이한다. 성경은 이 짧은 삶 속에서 아주 중요한 두 가지의 선택을 하게 된다는 사실을 말하고 있다.

하나는 '어디서 영원을 보내느냐?'이다. 이것은 에베소서 2장 8절 "너희는 그 은혜에 의하여 믿음으로 말미암아 구원을 받았으니 이것은 너희에게서 난 것이 아니요 하나님의 선물이라"라는 말씀에서 주님을 믿으므로 이미 결정되었다. 그것은 예수님을 믿는 우리는 하나님과 함께한다고 약속하셨기 때문이며 우리는 모두 천국의 길을 걷고 있다(엡 2:8-9).

또 하나는 '우리가 가는 천국에서 어떤 영원을 보내느냐?'이다. 그것은 하나님이 우리 모두에게 선물로 주신 것으로 '어디에 가치를 두고 어떻게 살아가느냐?'라는 것에 큰 영향을 준다. 그것은 하나님께서 히브리서 11장 6절 말씀을 통해 믿음을 가지고 지혜롭게 사는 사람에게 상 주실 것을 약속하셨기 때문이다.

나는 오랜 세월 교회에 다니고 하나님을 믿는다고 하면서도 하나님이 나와 함께 계시다는 것과 하나님은 나에게 상 주시는 하나님임을 인식하지 못했다.

언제부턴가 히브리서 11장 6절 "믿음이 없이는 하나님을 기쁘시게 하지 못하나니 하나님께 나아가는 자는 반드시 그가 계신 것과 또한 그가 자기를 찾는 자들에게 상 주시는 이심을 믿어야 할지니라"라는 말씀을 통하여 나는 내가 어디에 있던 그곳에 하나님이 계시는 것과 하나님은 상 주시는 분임을 조금씩 알아갔다. 그리고 그 말씀이 믿음으로 다가왔다.

지금 내 곁에 하나님이 계시며 내가 행한 날들을 셈하여 상 주시는 하나님을 믿을 때 나의 삶은 좀 더 진지해졌고 최선을 다하자는 인식을 가질 수 있었다.

성경은 요한계시록 3장 11절에서 "네가 가진 것을 굳게 잡아 아무도 네 면류관을 빼앗지 못하게 하라"라고 경고하신다.

에베소서 2장 10절의 "선 한 일을 위하여 지으심을 받은 자" 라는 말씀에서 그리스도인들이 선한 일에 열심을 내도록 하는 것이 하나님의 계획임을 알 수 있으며 이는 하나님의 영적 상 급이 우리의 선행과 밀접한 관계가 있다는 것을 알 수 있다.

더불어 성경은 하나님의 자녀가 말씀대로 세상을 살아갈 때 얻게 되는 다섯 가지 면류관에 대해서 말하고 있다.

- 전도함으로 얻게 되는 **자랑의 면류관**(살전 2:19, 마 4:19)
- 고난에도 하나님을 놓지 않을 때 얻는 **생명의 면류관**(약 1:12, 히 12:2-3)
- 죄를 멀리하고 삶을 연단하는 사람이 얻는 **썩지 않는 면류 관**(고전 9:25, 눅 9:23)
- 사람들을 하나님께 인도하고 양육하는 사람들이 얻게 되 는 **영광의 면류관**(벧전 5:2-4, 마 28:19)
- 예수님의 재림을 사모하며 살아가는 사람들이 얻는 **의의 면류관**(딤후 4:8, 눅12:37)

이 면류관은 엄청난 기적을 경험하거나 영웅적인 믿음을 가질 때 얻게 되는 것이 아니다. 하나님이 주신 오늘을 소중히 여기며 말씀대로 행할 때 모든 성도들이 얻을 수 있는 상급이다. 이 사실은 실로 놀라운 하나님의 섭리이자 배려라고 생각한다.

나는 제자 훈련과정 성경공부를 하며 이 상급이라는 것에 좀 더 관심을 가졌다. 내가 주님을 알아가고 신앙의 삶을 사는 것은 이 상급을 바라서가 아니라 하나님의 사랑에 내가 할 수 있는 범위의 신앙의 삶을 살아간다고 생각했기 때문이다.

그러나 이러한 생각은 순수할지는 모르지만 성경적이지는 않다는 것을 알 수 있었다. 성경은 상급 문제를 거듭 경고하며 강조하고 있기 때문이다. 하나님께서 상급을 마련한 한 이유는 잠시 있는 것들이 아니라 영원한 가치 있는 것들에 우리의 삶을 투자하라는 동기를 주기 위함이라는 것을 배울 수 있었다. 그리고 분명 우리는 오늘도 우리 앞에 닥쳐올 큰 사건인 죽음을 향해 쉼 없이 걸어가고 있다.

성경에서 추정하는 인간의 평균 수명을 70세로 보고 현재의 나이를 뺀다면 우리는 모두 죽음과 지척지간에 있음을 알 수 있다. 우리에게 남은 시간, 하나님이 우리를 부르실 때까지 남은 생애를 어디에 관심을 두고 살아야 하는지 스스로 묻고 답해야 한다.

2. 우리의 관심사

성경 히브리서 12장 2절, 히브리서 11장 24-26절에서 예수님과 모세의 삶에서 영원한 것에 관심을 두었다는 것을 알 수 있다. 그러면 우리는 더욱 영원한 것에 관심을 두어야 한다.

고린도후서 5장 10절은 우리가 매일 어디에 가치를 두고 살았는지에 대하여, 하나님께서 우리에게 맡기신 청지기 임무에 대하여 계산한다고 말하고 있다. 그리스도의 심판대는 신자들만이 서는 곳이다. 그리고 바울과 베드로는 이 사실에 대하여 주의와 경고를 주고 있다(고전 3:9-15, 벧후 3:10).

사람은 종종 "인생을 산다, 삶을 살아간다"라고 말하지만 사실은 주어진 하루하루를 보낼 뿐이다. 눈 떠서 우리에게 주어진 하루를 산다고 생각하면 100년이 아닌 1000년을 살아도 인생이 덧없고 의미 없는 삶이다. 하지만 하루를 살아도 하나님이 주신 선물로 귀하게 여기며 말씀을 실행하려 노력한다면 세상을 더 아름답게 만들고 주변 사람에게 예수님의 향기를 베풀게 된다.

우리의 오늘은 하루하루가 모여 만들어지는 도미노와 같은 것이다.

이 소중한 오늘, 우리는 무엇에 관심을 가지며 살아가야 할까?

그 요소는 참으로 많다. 주님이 주신 오늘을 감사와 기쁨으로 살아가는 일, 하나님을 기쁘시게 하는 모든 일, 영원한 사랑, 영원한 하나님(시 102:25-27), 영원한 말씀(막 13:31) 그리고 영원한 생명을 가진 사람을 위하여 관심을 가지는 삶이 된다면 의미 있는 오늘은 이루어진다고 믿는다(살전 4:16-17)

많은 관심사 중 여기서는 특별히 인간의 영혼이 영원하다는 것에 주목하고 싶다.

데살로니가후서 1장 8절에서 "하나님을 모르는 자들과 우리 주 예수의 복음에 복종하지 않는 자들에게 형벌을 내리시리니" 라고 기록하고 있다.

예수님께서도 요한복음 6장 27절 말씀에서 "썩은 양식을 위하여 일하지 말고 영원토록 있는 양식을 위하여 해라"라고 말씀하신다.

3. 예수님의 지상명령

"그러므로 너희는 가서 모든 민족을 제자로 삼아 아버지와 아들과 성령의 이름으로 세례를 베풀고 내가 너희에게 분부한 모든 것을 가르쳐 지키게 하라 볼지어다 내가 세상 끝날까지 너희와 항상 함께 있으리라 하시니라" - 마태복음 28:19-20

위 말씀은 '예수 그리스도의 지상명령'이라고 불린다.

부활하신 예수님이 승천을 앞두고 갈릴리에서 열한 제자를 산으로 부르신 뒤 승천하시기 전에 가장 마지막으로 남기셨다고 알려진 명령이기 때문이다.

부활하신 예수님은 하늘과 땅의 모든 권세를 하나님으로부터 위임받으셨다고 말씀하셨고 제자들의 사명을 위해 필요한 모든 능력을 주시겠다고 하셨다. 그리고 그 능력을 바탕으로 무엇을 해야 할지 위의 말씀으로 분명하게 말씀하셨다.

저 당시 산에 있던 열한 제자가 아니더라도 자신이 예수님의 제자라고 생각한다면 "모든 족속을 제자 삼으라"라는 말씀을 지키며 '세상 끝 날까지 항상 함께 하실' 예수님의 약속을 믿어야 한다.

4. 제자들의 선교 사명

예수님의 제자들은 예수님이 죽은 후 3일 후에 부활하여 유훈을 남기고 40일 후 승천하심을 믿고 예수는 메시아(그리스도)라는 믿음이 탄생했는데 이것이 그리스도교(기독교)이다. 예수님의 제자들이 전파한 그리스도교는 박해를 받으면서도 예루살렘에서 각 지역을 중심으로 힘차게 전파되었다.

여기서는 신약의 많은 서신서와 하나님 구원계획의 엄청난 비밀을 남겨준 바울 사도를 만나 본다.

바울은 유대인으로 길리기아 다소에서 성장하던 중 율법을 더 배우기 위해 예루살렘 바리새파 거물인 가말리엘 1세 문하에서 율법과 유대교 사상을 엄히 배웠다. 오순절 성령강림 이후 많은 유대인과 이방인들이 회개하고 기독교로 돌아오자 유대 지도자들은 예수님 제자들의 주장들을 수집, 분석하게 되었다고 볼 수 있다. 이때 바울도 이 주장들을 듣고 부끄럽게 생각해 초대 기독교를 탄압하는 데 앞장섰다. 사도들이 전하는 복음내용이 허무맹랑하다고 생각한 바울이 그들을 박해했다고 추정된다(행 22:3, 행 2:41, 행 4:4, 행 8:1-3, 행 26:10, 행 22:4-5).

자칭 메시아라고 주장하다 정치범으로 몰려 십자가에 처형된 갈릴리 청년 예수를 따르던 제자들의 주장은 "죽었던 예수가 무덤 속에서 부활하였으며, 승천하여 하나님 우편에 가셨으며, 이런 예수를 하나님의 아들이며, 그리스도이시라 고백하고 믿으면 구원을 얻을 수 있다"라는 것이다(갈 3:13).

인간이 부활 승천하여 하나님의 아들이 될 수 없으며, 인간이 하나님을 대신하여 인간의 죄를 사해 줄 수도 없는 것이며, 누구나 예수를 믿기만 하면 구원을 얻을 수 있다고 주장한 것은 선민 유대인에 대한 도전이며 허무맹랑한 것이었다. 그렇다면 논리적이고 유대교 사상과 율법을 공부한 엘리트 청년 바울은 왜 이처럼 불가능한 주장을 받아들였으며 예수님의 지상 명령을 깨닫게 되었을까?(행 2:32-41)

이날도 이러한 주장을 하는 그리스도인들을 체포하여 예루 살렘으로 잡아 넘기기 위하여 다메섹으로 가던 중 바울은 다메 섹 도상에서 불가능한 현실에 직면했다. 죽었다고 믿었던 예수 가 빛 가운데 영광스러운 모습으로 그 앞에 나타난 것이다. 그 순간 바울은 시력을 잃었지만 생전의 예수님을 만난 것처럼 너 무나 생생했다. 이에 바울은 불가능한 것이 현실화되었음을 깨 닫고 불가능한 일을 가능하게 만드시는 창조주 하나님의 구원 역사를 이해하고 그 깨달음을 설명하는 사명자로 바뀌게 된다 (행 9:1-9, 행 22:5-21).

주님이 천하 권세를 동원하여 이 땅에 하나님의 나라를 건설 하려는 것임을 깨달은 바울은 교회를 구성하는 성도들이 이 일 을 위하여 그리스도의 지체가 되어 헌신해야 하며(엡 1:22-23, 엡 3:9) 자신을 부인하고 십자가를 지라는 주님의 말씀을 전승으 로 듣고 이를 실천하였다(엡 4:13, 빌 2:5-11, 마 16:24).

바울은 로마가 세운 도로, 디아스포라들이 세운 회당, 로마제 국 내의 주요 거점 도시를 효율적으로 활용하여 지중해, 그리 스, 고린도 등 3차에 걸친 전도여행을 다녔다. 또한 죄수의 몸 으로 호송되어 로마에 이르기까지 30만km 이상을 다니며 복 음을 전하고 선교 사명을 이루었다. 로마 대화재로 기독교인이 탄압되자 베드로와 바울은 로마에서 순교한다. 그 외 사도들도 여러 지역으로 흩어져 예수님의 복음을 전하며 순교의 길을 걸었다(갈 2:8, 롬 1:16-17).

5. 기독교의 변천사

기독교(그리스도교)는 사도들에 의해서 각 지역을 중심으로 복음이 전해지며 성장했다. 바울과 베드로가 순교한 로마 교회는 복음의 중심이 되었다.

유대교와 기독교는 뚜렷이 분리되지 않았지만 A.D. 70년 로마에 의해 예루살렘 성전이 파괴된 후 예루살렘을 지킨 유대교와 예루살렘을 떠난 기독교는 결별하게 된다.

기독교는 예수님의 죽음과 부활에 신앙을 둔 종교로서 대략 주후 90년 이후부터는 예수님이 부활하신 일요일에 미사를 열며 유대교와 별개의 종교로 복음을 전하게 된다.

주후 100년경부터 주님의 복음은 어느 시기, 어느 계층이건 누구나 보편적으로 믿을 진리라 하여 가톨릭(보편) 교회로 불렸다. 신자들은 로마의 박해 속에서도 신앙을 유지하던 중 콘스탄티누스 황제가 313년 밀라노에서 그리스도교를 포함해 자신이 원하는 종교를 따를 수 있는 자유를 보장하는 칙령을 발표하자 기쁨을 만끽했다. 이로써 기독교가 로마에서 공식적으로 복음을 전할 수 있게 된 것이다.

서유럽 로마 교회는 동부 지역에 새로운 콘스탄티노플 교회를 세웠다(도시는 역사의 변천에 따라 그리스 시대에 비잔티움, 로마 시대에 콘스탄티노플, 오스만 터키 시대에 이스탄불로 불렸다. 터키 수도는 앙카라로 옮겨졌지만 이스탄불은 여전히 터키 최대의 도시이다).

세월의 흐름에 따라 동·서 지역의 전례, 문화, 언어 등의 차이가 생기며 동유럽의 많은 가톨릭 교회들은 스스로 '정교회'라 불렀다. 정교간 투쟁과 세속화되어가는 로마 교회를 개혁하는 운동이 일어나며, 1917년 루터의 반발문으로 시작된 개혁의 물결은 전 유럽으로 퍼졌다. 후일 프로테스탄트로 불리는 새로운 교파들이 생겨났다. 루터에서 루터교, 칼빈과 녹스에서 장로교가 생겼다. 영국 교회는 교황과 단절하여 성공회가 되었으며 성공회에 반발하여 침례교, 감리교가 발생했다.

천주교도 개혁을 거치며 예수회와 함께 스페인에서 미국 남부로, 개혁 신교는 영국, 독일에서 미 북부로 전파되었다.

기독교 복음의 큰 흐름은 예루살렘에서 시작되어 소아시아, 이탈리아, 유럽, 미국, 동남아를 비롯한 여러 지역으로 전파되었다.

우리나라 천주 교회는 최초 영세자 이승훈에 의하여 1784년 겨울 첫 주일 미사를 지냈으며, 개신교는 1885년 4월 미국 장로회 언더우드와 감리회 아펜젤러가 내한하여 한국 선교가 시작된다.

동북아의 19세기 말은 제국주의 국가들이 영토를 확대하던 시기로 20세기에 들어선 조선 역시 내우외환의 소용돌이에 휘말렸다. 1910년 대한제국은 주권을 상실하고 일본의 통치를 받게 된다. 이러한 시대 속에서 한국 교회가 낳은 민족 지도자들의 활약과 이 땅에 빛을 전하러 온 외국 선교사들의 숱한 사연들을 역사가 기록하고 있다.

일제강점기와 8.15해방, 민족분열 등 절박한 상황 속에서도 기독교는 놀라운 성장을 하였다. 선교사의 도움을 받던 우리는 이제 선교사를 파송하는 선교대국이 되었고 교회는 그리스도의 위대한 정신을 키워가는 모체가 되고 있다.

네비게이토 선교회의 창시자 도슨 트로트맨은 "원인이 있어야 결과가 있다"라고 말하며 "제자를 삼는 일은 말씀의 씨앗을 뿌릴 때 결과를 얻게 되며 이 일은 다른 사람이 아닌 우리가 해야 할 일이다. 가르치는 방법은 예수님이 평소 제자들에게 가르치고 명한 모든 것을 그 제자들을 따르는 자들에게 가르쳐 그들을 초신자가 아니라 제자로 삼아라"라고 말하고 있다.

6. 사람을 향한 마음

'사람을 향한 마음(Heart for People)'은 사람이 세상에서 가장 귀한 존재임을 알고 사람을 위하여 우리의 삶을 드리고자 하는 사람에 대한 사랑의 마음을 일컫는 말이다.

사람이 귀중한 이유는 네 가지로 축약할 수 있다.

첫째, 예수님은 목자 없는 양 같은 우리를 불쌍히 보셨으며

둘째, 하나님이 보시기에 인간은 보배롭고 존귀한 존재이며

셋째, 한 사람의 생명이 온 천하보다 귀하며

넷째, 이 세상은 끝나지만 구원받은 영혼은 영원히 존재하기
  때문이다.

또한 하나님께서 사람을 귀중하게 보시는 이유는 첫째, 사람은 하나님의 형상으로 창조되었고 둘째, 그리스도께서 십자가 보혈로 구속하셨으며 셋째, 하나님께서 인간 구원을 위하여 독생자를 주는 대가를 치러 주셨기 때문이다(막 8:36-37, 마 9:36-38, 사 43:4-7, 요일 2:17, 요 3:16, 막 2:27, 전 3:11).

사람에 대한 사랑을 개발하기 위해서는 하나님의 관점으로 사람을 보고 사람이 받게 되는 심판을 생각해야 한다. 그리고 내게 베풀어주신 하나님의 사랑을 깊이 묵상하며 사람을 위해 자신을 희생하려는 마음을 가져야 한다(요일 4:11, 골 1:28, 사 58:10).

제자가 해야 할 일은 주님의 마음으로 세상을 품고 우리가 만나는 사람들과 좋은 관계 가운데 복음을 전하며 그들의 삶에 변화를 돕는 것이다.

복음을 전하는 일에는 여러 가지 방법이 있다. 가깝게는 가

족을 전도하는 일, 자주 만나는 친구를 전도하는 일이 있으며 단기로 아웃리치를 가거나 지역을 위해 봉사하는 일 등 방법 역시 다양하다.

직접적으로 앞서 소개한 '다리 예화'나 '4영리'로 복음을 전할 수도 있고, 어려움을 도우며 제자의 삶을 보여주는 방식도 있다. 혹은 자신의 체험을 간증하며 유도하는 방법, 교회의 전도 축제에 초청하는 방법 등 삶에서 전도를 할 수 있는 방법은 무궁무진하다.

그러나 중요한 것은 누구에게든, 어떻게든 우리가 전해야 한다는 사실이다. 하나님은 우리에게 분명히 명령하셨고 그 명령을 지키는 것은 우리의 책임이기 때문이다. 예수님은 이 명령을 '목회자'나 '사역자'에게만 주지 않으셨다. 예수님을 믿고 따르는 모든 그리스도인에게 주신 명령이다(요일 1:3).

그렇다면 복음을 어떻게 전해야 할까?

위에서 말했듯 수많은 방법이 있다. 그러나 무슨 일이든 '정석'이 있다. 요한은 첫 번째 서신에서 증인이란 일어난 일을 그대로 보고하는 사람이라 말했다. 복음은 하나님의 완전하신 계획이기에 우리가 거기에 무엇을 더하거나 뺄 필요가 없다.

전도란 성경이 전하는 예수님, 우리 삶에 오신 예수님을 잘 보고 배우며 우리가 체험한 복음을 다른 사람에게 그대로 전하여 그의 영혼을 살리고 세워가는 일이다.

전도에 대한 우리의 할 일은 사람들에게 주님이 필요하다는 사실을 깨달을 수 있도록 도와주는 것이다. 복음은 좋은 소식이지 지옥과 저주의 소식이 아니므로 우리가 해야 할 일은 하나님의 말씀을 선포하는 것이다. 죄에 대해 회개하는 마음을 불러일으키는 것은 성령께서 하시는 일이다.

물론 전도는 두려울 수 있다. 모르는 사람에게 전도지를 나눠주는 것보다 한 평생 같이 살아온 가족에게 "예수님을 함께 믿자", "교회에 나가자"라고 말할 때가 더 두렵고 떨릴 수도 있다. 그러나 예수님은 "전도하라"라는 명령과 함께 그 능력도 함께 주셨음을 기억해야 한다.

사도행전 1장 8절은 "한 사람이 회개하고 주님께 나아오면 성령께서 그 삶에 들어오시고 그리스도에 대하여 다른 사람들에게 증거할 수 있는 권능을 주신다"라고 한다. 우리는 본성적으로 예수님에 대하여 다른 사람들과 이야기하기를 꺼리기 때문에 이 권능을 먼저 구해야 한다.

그리고 복음의 원리와 우리가 만난 하나님을 잘 전달한 뒤에 반드시 영접을 권유해야 한다. 하나님을 믿고 싶고, 교회에도 나가고 싶은데 방법을 몰라서 실행을 못 하는 사람들이 생각보다 많기 때문이다.

7. 나의 전도 방법

● 나는 왜 전도하는가?

내가 책을 쓰게 된 동기는 복음을 전하고, 전도의 중요성을 단 한 사람에게라도 더 알리기 위해서이다.

나는 글에 재주가 있는 사람이 아니다. 성경을 깊이 연구하거나, 많은 사람을 전도한 '전도왕' 출신도 아니다. 그러나 전도가 무엇보다 중요하다는 것을 알며 복음이 모든 사람에게 전해야 할 의무라는 것을 알기에 주님이 허락하시는 가운데 할 수 있는 모든 일을 다 해야만 한다.

나는 여전히 신앙생활보다 노는 것을 좋아하는 사람이다. 복음에 대한 책을 쓰고 전도의 중요성을 설파하면서도 정작 나자신의 삶은 글 내용의 발끝에도 미치지 못하는 부족한 사람일수 있다고 생각한다. 물론 교회에서는 계속해서 새 신자들을 가르치고, 주변 사람들을 찾아가 복음을 전하며 나름대로 노력하지만 항상 복음을 위해 살아간다고 하기에는 너무나도 부족한 사람이다.

그럼에도 나는 전도의 중요성을 전할 수밖에 없다. 그리고 하루에 한 명이라도, 일주일에 한 명이라도, 아니 한 달에 한 명이라도 찾아가 복음을 전할 수 있다면 반드시 전해야 한다는 부담감과 사명감을 가지고 있다.

그 이유는 무엇으로도 해결할 수 없는 내 안의 죄를 발견했기 때문이고 그 죄를 해결해 주신 예수님을 만났기 때문이다. 내 안에 발견한 죄를 사해주신 예수님이 다른 사람에게도 동일한 은혜를 부어주실 것을 믿기 때문이다.

나는 나를 구원해 주신 예수님이 공생애 기간 동안 하신 말씀은 무엇인지, 어떤 삶을 사셨는지, 내가 해야 할 일은 무엇인지 알려고 노력하며 주님의 발자취를 따르려고 발버둥을 치고 있다(벧전 2:9).

이처럼 어렵고 힘든 전도지만 복음을 전하는 일이 하늘의 상급과도 바꿀 수 없는 큰 기쁨이라는 것을 알기에 멈출 수 없다. 또한 '모든 성도들이 전도를 통한 진정한 기쁨을 매일 체험하며 살아간다면 얼마나 좋을까?'라고 생각한다.

● 전도의 생활화

요즘 신앙인들 사이에는 "삶으로 보여주자"라는 말이 유행하고 있다.

이 말이 무슨 뜻인가?

세상에서 그리스도인이 욕을 먹는 이유는 성경이 거짓이거나 성경에 쓰인 내용이 잘못돼서가 아니라 우리의 삶이 본을 보이지 못하기 때문이라는 것이다. "우리는 성경을 읽지만 세상은 우리를 읽는다"라는 말이 있다. 그래서 이제는 말이 아닌 삶으로 세상에 복음을 전하자는 뜻으로 "삶으로 보여주자"라는 말이 유행한다는 것이다.

나 역시 이 말에 동감한다. 내가 신앙의 기초를 쌓은 네비게이토 선교회에서도 이 부분을 '전도의 생활화'라고 부르며 삶에서 복음을 전하는 일의 중요성을 가르쳤다.

울산감리교회 담임목사께서도 "교회에서 예배가 끝나면 생활 속의 예배가 시작된다"라고 말씀하실 만큼 기독교는 생활 종교임이 분명하다.

우리가 다른 사람들에게 신앙을 나눌 때 기억해야 할 것은 우리가 나누고 있는 것은 다른 누구도 아닌 우리의 신앙이라는 사실이다. 성경에 쓰인 예수님은 다른 유명한 사람이 만난 예수님이 아니라 우리 삶에 찾아오신 예수님, 우리의 삶을 변화시킨 예수님이다. 우리는 그런 예수님을 전해야 한다.

또 그러기 위해선 마음에 사랑과 안타까움이 있어야 한다. 전도의 동기는 다른 사람이 지옥에 갈까 봐 불쌍해서가 아니며, 자랑을 하기 위해서는 더더욱 아니다. 하나님의 사랑에 대한 우리의 사랑의 응답이 전도라는 형태로 나타나야 하며, 하나님이 먼저 우리를 사랑하셨기 때문에 우리는 하나님을 사랑할 수 있어야 한다.

예수님도 가장 큰 계명을 "하나님을 사랑하고 네 이웃을 사랑하는 것"(마 22:37-39)이라고 말씀하셨다.

생활에서의 전도와 사랑의 동기가 있는지 잘 알 수 있는 것은 그 사람을 위해 기도하고 있는지를 살펴보면 된다. 이웃, 특히 전도 대상자들의 유익을 위하여 그들을 마음에 품고 기도하는 것은 정말 중요하다.

전도 대상자를 사랑하는 마음으로 기도를 하는 데 관계가 안 좋아질 수 있을까?

그의 삶에 관심이 없을 수 있을까?

1년에 한두 번 연락을 하는 둥 마는 둥 하게 될까?

그렇지 않을 것이다. 마음에 품고 기도한다는 것은 이미 그 사람을 전도하기 위해 필요한 각고의 노력을 감내할 의지가 생겼다는 표시로도 볼 수 있기 때문이다. 그래서 먼저는 사랑의 동기를 가지고 마음에 대상자를 품는 기도가 절대적으로 필요하다.

때때로 전도 대상자를 위하여 기도하는 것, 그 자체만으로도 주님의 바람과 삶을 실천하는 것은 아닐까 생각되기도 한다. 나 역시 전도 대상자들을 마음에 품고 기도를 하다 보면 비록 그 사람이 철천지원수라 해도 용서의 마음이 생기고 오히려 도움을 주고 싶어지기 때문이다.

그러나 절대로 조급해져서는 안 된다. 죄를 깨닫고 회개의 마음을 주는 것, 하나님의 사랑을 알게 하는 것, 부활의 복음을 확신하게 되는 것, 새로운 삶으로 변화를 주는 것 등이 모두 우리의 전도를 통해 하나님이 하시는 일이기 때문이다. 우리는 주님이 주시는 사랑을 품고 예수님의 명령인 전도를 기회가 닿는 대로 성실히 수행하기만 하면 된다(고전 3:4-6).

● 하나님의 사랑을 전하기 위한 나의 전도 방법

나는 아주 짧은 시간이라도 누군가와 함께 있을 때면 '하나님의 사랑을 전하기 위해 내가 이 자리에 있게 되었다'라는 생각을 가지려 한다. 하늘에 구름이 가득하면 비가 내리듯, 마음에 품은 기도는 하나님께서 도우시며 행하게 하신다. 전도는 상황에 따라 다를 수 있지만 "하나님에 대하여 들어 본 적이 있습니까? 성경을 들어본 적이 있습니까? 교회에 나가 본 적이 있습니까?"라는 질문은 초기 대화로 자주 사용된다.

나의 책임은 복음을 전하는 것이다. 사람들이 주님을 영접하는 것은 하나님이 하신다. 우리는 상황에 따라 전도지를 나누어 줄 수 있으며, 이보다 더 긴 시간을 낼 수 있을 때는 소책자 전도지 또는 여러 방법으로 복음을 전할 수 있다. 그리고 정기적으로 만날 수 있다면 교회에서 또는 어느 곳에서든지 영적인 부모의 입장에서 초기 양육을 도와 그가 하나님의 자녀로 살아가는 것을 도와야 한다(빌 2:15).

전도는 복음 즉 복된 소식을 말하는 것이며 삶을 나누는 것이다. 나는 전도의 기회가 올 것에 대비해 소책자 전도지를 주머니나 가방에 넣고 다니려 한다. 나의 복음 설명의 한 방법은 성경 구절을 직접 읽게 하며 설명 중 내용과 무관한 질문은 설명 후로 돌린다. 그리고 나의 부족한 부분을 나누며 자연스럽게 시선을 유지해 좋은 분위기를 만들려고 노력한다. 포인트는 질문을 유도해 상대가 스스로 깨달을 수 있도록 이끌어 주는 것이다.

설명 중 복음의 핵심이 되는 것을 상대가 스스로 말하게 해 그것이 자신의 것임을 깨달을 수 있도록 돕는다. 그리고 결신을 위해 반드시 예수님을 받아들일 것인지를 묻는다. 그가 "네"라고 하면 나를 따라 영접 기도문을 한 문장씩 따라 하게 한다.

나는 전도하며 강요하지 않으려 한다. 전도 받는 자가 예수님을 영접하기까지는 시간이 필요하다. 나의 일은 전도하는 것이며 지금이 아니면 다음 기회도 있기 때문이다. 말씀을 전도지로 전했다면 그것을 상대에게 준다. 그 안에는 내가 설명한 성경 구절이 기록되어 있어서 함께 나눈 진리들을 상기시킬 수 있기 때문이다.

8. 나의 전도 이야기

나는 현역으로 군에 있을 때 부대원을 주일 종교활동에 보내 거나 야외훈련 시 훈련장에 찾아오신 군 목사를 초청하여 부대 원들에게 좋은 말씀을 들려줄 기회를 요청하기도 했다. 부대원 의 종교활동에 항상 관심을 가졌지만 복음을 명확히 알고 교회 로 인도하는 것은 부족했다.

부산에서 전역을 준비할 때 복음적인 선교기관에서 성경공 부를 하며 주님을 인격적으로 만날 수 있었다. 그렇게 성경을 믿고 구원의 확신이 생기자 함께 직업교육을 받던 군 후배 주 성일 대위에게 복음을 전하기로 마음을 먹었다.

그날 이후 주 대위를 마음에 품고 기도했으며 이 기도를 통 해 그와 자연스럽게 좋은 관계를 가지게 되었다.

나는 주 대위에게 전도지를 보이며 잠깐 시간을 내달라고 했 고 그는 흔쾌히 허락했다. 내가 전도 받은 그대로 '다리예화' 전도지의 몇 가지 주제에 대해서 대화를 나누며 설명한 뒤 "예 수님을 마음에 영접하겠냐?"라고 묻자 "예수님을 믿겠다"라고 답했다. 우리는 전도지에 있는 영접 기도문으로 영접 기도를 했다.

함께 성경공부를 하던 중 나는 새로운 직장으로 옮기느라 헤 어졌지만, 그 후 그는 믿음이 좋은 배우자를 만나 신학을 공부 해 목사님이 됐고 지금은 일본 고베에서 목회를 하고 있다. 그 의 아들 영찬이도 아버지의 길을 따라 일본에서 신학을 하며 목회의 길을 준비하고 있다.

당시는 새롭게 성경공부를 하며 성경이나 신학에 대해 잘 모르던 때였다. 하지만 하나님이 주신 감동을 따라 전도지 한 장을 들고 순종했더니 그 씨앗이 상상도 할 수 없는 귀한 복음의 열매로 자라났다. 나는 전도지를 읽었을 뿐이고 작은 순종을 했을 뿐이다. 마음을 움직인 분은 하나님이시다.

지금 다시 생각해 보니 당시 나는 초신자였지만 내가 들은 복음으로 구원을 즐거워했고 회개를 통해 내 삶에 변화를 체험하고 있었으며 전도지에 있는 그 엄청난 일을 믿고 복음을 전했다. 믿음은 들음에서 나며 복음에는 구원을 주시는 능력이 있다. 내가 복음을 믿고 전했더니 하나님께서 믿음을 주셨다고 생각한다.

나는 칠 남매 중 여섯째로 큰형과는 나이차가 많아 형보다는 부모님 같은 존재다. 때문에 제사와 같은 전통 제례를 중요하게 여기는 형에게 교회에 가자고 권유하는 것은 심적 부담이었으나 나는 또 한 번 순종했다. 1999년 큰형은 나의 말에 형수와 함께 선뜻 교회에 나와 신앙생활을 시작했다. 생전에 어머니의 기도와 신앙이 큰형의 마음을 이미 움직여 놓았다고 생각되었다. 큰형이 교회에 나오자 조카와 다른 친척들도 마음이 열렸고, 나는 그분들을 교회로 인도할 수 있었다. 큰형과 같은 교회에 다니므로 자주 만날 수 있어 감사하며 제례에도 갈등 없이 지낼 수 있어 감사를 가진다.

장남 형님 슬하에는 1남 4녀의 자녀가 있다. 조카 최제동 권사는 2000년 제대하며 부모님이 출석하는 울산감리교회에 등록하여 청년부와 새 가족부에서 함께 봉사를 가질 수 있어 감사를 가진다.

복음은 변하지 않지만 복음을 전하는 방식은 시대와 상황에 따라 얼마든지 변할 수 있다. 그러나 모든 필요한 지혜와 상황은 예수님이 채우시며 각 사람의 마음에도 감동을 주신다는 사실을 믿어야 한다. 예수님은 우리가 알 수 없는 각 사람의 필요를 보시고 채우시며 그들에게 감동을 주신다.

우리가 일을 할 때는 도구가 있어야 효율적으로 일할 수 있다. 전도 책자는 전도의 도구 중 하나다. 이 책도 전도의 한 도구가 되기를 바란다.

나는 교회에서 전도할 때나 군부대 교회에서 기회가 되어 전도를 할 때도 복음 설명 후 소책자 전도지를 전해드린다. 그 안에는 내가 설명한 모든 성경 구절이 기록되어 있어서 함께 나누고 설명한 진리들을 상기시켜 줄 수 있어 무척 효율적이다. 내가 설명한 것은 아무리 열심히 했더라도 잊혀지기 때문에 전도지가 꼭 필요하다.

77**부대 3대대 주사랑교회에서(2014)
복음을 설명하며

울산감리교회 전도학교에서(2014)
복음을 설명하며

나는 '울산기독군인회' 지회장 역임 시 대대급 군인 교회에
서 전도 계획을 세워 진행했다. 하지만 이제는 민간인 신분이
고 직접 전도는 어려움이 있기에 '책을 통해 복음 전도에 도움
이 되자'라는 마음이 계기가 되어 책을 쓰게 되었다. 이 책을 전
도지와 함께 준다면 좀 더 효율적인 전도가 되리라고 믿는다.

교회에서 시행하는 새 생명 축제 행사는 전도에 많은 동기를
준다. 교회의 전도 행사를 통해 전도 대상자들을 떠올리고 복
음을 전하는 일에 얼마나 열심을 내고 있는지 나 자신을 돌아
보게 한다.

일상에서의 전도도 중요하지만 교회에서의 행사를 통해 한
영혼을 품고, 그를 위해 기도하며 전도의 기회를 가지려고 노
력하는 것도 매우 중요하다. 교회에서는 이러한 기간을 통해
전도자와 전도 대상자를 위해 특별기도 지원을 하며 행사 당일
에는 처음 교회 방문자에게 맞는 말씀으로 예배를 드리므로 전
도에 많은 도움을 받을 수 있다.

교회에서 새 가족 환영 축제를 할 때마다 나는 전도 대상자 카드에 한 명 한 명 이름을 적으며 먼저 마음에 품고 기도한다. 교회에 한 번이라도 나와야 말씀을 듣고, 영접의 기회를 얻을 수 있기 때문에 여러 방법을 통해 연락을 하며 초청한다. 이렇게 교회에 나온다 하더라도 정착을 하거나 예수님을 영접하는 경우는 매우 적다. 그러나 언제 있을지 모르는 회심이기에 기회가 닿는 대로 기도하고, 전도하고, 사랑하는 것이 제자인 우리가 마땅히 해야 할 일이다.

아직 교회에 가본 적이 없거나, 이미 교회에 가본 적이 있지만 교회 적응에 실패했다 하더라도, 아는 사람이 한 명도 없어 교회 나가기가 망설여진다 하더라도 한 번은 결단을 내려야 한다. 이는 우리의 영생이 달린 문제이기 때문에 더 이상 지체할 수 없기 때문이다. 나의 모습이 어떠하더라도 연약한 나를 이해하시고 내가 힘들어 쓰러질 때마다 일으켜주시고, 다시 걸을 수 있게 힘을 주시는 주님이 지금도 나를 기다리고 간절히 원하신다는 사실을 기억함으로 용기를 내야 한다.

전도는 사랑이다. 사랑은 온유하며 강제하지 않는다. 오늘도 하나님께서 우리를 기다려 주심처럼 우리도 기다려 주어야 한다. 그러나 그 소식을 듣게 만드는 것은 제자인 우리가 할 일이다. 강제적으로 복음을 전하려고 하는 것도 문제지만 반대로 예의를 차리려다 생전에 복음을 단 한 번도 전하지 못하는 것

도 문제다,

우리의 전도 방법이 세련되지 못하고 서툴기도 하지만 그 의도와 목적은 진리의 말씀으로 인도하는 것이다. 무리를 보시고 민망히 여기시는 주님의 마음으로, 이 세상의 삶이 다가 아니며 죽음은 끝이 아님을 알려주려는 마음으로 우리는 길 잃은 영혼들을 주님께 인도해야 한다.

9. 평신도 일대일 양육 사역 이야기

"우리가 그를 전파하여 각 사람을 권하고 모든 지혜로 각 사람을 가르침은 각 사람을 그리스도 안에서 완전한 자로 세우려 함이니"

- 골로새서 1장 28절

위의 말씀처럼 각 사람을 권하고, 가르치고, 완전한 자로 세우는 것은 한 영혼을 권하고 가르쳐서 완전한 자 즉 영적으로 성숙한 자로 세우는 것이며 이것이 바로 사역의 본질이라 여긴다. 그러므로 사역은 각 사람을 하나님의 자녀로서 삶을 살아갈 수 있는 성숙한 자로 세우는 것이라 할 수 있다.

사역은 목회자가 사람을 세워가는 것이 핵심이지만 넓게는 평신도들의 직업 그리고 삶 전체를 사역으로 보기도 한다. 하나님께서 우리에게 맡겨 주신 모든 일과 삶을 통해 하나님의 뜻을 이루어가며 하나님을 영화롭게 한다면 모든 것이 훌륭한 사역이기 때문이다.

목회자와 평신도의 사역의 본질은 동일하지만 그 기능과 역할은 다르므로 서로 합력하여 하나님의 나라를 이루어 가야 한다. 목회자는 전체를 도우며 평신도는 한 사람 또는 소그룹을 도울 수 있다.

평신도 사역자는 그리스도 안에서 거듭나고 건강하게 성장하여 말씀 안에 거하며 주님을 닮아가는 성숙한 자다. 그가 있는 곳이 어디든지 주님을 전파하며 각 사람을 세워가는 일에 자신을 드리려는 자이다. 그러므로 넓게는 성도가 움직여 행하는 모든 일이 주의 일이며 어느 곳이든지 사역지이다.

하나님은 모든 그리스도인을 아름다운 덕을 선전하는 복음의 제사장으로 불러주셨다(벧전 2:9, 벧전 3:9).

가정에서 부모의 마음으로 자녀를 키우듯 한 사람 또는 소수의 사람을 양육하는 모든 일이 사역이라는 개념을 가질 때 평신도 사역자는 항상 부족하며 필요하다. 교회 학교, 구역회 등 다양한 모임의 인도자는 이미 훌륭한 평신도 사역자이기 때문이다.

사회는 빠르게 변해가고 있다. 인터넷은 세계의 공간을 하나로 엮어가고 있으며 휴대폰은 세상을 내 손안에 둔다. 이러한 변화는 전도에서도 나타난다. 문화와 융합한 전도를 통해 생활 속에서 기독교 정신의 실천 등 다양한 방법의 변화를 보게 된다.

울산감리교회는 평신도들이 사역할 수 있는 환경을 만들어 준다. 여러 명의 일대일 양육 교사들이 초신자들을 만나 일정 기간 양육하여 수료식을 갖는다. 이러한 환경은 교역자와 평신도 양육 교사의 비전에 대한 하나된 마음에서 나올 수 있다고 생각한다. 평신도 양육 교사는 교회에서 부여된 교제의 범위에서 함께 기도하며 말씀 공부를 통하여 탁월한 기량 향상을 위해 노력한다.

교회에 인도되어 예배는 드리지만 공부할 여건이 안 되거나 당장은 교회에 나올 환경이 안 되는 분들에게는 일대일 양육 교사가 찾아가서 기초 과정을 도와 교회 정착을 돕는다. 복음 제시와 기초 양육이 가능한 일대일 양육은 어떤 환경에서도 교제가 가능하므로 전도와 양육의 좋은 방법이며 내가 전도한 초신자가 제자로 성장하여 또 다른 사람을 가르치는 비전을 가지게 한다(딤후 2:1-2).

2001년 울산감리교회 청년부는 박종문 부장이 봉사하고 나는 교회 담임목사로부터 청년부에서 일대일 양육 사역 제안을 받았다. 바쁜 직장인이며 교회 사역에 경험이 없는 내가 감당할 수 있을까 하는 염려가 있었으나 순종하는 마음으로 임하였다.

우리 부부는 일대일 양육 사역자로 임명받고 교회 제자훈련과 일대일 영육 사역을 하였다. 교회 제자훈련은 양육에 관심 있는 몇 분의 성도분들과 제자훈련 성경공부를 하는 것이며 일대일 사역은 교회에서 지정하는 가정을 돕는 것이었다.

　일대일 첫 번째 가정은 대문에 여러 색의 깃발이 대나무에 달려있는 여자 무속인 집이었다. 약 6개월의 성경공부 후 교회에 적응하여 신앙생활하는 것에 감사를 가진다. 제자훈련은 1년간 1기 과정 수료로 종료하였다. 교회 제자훈련은 교회 차원에서 더 연구하며 발전시켜가야 할 부분이라 생각되었다.

　일대일 두 번째 가정은 현대중공업 전산실에 근무하며 교회 방송실에서 봉사하던 P가정이었다. P부부와 우리 부부는 약 2년간 서로의 가정을 방문하며 성경공부 후 종료하였다. 이후는 교회에서 제작된 새 신자 양육 교재로 2004년부터는 새 가족 확신반 과정을 돕는 봉사를 하였다. 새 가족부에서 함께 봉사하는 김원철 권사는 직장인성경공부모임(BBB)을 가지며 일대일 양육 교사와 '전도학교'를 진행하며 제자훈련을 이끌어 주었다.

　2001년 당시 청년부장을 맡은 박종문 집사는 지역업체 'SK가스'에 근무하며 BBB에 참여하며 청년부에 새로운 활력을 주었다. 당시 청년부에는 고신대학교에 재학 중인 딸이 다니고 있었고, 대학교와 대학원 기간 N선교회에서 울산대 캠퍼스 사역을 돕다 군 복무 후 현대자동차에 근무하며 함께하고 있는 최제동 조카도 있었지만, 지역 교회에서 처음 봉사를 가지었던 부서여서 여전히 청년부에 관심과 애정이 있었다. 박종문 부장은 기도, 강의, 전도, 성경공부에도 열정적이었고 그의 기도와 강의는 강한 힘이 있었다. 박 부장은 청년들과 교제하며 도움을 준 후 이듬해 SK가스 본사발령을 받고 서울로 갔다.

당시 교회 부목사께서 진행하는 '일대일제자양육성경공부' 과정을 몇 성도분들과 함께하는 기간 박 부장과는 서울대학교 ROTC 장교로 공수부대 훈련 이야기, SK가스 공장 견학을 가지던 일이 생각난다. 박 부장이 서울 본사로 간 후는 SNS에서 소식을 접하던 중 2021년 2월 통화를 하게 되며 그간의 이야기를 나눌 수 있었다.

'시냇가푸른나무교회' 박종문 선교사(2020)

딸 한나의 결혼 이야기, 서울에서의 직장일과 신앙 이야기를 나누며, 출석하던 '시냇가 푸른 나무교회'에서 선교사로 사역 하는 것을 들었다.

교회에서 청년 선교사로, 이제는 삶의 현장의 형제자매들에게 영성을 도와주는 일터 선교사로 섬김을 가지는 그의 길에 크신 하나님께 크신 축복과 인도하심을 기도드린다.

2021년 경칩(驚蟄) 날, 늦은 시간 박 선교사와 통화를 가지며 2021년 3월1일 BBB에서 주최하는 '일터 선교대회'에서 '시냇가 푸른 나무교회' 담임이신 신용백 목사께서 설교한 영상을 카톡으로 보내주었다. 평신도 집사를 전임 선교사로 세우신 목사님도 궁금하였다.

신용백 목사님의 영상 메시지는 "새벽부터 봄비가 무척 많이 오고 있다"라며 스가랴서 "봄비가 올 때에 구름을 일게 하시는 여호와께 비를 구하라"라는 말씀으로 시작되었다. 말씀을 들으며 나도 한 조각 구름이 된다면 푸른 그리스도의 계절에 단비가 될까? 생각하며, 시대의 흐름에 따라 기준이 바뀌어가는 이 시대에 말씀이 진리가 되어야 한다는 것에 기도가 되었다.

영상 메시지를 듣고 원고에 추가하여 쓰는 것은 목사님의 간증 '옥수수밭의 사랑' 때문이다. 섬김으로 한 생명, 한 가정을, 전도한 감동도 있었지만, 말씀 중 '이기자부대, 사창리, 명월리'라는 지명을 들으며 옛 생각이 났기 때문이다. 그 지명들은 1981년 소위로 첫 부임한 부대이며 결혼하여 명월리에서 신혼을 시작하였던 곳이다. 화악산 등 주변을 헤쳐 훈련도 하지만 사창리에 나아가 잦은 회식을 가지던 일과 가끔씩 부대 교회인 '정신교회' 군 목사님을 찾아 신앙상담을 가지던 기억들이다.

당시 결혼을 한 아내는 시골 고향집 시댁에서 약 반년을 함께 생활한 뒤 작은 포터에 아내와 어머니가 생활물품을 싣고 강원도 명월리로 오셨다. 명월 삼거리 단칸방 셋집에서 나무를 때며, 석유스토브를 이용하며 신혼생활이 시작되었다. 이제

이기자부대 '정신교회' 안영진 목사님과
(1982)

일상을 공유하는 부부가 되며 음주, 흡연, 거친 말 등 많은 것이 걸림이었으며 일요일은 언제나 아내를 따라 교회에 가야 했다. 때로 밤늦게 아내가 보이질 않을 때가 있었다. 어디 갈 곳도 없는데…. 아내는 조금 떨어진 언덕 위 부대 교회에 가서 기도하는 것임을 알 수 있었다. 청년 때는 최수일 군목이며 결혼 후에는 안영진 군목이셨다. 소대장 시 결혼하여 대대본부중대장과 인사장교를 겸하였다. 그 후 친지들이 많은 부산 군수사령부 예하부대에 근무하며 이런 생활은 계속되었다. 그때를 회상하며 아마 나 모르게 눈물로 기도하였을 아내가 생각난다.

10. 전도를 이끌어 주는 비전

● 비전을 주시는 하나님

성경의 예수님은 항상 번성의 축복을 주실 때 비전을 허락하셨다. 노아에게도, 아브라함에게도, 야곱에게도 하나님은 동일한 약속을 주셨다(창 9:1, 창 12:1-2, 창 28:14).

물론 전도는 자손을 번성하는 것과는 이야기가 다르다. 하지만 비전을 통해 후손을 약속하신 구약의 하나님처럼 신약의 예수님도 승천하시며 우리에게 "모든 족속으로 제자를 삼으라"라고 말씀하셨다. 이는 구약의 약속보다 훨씬 더 원대하고 숭고한 하나님의 마지막 비전이다.

하나님은 아브라함에게 축복을 주실 때 단순히 말로만 하지 않으시고 밤하늘의 별과 동서남북의 땅을 두루 다니며 하나님이 주실 큰 복을 '보게' 하셨다. 아브라함은 밤하늘의 별과 동서남북의 땅을 보며 하나님의 비전이 무엇인지 알았다. 마찬가지로 전도를 하는 우리에게도 각각의 비전이 있어야 한다. 개인적인 전도의 목표뿐 아니라 더 크게는 세계를 향한 비전이 전도라는 큰 틀 안에 존재해야 한다. 꿈을 품으면 하나님께서 자라게 하시며 열매를 맺게 해주신다.

● 한 사람을 향한 비전

성경의 모든 역사는 한 사람을 통해 시작된 경우가 많다.

아담, 노아, 아브라함, 다윗….

성경의 역사는 한 사람으로 시작된 역사라고도 볼 수 있다. 그러나 이 한 사람이 어떤 사람이 될지는 아무도 모른다. 내가 될 수도 있고, 내가 전도한 사람이 될 수도 있다. 지금 상황에서 어떤 사람에게 복음을 전해야 하는지 그러기 위해서는 어떻게 기도하고, 어떻게 도와야 하는지 한 사람을 향한 비전과 구체적인 목표를 먼저 세워보자.

예수님의 제자 중 수제자인 베드로의 영향력은 엄청났다. 그러나 안드레가 아니었다면 베드로는 예수님께 나아올 수 없었다. 성경에 나오는 안드레의 활약은 베드로와는 비교도 되지 않지만 안드레의 전도가 없었다면 수제자인 베드로도 없었다. 우리가 베드로와 같은 위대한 제자는 될 수 없을지 모른다. 하지만 안드레와 같이 한 사람을 주님께로 인도할 수 있다.

● 세계를 향한 비전

지금은 전 세계를 향해 퍼져있는 복음이지만 예수님이 이 땅에서 본격적으로 복음을 전하신 것은 공생애 기간인 딱 3년이다. 그러나 예수님은 3년 동안 이스라엘뿐 아니라 세계를 향한 확실한 비전을 가지고 계셨다.

예수님은 제자 삼는 일을 통해 복음을 예루살렘이 아닌, 이스라엘이 아닌, 모든 족속에게 전파하라고 명령하셨다. 세계 비전은 하나님이 품으셨던 비전이었고, 예수님이 품었던 비전이며, 그의 제자들과 바울도 동일하게 가졌던 비전이다.

비전은 누구라도 믿음으로 품으면 하나님께서 자라게 하신다. 비록 지금 당장은 세계를 향한 비전을 품기에 내가 너무 초라해 보일지 모른다. 상황도 여의치 않을지 모른다. 그러나 하나님의 방법을 나의 생각으로 제한하지 말고 주시는 마음에 순종하며 선교 헌금으로, 또한 선교사님들을 위한 기도로, 짧은 단기 선교를 통해서라도 세계를 향한 전도의 비전을 품어야 한다. 이 비전은 내가 품지만 하나님이 키우시고 책임져주실 복음의 비전이다.

최재영 作「항해」(1985)

최재영 작가는 군 복무 시 본인이 그린 「항해」 그림에 대하여 "오랜만에 만나는 청춘 시절의 반가운 그림을 대하고, 여러 감회가 주마등처럼 지나간다. 당시 중대장과의 소중한 인연을 계기로 제작한 성화 중 한 작품이다. 캄캄한 폭풍우 속을 항해하는 바울의 절박한 심정에 비할 바는 못 되지만 어렵고 고달팠던 군 생활 심경을 대신하며, 나의 마음에 처음으로 작은 신앙심이 싹트게 한 소중한 동기를 제공하였다"라고 회고했다(본서 328쪽 그림 이야기 참조).

최재영 작가의 그림 이야기

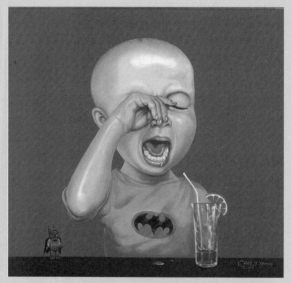

최재영 作

유년기 시절의 꿈과 재현

어린아이들의 천진함을 느낄 수 있는 그림이다. 어른들의 사고방식에서 잠시 벗어나 자신만의 느낌과 감성으로 편하게 보는 그림이다.

화실 귀퉁이에 놓여 있던 꼬마 인형이 내 작품 속으로 들어오게 된 동기는 인간의 '관계'라는 주제의 연작에서 비롯된 것으로 자연 스럽게 어린 시절 감성을 해방하는 데서 출발했다. 나는 대부분의 사람들이 가지는 꿈과 갈망들을 상상해 보면서 유년기 시절의 꿈에 관한 기억을 창작의 모티브로 연관 지었다. 플라스틱 장난감 병정놀이는 시각적 즐거움, 유쾌함을 제공했고, 꿈을 좇아 성장해가는 동안 미래가 현실이 되고, 현실은 과거가 되었다.

우리 삶의 현실과 꿈, 그리고 이상은 각자 다른 일정한 카테고리를 가지고 있는 것이 아니라 현실 속에 경계 없이 존재하고 있음을 느낀다. 어린 시절 무한한 꿈을 키우면서 관념 속에서만 존재하던 세계…, 그 공상 세계는 차츰 현실이 되어갔다. 철부지 아이들의 순수한 영혼을 그리며, 아이들이 귀한 시대를 상상해 본 작품이다.

▶ 울음, 70X70cm, 캔버스 위에 유화, 2015

제3장

하나님과
행복한 동행

"내가 네게 명령한 것이 아니냐 강하고 담대하라
두려워하지 말며 놀라지 말라
네가 어디로 가든지 네 하나님 여호와가
너와 함께 하느니라 하시니라"
– 여호수아 1:9

성경은 우리의 인생을 땅에 잠시 머무르는 나그네에 비유한다. 인생을 태어남과 죽음에 있는 긴 여행이라고 본다면 과연 이 여행의 목적지는 어디이며, 여행 중에 무엇을 얻을 수 있는가를 깨닫는 것은 참으로 중요한 문제다. 같이 공부를 해도, 같이 돈을 벌어도, 배운 지식을 어디에 쓸지 분명한 목적을 가지고 있는 사람의 인생은 다르다.

인생의 목표를 어떻게 세우느냐는 것은 때로는 한 개인의 삶을 넘어 세상에 영향을 미치기도 한다.

아메리카은행의 부사장을 역임한 론 볼드윈은 미국 사회에서 가장 성공한 기업인 중 한 명이다. 볼드윈은 자신의 정체성을 '예수님과 함께 하는 사람'으로 정의한다.

비즈니스의 세계처럼 냉철한 세계는 없다. 그러나 예수님을 믿음으로 자신의 힘으로는 도저히 이겨낼 수 없는 고난들을 극복했기 때문에 볼드윈은 "세상에서 성공할수록 더욱더 하나님을 신뢰하게 됐다"라고 고백한다.

하나님이 함께하는 사람에게는 일상의 모든 일들이 행복의 의미가 된다. 감옥에 갇히고 누명을 썼던 요셉의 삶이 형통했던 것처럼 내 삶에 예수님이 함께하신다는 사실만으로도 우리의 삶은 행복할 수 있다.

인생이라는 여행에서 목적지만큼 중요한 것이 한 가지 더 있다. 바로 '누구와 함께 하느냐'다. 예전에 영국의 한 신문사에서 '지구 반대편으로 여행을 갈 때 가장 빨리 가는 방법?'에 대해 공모한 적이 있다. 이때 1등으로 뽑힌 답은 '친구와 함께 가는 것'이었다. 어디든 함께할 수 있는 마음 맞는 친구가 있는 사람은 세상에 부러울 것이 없다. 성경은 예수님이 우리에게 이런 친구가 되어주신다고 말한다. 나 같은 죄인도 하나님의 자녀로 삼아주신 은혜에, 심지어 세상 끝 날까지 영원히 동행하여 주신다는 것은 성경에 나온 분명한 하나님의 약속이다(요 14:16).

예수님은 지금도 성령을 통해 우리의 하루를 인도해 주시며 마지막까지 돌봐주신다. 예수님은 능히 그럴 힘이 있으신 분이고 또 성경을 통해 분명하게 약속하셨다. 그러나 내가 예수님을 진정으로 믿지 않고 인류의 유일한 구원자로 받아들이지 않는다면 아무리 놀라운 은혜와 사랑도 내 삶에 아무런 영향을 미치지 못한다. 내가 신뢰하지 못하고 함께 할 생각이 없는데 상대방이 부자고 유명한 사람이 무슨 소용이 있겠는가? 마찬가지로 예수님을 진심으로 신뢰하는 사람만이 마음을 열어 주님을 따를 수 있고 세상의 창조주와 인생 여행을 함께하는 멋진 경험을 할 수 있다.

그러기 위해서는 먼저 성경을 알아야 하고 성경이 말하는 예수님을 알아야 한다. 모든 성경은 예수님을 증거하고 있으며 그 가운데 세상을 살아가는 지혜와 지식의 보고가 감추어져 있기 때문이다(요 5:39, 골 2:3).

인생이 여행이라는 것을 깨닫고 예수님을 믿음으로 바른 목적지가 어딘지 알고 주님의 뜻에 순종하며 주님과 동행하는 사람은, 세상 어디에서도 찾을 수 없는 진정한 기쁨과 행복을 누린다. 이 장에서는 성경 전체를 좀 더 알아보며 하나님과 행복한 동행에 대하여 함께 생각해 본다.

1. 성경은 누가 기록했나?

약 1600년에 걸쳐서 기록된 성경은 무려 40여 명의 기자가 있음에도 통일성이 있다. 세상의 그 어떤 책이 1000년이 넘는 세월 동안, 그것도 서로 다른 사람들이 썼음에도 한 가지 주제를 가질 수 있단 말인가? 이 사실은 성경이 정말로 하나님의 감동으로 이루어진 것이라고 밖에는 설명할 수 없게 한다.

39권의 구약성경은 예수님이 이 땅에 오실 것을 예언하고, 27권의 신약성경은 이 땅에 오신 예수님의 구원과 십자가 고난 그리고 부활, 재림의 약속을 담고 있다. 그래서 신약의 예수님은 성경을 연구하는 사두개인과 바리새인에게 "너희가 찾고 있는 그 사람이 나다"라고 분명하게 말씀하셨다(요 5:39).

성경은 처음부터 66권의 형태를 갖추지 않았다. 처음에는 단편적인 권들이 하나씩 성경으로 읽히다가 예수님이 오시기 전은 구약, 그 이후는 신약으로 묶어 신학자들의 연구와 논의를 거쳐, 그리고 성령님의 인도하심을 따라 지금의 성경이 되었다.

구약성경은 B.C. 1500년경 모세로부터 창조와 족장 시대, 출애굽, 사사 시대, 통일 왕국, 분열 왕국, 바벨론 포로 시대와 회복 시대에 이르며 B.C. 400년까지의 히브리인의 역사, 시가, 예언이 기록되었다.

모세와 다윗, 솔로몬과 많은 예언자들에 의하여 문서로 기록되고 또 구전되어 오던 중 '에스라'에 의해 흩어진 많은 성스러운 문서들이 수집, 재편집되며 B.C. 200년경 지금의 모습과 비슷한 구약이 됐으며, A.D. 90년 얌니아 랍비 회의에서 지금의 구약성경 39권이 확정됐다.

신약성경은 예수님의 죽음과 부활 이후 20여 년은 예수님의 말씀이 구전으로 전해지며 설교로도 전파됐다. 그러다가 바울이 자기가 세운 교회들에 신앙의 교훈을 적어 보내며 복음서와 일반 서신이 기록되었다. A.D. 397 카르타고 회의에서 지금의 신약성경 27권이 정경으로 받아들여졌다. 이 과정들에 비록 사람이 개입되어 있으나 하나님의 손길이 강하게 역사한 결과이기에 말씀의 권위와 확실성을 의심해서는 안 된다.

위에서도 언급했듯이 그렇지 않고서는 1600여 년의 긴 기간에 걸쳐 나라와 직업이 다른 40여 명의 기자들이 기록한 66권이 예수 그리스도라는 중심인물을 나타낼 수 없기 때문이다. 성경을 쓴 한 절대적인 저자이신 하나님의 성령이 없었다면 이 모든 것이 불가능했을 것이다.

성경은 하나님의 말씀이므로 믿음과 실천에 관련된 모든 문제에 대한 최종적 권위가 되어야 한다. 인간의 모습으로 오신 예수님도 모든 성경을 받아들이셨으며 사도들이 그 권위를 보증하였다. 또한 성경 말씀은 심판의 기준으로 사용되며 하나님의 말씀은 영원하다고 모든 사도와 제자들은 성경을 통해 말하고 있다.

성경은 다른 종교의 경전과는 다르게 그저 좋은 말이나 역사를 기록해놓은 것이 아니다. 성경은 하나님의 말씀으로 영의 양식이며 신앙의 표준이 되는 신앙생활의 나침반과 같은 책이다.

신앙이란 하나님과 그의 말씀인 성경을 믿는 것으로 이는 하나님을 믿으면서 그의 말씀을 믿지 않을 수 없는 것이다(롬 10:17).

물론 성경은 분량도 엄청나고 말씀도 깊고 어려워 쉽게 읽을 엄두가 나지 않는 책이다. 하지만 그럼에도 시간을 내어 묵상하고 공부할 가치가 충분히 있는 책이다.

성경은 이제까지 알려진 가장 위대한 이야기이며, 하나님의 크신 사랑이자 구원의 방법을 알 수 있는 유일한 이야기다. 성경은 내가 세상에 태어난 이유와 우리 인생의 진짜 의미가 무엇인지 알고 싶다면 좋든 싫든 반드시 읽어야 한다.

수십 세기 이전에 쓰인 성경 말씀은 지금도 여전히 변함없는 진리이며 하나님의 말씀인 성경만이 영적 굶주림을 채워줄 수 있다. 때문에 수천 년이 지난 지금까지도 숱한 공격에도 불구하고 성경이 살아남아 있고 또한 많은 사람들을 변화시키고 있는 것이다.

2. 성경 번역 이야기

성경이 처음 기록된 언어는, 구약성서는 히브리어(다니엘과 에스라 일부는 아람어), 신약성서는 헬라어(그리스어)이다. 헬라 시대 프톨레미 왕조 때 알렉산드리아에서 히브리어 구약성서가 헬라어로 번역되었다. 그 후 5세기 초 제롬에 의해서 신·구약 성경이 라틴어로 번역되었다.

1500년대 영국에서는 여전히 라틴어 성경이었으며 가톨릭 교회의 허락 없이 성경을 번역하는 것은 불법이었기에 라틴어를 모르는 대부분의 영국인은 성경을 읽을 수 없었다. 이런 중에 존 위클리프에게 영향을 받은 윌리엄 틴데일은 "성경을 직접 읽지 않으면 진리를 알 수 없다"라며 목숨을 걸고 성경을 영어로 번역했다. 그는 신약을 번역하여 출판했고 구약을 번역하던 중에 안타깝게도 체포되어 교수형을 당했다가 다시 화형에 처하는 극형을 받았다. 그러나 그의 순교는 킹 제임스 흠정역이 완성되는 것에 큰 영향을 주었다.

또한 종교 개혁가 마틴 루터는 독일 발트부르크 성에 은거 생활 기간 중에 헬라어 신약성경을 독일어로 번역했다. 이 번역본은 당시 소수 귀족과 사제들만 읽을 수 있었던 성경을 인쇄술의 발달과 맞물려 널리 보급될 수 있었고 진리의 말씀을 접한 성도들이 점차 늘면서 종교개혁이 가속됐다. 이런 역사적인 상황과 믿음의 위인들의 끝없는 희생으로 지금의 기독교가 있을 수 있었다. 지금은 '성경'을 아무나 편하게 구해, 누구나 읽을 수 있지만 당시 사회의 분위기에서 성경은 일반인들이 감히 범접할 수 없는 높은 위치에 있었다.

3. 구약 이야기

창세기는 인류의 시작에서 노아, 아브라함, 이삭, 야곱 그리고 이스라엘의 12지파의 족장사를 기록하고 있다. 출애굽기와 신명기, 사무엘상을 통해 모세가 그의 민족을 이집트에서 약속의 땅으로 이끌어가는 이야기와 모세에 이어 여호수아가 약속의 땅을 확장시키는 이야기가 담겨있다.

하나님은 여호수아의 뒤를 이어 군사와 정치 지도자인 사사들을 세우셨다. 기드온, 삼손, 사무엘이 다스리던 중 백성은 왕을 요구하였고 사울이 왕으로 선택되었다.

사무엘상, 열왕기상에서는 사울의 불순종으로 사무엘은 다윗을 택하여 세운다. 왕이 된 다윗은 주변국을 굴복시키고 왕국의 경계를 확장하였다. 다윗의 많은 아들 중 솔로몬이 왕위를 계승하며 하나님은 지혜를 구한 솔로몬에게 부와 명예도 주었다. 솔로몬은 화려한 궁과 성전을 건축하고 언약궤를 그곳에 두어 하늘에 계신 하나님께 예배를 드렸다. B.C. 931 솔로몬이 죽고 그 아들이 왕위를 계승하자 북쪽 지파들은 솔로몬의 신하였던 자를 왕으로 삼았다.

북이스라엘은 19명의 왕이 재위하며 줄곧 혼란과 죄악을 행하던 중 B.C. 722년 앗수르에 사마리아성이 함락되며 왕국은 사라졌다. 반면에 대부분 다윗의 후손들인 남 유다는 20명의 선왕과 또 악한 왕이 통치하였다. 남 왕국은 B.C. 586년 앗수르를 무너뜨린 바벨론에게 예루살렘이 함락되며 성전은 파괴되고 바벨론의 포로로 잡혀가게 된다.

열왕기하, 예레미야, 에스겔, 이사야, 학개, 스가랴, 에스라, 느헤미야에서 B.C. 538년 바벨론을 무너뜨린 페르시아 정부는 포로들을 돌려보내어 성전을 재건하고 유대 공동체의 질서를 세우도록 한다. 귀환한 스룹바벨은 유대인들의 성전을 재건하고, 서기관 에스라는 바벨론 포로생활 이후에 성스러운 문서들을 수집, 재편집하여 성경을 정리하며 서기관과 제사장이 길러지는 율법 학교를 발전시킨다.

학개, 스가랴, 말라기 선지자를 끝으로 하나님은 침묵하셨다. 포로 시대를 통하여 회당 문화와 성경을 필사하는 서기관이 생겨나며 유대교가 시작된다.

구약 이야기는 지금의 세상에서처럼 속임, 시기, 악행, 고난 그리고 회개, 용서, 사랑의 이야기들을 담고 있다. 그러나 성경 속 그 이야기 속에서 하나님의 약속과 하나님의 임재와 하나님의 원대한 계획을 발견할 수 있다.

성경은 삶의 거울이 되어 동일한 성경 말씀을 읽어도 그때마다 새로운 영성과 교훈을 주신다. 잠언의 지혜, 시편의 아름다운 찬양의 노래, 전도서의 교훈 등 모든 성경은 영원한 생명의 보고이다(잠 2:4-5).

성경은 헬라(그리스) 알렉산더 대왕의 정복과 유대 헤롯 대왕 통치 기간 사이의 역사에 대해서는 언급이 없다. 말라기 선지자를 보낸 B.C. 400년부터 예수님이 오실 때까지 하나님은 이 땅에 말씀을 내려보내지 않으셨다. 성경 학자들은 이 기간 하나님은 침묵하셨지만 예수 그리스도를 이 땅에 보내셔서 복음을 전파할 수 있도록 준비하셨다고 말한다.

인류의 불순종으로 풍성한 하나님과의 관계는 깨어지고 인간은 하나님으로부터 분리되었지만 처음 범죄 했던 바로 그때 하나님은 창세기 3장 15절에서 "여인의 후손으로 사탄을 멸하게 되리라"라고 말씀하시며 인간이 하나님과 다시 연합할 수 있는 길을 약속하셨다. 모든 성경은 그때 이후로 예수 그리스도로 구속의 완성까지(갈 4:4-7) 이 약속을 성취해 오셨는지를 기록하고 있다.

이처럼 성경은 여러 곳에서 하나님의 약속과 기다림과 성취를 말씀하신다. 전도서 3장 1절에서 "범사에 기한이 있고 천하 만사가 다 때가 있나니"라는 말씀에서 하나님의 때가 있음을 알 수 있다. 하나님께서 기다림을 주신 400년 기간 성경의 배경이 되는 이스라엘 지역을 중심으로 예수님이 오시기 전 시대의 역사를 짧게 요약하며 신약성경 이해에 도움을 가진다.

4. 신·구약 중간 시대

B.C. 538년 바벨론을 무너뜨린 페르시아(바사)는 이후 200여 년 동안 중동 지역을 제패하며 지중해 너머 유럽까지 세력을 확장하려 하지만 B.C. 332년 그리스 알렉산더 대왕에게 멸망하게 된다. 아리스토텔레스의 수제자인 젊은 알렉산더 대왕은 혜성처럼 나타나 아시아를 제패하며 가는 곳마다 헬레니즘 문화와 헬라(그리스)어를 전파했다.

신약성경이 헬라어로 기록된 것은 이러한 배경을 가지기 때문이다. 알렉산더 대왕은 합리적이고 이성적인 학문을 전 세계에 전파하는 사명을 가졌지만 33세에 요절(夭折)하며 그리스 제국은 분열의 길을 걷게 된다. 그러나 다음 왕조들도 대왕의 유지를 받들어 헬레니즘(그리스풍의) 문화를 전파한다.

헬라 제국은 세 개 왕조로 분열되었다. 그중 팔레스타인 땅에 영향을 크게 미친 애굽의 프톨레미 왕조와 수리아를 지배하던 셀류쿠스 왕조를 알아본다. B.C. 303-197년까지 애굽의 헬라 왕조는 유대인들에게 관대하게 문화 정책으로 통치하게 된다. 수도를 알렉산드리아에 정하여 세계 문화의 중심으로 만든다. 이때 애굽과 흩어진 유대인들을 위하여 '히브리어 성경'이 헬라어로 번역되는데 이것이 '구약 70인역 성경'이다.

B.C. 197부터 유대 지방은 다시 북방 셀레우코스 왕국의 지배를 받게 된다. 그들은 헬라 문화를 위하여 강압적인 계몽 운동을 펼친다. 특히 안티오쿠스 4세는 잔혹한 인물로 성전을 더럽히고 율법 책을 불태우며 종교 탄압과 포악한 통치를 한다. 이러한 폭거에 항거하여 모디인 지도자 맛디아는 그의 다섯 아들과 함께 저항하였으며 그가 죽은 후 셋째 아들 유다가 주도하여 헬라 시리아 군사를 게릴라전으로 연전연승을 거두며 예루살렘 성전 회복에 성공한다. 이것이 마카비 운동이다. B.C. 164년 안티오쿠스 4세가 로마 폼페이우스 장군에게 전사하며 종교 탄압이 멈추게 된다.

하스몬 왕조는 B.C. 164~63년까지 약 100년을 지속하게 된다. 신앙 회복을 위한 마카비 운동이었으나 왕조가 세워지며 정치에 몰입한 결과 유다의 헬라화를 촉진하게 된다. 이러한 것에 경건한 유대인이 반기를 들고 나온 것이 바리새파이다.

율법주의자인 바리새파는 자기들이 하나님을 가장 잘 믿는다고 생각했다. 그러나 바리새파는 메시아로 오신 예수님을 가장 대적하는 모습을 보인다. 이후 하스몬 왕조는 땅을 넓히며 안팎으로 나라를 튼튼히 만들지만 왕조가 이어지며 내부 권력 다툼으로 몰락하게 된다. 하스몬 마지막 왕의 두 아들이 왕위를 두고 싸우다 로마 폼페우스 장군에게 정통성 심판을 받자하고 이들의 초청으로 로마 군대는 전쟁 없이 예루살렘을 점령하였다. 왕조 계승자들이 로마 지배 아래서 다스렸지만 B.C. 37년 하스몬 왕조는 몰락하고 로마 점령 시대가 시작된다.

로마는 점령한 나라의 현지 문화와 종교를 인정하며 천부장, 백부장을 두어 문제를 해결하였다. 이러한 배경으로 폼페이우스는 자신을 도와준 이두매 사람 안티파스에게 이두매 지역을 다스리게 한다. 안티파스는 아들 파사엘에게는 예루살렘 총독을, B.C. 47년 헤롯에게는 갈릴리 총독을 임명한다.

헤롯은 로마에 의해 B.C. 37년 유대인의 왕이 되었으며 로마 정부와 유대인들과의 우호적인 관계 유지를 위해 노력한다. 그는 에돔 사람으로 유대 왕조의 정통성이 없는 것이 약점이었다. 정통성 확보와 백성의 호감을 사려고 기울어가는 하스몬 왕가 딸 미리암과 혼인하며, 예루살렘 대신전 신축 등 그 외에도 많은 업적을 남긴다. 그러나 그의 성격은 난폭하고 잔인하여 자신의 왕권 보전을 위해 왕비 미리암의 남동생, 어머니, 두 아들과 아내 미리암도 죽인다. 이러한 헤롯 대왕에게 동방박사 세 사람이 찾아와 유다와 이스라엘을 다스릴 왕이 탄생했다고 말한다. 이 말을 들은 그가 내린 명령과 예수 탄생 이야기는 성경 마태복음 2장 16-18절에 기록하고 있다.

시간을 넘어 B.C. 80년 로마에는 카이사르, 폼페이우스, 크라수스 삼두정이 제국을 나누어 다스리던 중 카이사르가 무적의 지도자로 올라선다. 무장을 하고 루비콘 강을 건넌 카이사르에게 맞서야 할 폼페이우스는 오히려 이집트로 도망쳤고 B.C. 49년 그곳에서 암살당한다.

이집트에서 카이사르는 프톨레미 왕조의 클레오파트라에게 유혹을 받고 그와 사랑에 빠지며 그의 많은 요구를 다 들어준다. 그러나 카이사르는 B.C. 44년 부하 브루투스에게 암살당한다. 그 후 카이사르의 동지였던 안토니우스가 클레오파트라와 연합하여 카이사르의 양자였던 옥타비아누스와 B.C. 31년 악티움에서 해전을 하지만 옥타비아누스에게 패하며 둘은 자결한다.

B.C. 27년 절대 권력을 가지게 된 옥타비아누스는 '존엄자'

라는 의미의 아우구스투스(가이사 아구스도)로 이름을 바꾸고 대로마제국의 새로운 황제가 된다. 이후 로마는 초강대국이 되며 로마의 평화(Pax Romana)가 계속된다.

천하를 통일한 아우구스투스 황제는 제국에 얼마나 많은 사람이 거주하는지, 세금을 얼마나 낼 수 있는지를 알아보기 위해 인구 조사를 벌인다. 이스라엘 사람은 인구조사를 받기 위해 각기 고향으로 보내어 신고하게 한다. 성경은 누가복음 2장 1절에서 "그때에 가이사 아구스도가 영을 내려 천하로 다 호적하라 하였으니"라고 기록하고 있다.

5. 예수님의 탄생과 새로운 시대

● 예수님의 탄생

헤롯 대왕(B.C. 37-B.C. 4) 통치 때 마리아는 나사렛의 요셉과 약혼 중 천사의 방문을 통해 성령의 역사로 임신할 것을 듣고 순종하여 받아들인다. 요셉은 파혼하려 하였으나 천사가 꿈에 나타나 마리아가 잉태한 아기는 성령으로 잉태된 하나님의 아들이라 일러주며 "그 이름을 예수라 지으라"라고 명한다(눅 1:31).

다윗의 후손인 요셉은 만삭이 된 약혼녀인 아내와 고향 베들레헴에 가서 호적 신고를 해야 했다. 갈릴리 지역 나사렛을 떠나 나귀를 타고 몇 날이나 걸리는 베들레헴으로 향했다. 12지파 중 제일 후손이 많은 유다 후손들이 전국에서 베들레헴으로 다 몰려들어 여관이 없어 말구유에서 유숙하게 된다. 이 과정에서 메시아로 오신 하나님의 아들 예수 그리스도는 베들레헴에서 탄생하신다. 이로써 미가 5장 2절, 이사야 11장 1절의 예언을 이루셨다.

예수님은 왜 로마 시대 중동의 작은 땅에 오셔야 했을까? 이 부분을 설명하는 성경학자들의 말을 빌리면 "이때의 로마는 모국어 라틴어가 아닌 헬라(그리스)어를 공용어로 해서 전 세계 언어가 통일되었다. 행정이 통일되어 말씀이 장애 없이 땅 끝까지 갈 수 있었다. 그리고 그 땅에 오신 이유는 하나님이 아브라함에게 복의 근원이 될 것을 약속하셨기 때문이다. 예수님은 아브라함과 다윗의 자손으로 이스라엘 땅에 오셨다"라고 말한다.

예수님은 베들레헴에서 탄생 후 나사렛에서 성장하며 약 30세까지 목수의 직업으로 살았다. 예수님은 요단강에서 죄의 회개와 용서를 촉구하며 그 상징으로 물로 세례를 베푸는 세례 요한에게 세례를 베풀게 하여 요한은 예수님께 세례를 베풀었다. 그 후 예수님은 성령의 인도로 광야로 가서 금식과 기도로 40일을 지내셨다. 마귀가 시험하였으나 승리하자 천사들이 그의 시중을 들었다. 얼마 후 세례 요한이 옥에 가두어지며 이때부터 예수님은 사역을 본격적으로 시작하신다.

● 예수님의 사역

복음서를 보면 예수님은 고향 갈릴리 지역에서부터 사역을 시작하셨다. 예수님의 사역으로 수많은 치유와 기적이 일어났으며, 귀신을 쫓아내시며 안식일과 세금 문제 등 그의 권위 있는 가르침이 퍼졌다. 예수님에 대한 소문은 삽시간에 퍼져 예수님이 가는 곳마다 군중들이 몰려들었다. 예수님은 밤새워 기도하신 후에, 사도(使徒)라 불리는 제자 열두 사람을 세우셨고, 가는 곳마다 하나님의 나라와 삶에 대해 참된 말씀을 전해주셨다(복음서).

● 새로운 삶의 방식

성경을 하나님의 말씀으로 믿는 사람은 이제 완전히 다른 삶을 살아가게 된다. 같은 곳에서, 같은 몸을 가진, 같은 삶처럼 보이지만, 믿는 것이 다르고 인생의 목표가 다르기 때문에 삶의 내용이 180도 달라진다. 진정으로 변화된 성도는 굳이 사방팔방 신앙을 자랑하지 않아도 달라진 삶으로 주위 사람들이 먼저 알아본다. 무작정 달라진다는 막연한 이해를 피하기 위해서 말씀을 기반으로 예수님이 우리의 삶에서 원하시는 변화들을 하나씩 살펴보겠다.

세상에는 참으로 즐거운 일들이 많다. 잠을 푹 자도 행복하고, 맛있는 것을 먹어도 행복하고, 좋은 사람들을 만나 나누는 짧은 대화를 통해서도 우리는 행복을 느낀다. 그런 행복은 정말로 일시적인 것이기에 우리는 진정한 행복을 찾아, 더 나은 쾌락을 찾아 인생을 허비한다. 그러나 예수님을 믿음으로 구원받은 사람들에게는 절대로 채울 수 없을 것 같았던 마음의 공허함이 채워지는 기적이 일어난다. 더 이상 세상의 즐거움과 행복을 찾아서가 아니라 하나님이 주시는 마음의 행복을 누리며 살아가게 되는 것이다(마 5:1-12).

사람은 자기와 비슷한 사람들과 있을 때 안정감과 동질감을 느낀다. 그래서 비슷한 일을 하는 사람들끼리 회사를 세우고, 비슷한 취미를 가진 사람들끼리 동호회를 만들고, 비슷한 성향을 가진 사람들끼리 친구가 된다. 그리스도인들도 자칫하면 이 함정에 빠져 믿는 사람들끼리만 관계를 가질 수 있다. 그러나 성도의 일터는 세상이며 우리의 목적도 믿지 않는 사람들을 전도하는 것이다. 예수님은 우리에게 세상의 빛과 소금이 되라고 분명히 말씀하셨다(마 5:13-16).

예수님을 믿고 따르는 그리스도인이라 하더라도, 이전의 삶에 비해 모든 성품이 나아진 삶이라 하더라도 아직 땅에서 살아가기에 모든 성정을 참고 다스릴 수는 없다. 아무리 예수님을 믿고 따른다 하더라도 억울한 일을 당하면 화가 나고, 슬픈 일을 당하면 낙심하기 마련이다. 말씀도 이 사실을 분명히 알기에 우리에게 화가 날 때 화를 내지 말라고 요구하지 않는다. 다만 화를 다스리고 잘못을 사과하라고 요구한다. 사람의 한계를 인정하고 하나님의 도우심을 구할 때 우리의 분노와 죄를 다스릴 수 있게 된다(마 5:21-24).

한국에서 가장 많이 일어나는 범죄가 사기라고 한다. 그런데 이 사기는 약속을 기반으로 일어난다. 지켜야 할 약속이 오히려 속이는 범죄로 가장 많이 변한다는 것은 사람 사이의 믿음과 신뢰의 기반이 얼마나 빈약한지를 보여주는 지표라고도 할 수 있다. 그러나 하나님이 우리에게 주신 은혜의 약속은 결코 변함이 없다. 그렇기에 이 약속을 믿는 사람들은 이후의 약속과 맹세를 지키는 기준도 분명히 달라져야 한다(마 5:33-37).

심리학자들에 의하면 말을 못 하는 갓난아기들도 억울한 일을 당한 아기가 상대방을 때리면 놀라지 않고 당연한 일로 받아들인다고 한다. 당한 만큼 갚아주는 것은 어쩌면 인간의 본성에 기반한 세상의 보편적 법칙이라고 생각할 수도 있다. 그러나 우리의 추악한 죄를 값없이 용서하여 주시고 영생을 주신 하나님의 사랑을 믿는 그리스도인은 이제 복수와 정죄라는 세상의 법칙이 아닌 사랑이라는 주님의 법칙을 따라 살아야 한다(마 5:38-42).

예수님은 세상에 속해 하나님과 원수가 된 인간들을 구원하러 오셨다. 그리고 정말로 구원하셨다. 그렇기에 이 놀라운 은혜를 믿고 변화된 사람들은 원수를 사랑할 수 있고 원수를 위해서 기도할 수 있다(마 5:43-48).

● 진리의 교훈

예수님은 지금도 그를 만난 모든 사람들의 마음에 잔잔한 변화를 주며 새로운 삶의 방식과 진정한 행복을 주신다. 예수님의 삶과 교훈에 대하여 한 번 더 짧은 나눔을 갖는다

예수님께서 산 중턱에 올라 제자들에게 "마음이 가난한 사람, 애통해 하는 사람, 온유한 사람, 의에 주리고 목마른 사람이 복이 있다"라고 가르치셨다. 이는 세상이 생각하는 행복의 기준과는 너무도 달라 지금도 우리에게 충격을 주지만, 예수님은 당시의 유대인들에게도 지금 우리에게도 참다운 행복은 바른 삶의 태도에서 나온다는 가르침을 주신다.

예수님은 "살인하지 않는 것만으로는 충분하지 않으며, 살인으로 이끌 수 있는 분노까지도 버려야 한다. 간음하지 않는 것만으로 충분하지 않고 음란한 생각까지도 버려야 한다. 우리가 분명히 약속한 것들만 지킬 것이 아니라 우리가 하는 모든 말들 그 자체에 진심이 담겨 있어야 한다"라고 가르치셨다. 유대

율법은 받은 만큼 복수하는 것이 원리였지만 예수님은 "악도 선으로 갚고 오른뺨을 때리는 사람에게 왼뺨도 대라"라고 가르치셨다.

경건이나 자선도 마찬가지다. 다른 사람을 돕고 위하는 것은 당연히 해야 할 일이다. 하지만 때때로 이런 자선을 나를 내세우기 위해서 하는 것은 아닌지, 누구에게 보여주기 위해서 하는 것은 아닌지 생각해야 한다. 하나님의 말씀을 지키기 위해 정말로 그 영혼을 사랑하는 마음으로 자선과 봉사가 나와야 한다는 것이 예수님이 우리에게 가르치신 말씀이다.

또 예수님은 하나님의 나라를 위하는 삶을 위해 세상에서의 문제를 걱정하지 말라고 말씀하셨다. 공중에 나는 새에게 양식을 주시며, 들에 피는 꽃에게 옷을 입히시는 것과 같이 주님은 나에게 필요한 것이 무엇인지 아시기 때문이다. 하나님을 믿으면 모든 것을 채워주신다는 믿음을 가질 때 세상의 모든 문제들을 근심하지 않게 된다.

예수님은 하나님의 나라에 대해 가르치시면서 그리스도인들이 삶에서 필요한 방식들에 대해서도 말씀해 주셨다. 구약의 그 수많은 윤리적 율법들을 예수님은 '황금률' 즉 "남에게 대접받고자 하는 대로 대접하라"라는 한 말씀으로 요약하셨다. 예수님은 "남을 비판하지 말라, 입으로만 봉사하지 말라"라고 많은 진리의 교훈을 주시며 "나의 말을 행하는 자는 반석 위에 집을 세운 지혜로운 사람이니, 심한 비바람이 불 때도 그 집은 안전하다"라며 순종을 말씀하셨다(마 5-7장).

예수님은 진리의 교훈뿐 아니라 많은 어려운 사람들의 친구셨다. 예수님은 부드러운 모습으로 모두를 받아주시고 서로 용서하라고 하시지만, 예루살렘에 입성하여 성전에서 재물을 사고파는 사람들을 쫓아내시며 성전은 기도하는 집인데 도둑의 소굴이 되었다고 한탄도 하셨다. 예수님께 나온 사람들은 새로운 진리로 각자의 어려움에서 자유인으로 살 수 있었다. 예수님은 사람이셨지만 사람 이상이셨다. 예수님은 누구신가?

6. 예수님은 누구이며
하신 일은 무엇인가?

● 예수 그리스도는 누구신가?

무신론자들은 예수님에 대해 누군가 지어낸 허상이라고 이야기하고 어떤 역사학자들은 신격화된 정치 사범이라고 이야기한다.

그러나 한 가지 확실한 것은 예수님은 역사적으로 실존하신 분이다. 그리고 예수님을 인정하지 않았던 당시의 사람들 그리고 현재의 사람들도 예수님을 '보통 사람'으로 생각하지 않는다는 것이다.

예수님은 마구간에서 태어나시고 목수의 가정에서 자라셨음에도 권위 있는 교훈과 설교를 어디서나 전하셨다. 당대의 학자들, 정치인 및 종교 지도자들까지 놀랄 정도였고 더욱 놀라운 것은 많은 사람들이 하나님의 아들로 경배했다는 사실이다. 여기에 부활이라는 도저히 믿기 힘든 이야기도 더해졌다. 그런데 이 허무맹랑한 것처럼 보이는 이야기를 직접 경험했다는 제자들이 많았고, 그 제자들은 하나같이 평생을 예수 그리스도의 복음만을 위해 살다가 죽거나 순교했다.

예수님의 부활이 거짓이라면 이런 현상들은 도저히 설명하기 어렵다. 예수님이 살아계실 때도 떡고물이나 먹으러 왔다가 조금만 어려운 상황이 되면 도망치고 심지어 예수님을 부인했던 제자들이 왜 예수님이 돌아가신 후에 어떤 권력과 명예도 얻지 못했음에도 생명을 바치면서까지 예수님이 하나님의 아들이라고 전했을까? 진실 여부를 떠나 이런 사실들은 사람이라면 누구나 이런 변화의 동기를 받아들이기 어려울 것이다.

당시 상황에 비추어 예수님의 생애를 조명해보자.

유대인들은 미래에 이스라엘을 통치할 메시아가 올 것을 믿고 있었지만 메시아가 사람을 섬기기 위해 고난을 받을 것은 상상하지 못했다. 예수님은 사람들에게 전혀 새로운 삶의 방식을 가르치셨다. 예수님은 산 중턱에서, 바다에서, 세리와 창녀에게, 그리고 병자들에게 새로운 말씀과 교훈을 가르치셨다.

예수님은 하나님의 아들이라는 것을 누구도 부인할 수 없을 정도의 위대한 능력을 가지고 있었다. 예수님은 하나님이 주신 능력으로 사람들을 섬기고 도와주시고 고쳐주셨다. 예수님은 권능을 함부로 사용하지 않으시고 따르는 사람들에게 참된 용서와 사랑, 심판 그리고 하나님에 대해서 가르치기 위해서만 사용하셨다.

예수님은 진리를 가르치시며 이 진리를 알아야만 모든 인간들이 겪는 고민과 어려움으로부터 자유로울 수 있다고 말씀하셨다. 하나님의 계획을 완성하기 위해 예루살렘을 향하시며 제자들에게는 자신의 죽음과 부활에 대해 말씀하신 뒤 최후의 만찬을 하시며 제자들의 발을 씻기셨다. 그 후 "서로 사랑하라"라는 새 계명을 주시고 제자들을 위해 기도하신 예수님은 십자가의 고난을 받으시고 부활 뒤 승천하심으로 하나님의 구원의 계획을 온전히 이루셨다(요 13:1-34).

예수님은 따르던 제자들에게 "사람들이 나를 누구라 하느냐?"라고 물어보셨다. 제자들이 들리는 소문을 말하자 이번에는 "그렇다면 너희는 나를 누구라 하느냐?"라고 물으셨다.

제자들은 예수님을 누구라고 생각했기에 한순간에 모든 것을 포기하고 예수님을 따랐을까?(마 16:13-15)

예수님은 우리에게도 같은 질문을 하고 계신다.

"너에게 나는 누구냐?"

한 번 생각해 보자. 단순히 나를 더 잘 살게 해주실 분, 기도로 내 욕심을 채워주실 분, 혹은 잘은 모르지만 그냥 좋은 말씀을 많이 하신 분이라 생각해 "믿는다"라고 생각하지는 않는가?

예수님은 나를 위해 이 땅에 오시고 나를 위해 죽으시고, 삼일 만에 부활하신 유일하신 구원자 그리스도이시다. 이사야 선지자는 750년 전에 예수님의 탄생을 예언했고 예수님도 자신이 하나님의 아들이라 말씀하시며 수많은 이적으로 증명하셨다. 예수님은 자연을 복종시켰고 모든 병과 귀신들린 자를 고치셨으며 죽은 자를 살리며 사망과 생명의 영역까지 주관하셨다. 이런 예수님이기에 우리의 죄를 사하며 구원해 주실 수 있고, 새로운 생명을 주실 수 있다. 나는 이런 예수님을 정말로 내 삶을 구원해 주실 창조주이자 주권자로 믿고 순종하는가? 나에게 예수님은 어떤 분이신가? 다시 한번 생각해 보자.

● 예수 그리스도께서 하신 일은 무엇인가?

예수님이 3년의 공생애 기간 동안 하신 일들을 조금 더 자세히 알아보자.

예수님은 제자들을 훈련하여 오직 전도의 사명을 이루셨다 (막 1:35-39).

또한 예수님은 가는 곳마다 병자를 고치시고 죽은 자를 살리시고 굶주린 군중을 먹이셨으며 사회에서 버림받은 자와 죄인들의 친구가 되어주셨다. 예수님의 모든 말씀에는 지혜와 능력이 충만했으며 죄 없는 삶의 본을 보이셨다. 그러나 놀라운 능력을 가지신 예수님, 단 하나의 죄도 없으신 예수님은 십자가에 달려 돌아가셨다. 예수님이 스스로 그 일을 허락하셨기에 가능한 일이었다. 이 사실이 중요한 이유는 예수님의 이적과, 가르침도 중요하지만 예수님에게 가장 중요한 것은 '인류의 죄를 위해 죽으시고, 부활하시는 구원의 사역'이었음을 알 수 있기 때문이다.

예수님은 우리 죄를 위하여 죽어주셨다. 바로 나의 죄를 위해 예수님은 모든 수치와 고통을 감내하셨다. 예수 그리스도께서는 죄인인 우리를 대신하여 십자가에 못 박혀 죽으심으로 하나님의 사랑을 나타내셨다.

예수님은 제자들에게 말씀하셨던 것처럼 정말로 사흘 후에 부활하셨다. 수많은 군중이 보는 앞에서 처참하게 돌아가신 예수님이 다시 살아났다는 것은 지금도 믿기 어려운 일이다. 그러나 누구보다 그리스도인을 박해했던 바울은 예수께서 부활하신 후에 게바, 열두 제자, 오백여 형제, 야고보, 모든 사도 그리고 바울에게도 나타나셨다고 말했다(고전 15:3-8).

이처럼 수많은 사람들이 부활하신 예수님을 만났는데 만약 그들이 모두 짜고 속이려고 했다면 저마다 증언이 달라 복음은 조금도 전파되지 못하고 사라졌을 것이다. 그러나 바울이 "예수 그리스도께서 부활하지 않았다면 우리의 전하는 것과 믿음도 헛것이 되는 결과가 초래된다"라고 했을 정도로 부활은 당시 사람들에게 부인할 수 없는 분명한 사실이었다. 또 부활이 정말로 사실이라면 왜 이스라엘의 한 작은 지역에서 태어난 예수라는 사람의 가르침을 전하기 위해 갑자기 사도와 제자들이 목숨을 아끼지 않고 생명을 바쳤는가를 이해할 수 있다. 그들은 죽음을 넘어선 참된 생명이 무엇인지 예수님의 부활을 통해 목격했던 것이다(롬 1:4).

부활하신 예수님께서 배반한 베드로를 찾아가 그를 다시 회복시켜 주시는 모습은 참으로 멋있다. 예수님은 인간의 연약함을 아시며 이해하여 주시고, 힘을 주시고, 다시 일으켜 세워 따르게 하신다. 우리도 결심하지만 내 뜻대로 안 된다는 것을 안다. 그러나 주님은 그 결심이, 그 결심의 순간은 진심이었다는 것을 믿어주시며 다시 손잡아 이끌어주시기에 우리는 주님께 더한 신뢰와 사랑을 갖는다.

예수님이 이 땅에 오셔서 하신 일들을 읽어가며 묵상할 때 예수님이 어떤 분이신지, 내가 어떤 삶을 살아가기를 바라시는지를 깨닫게 된다. 나그네 같은 인생, 죽으면 끝이라고 생각한 삶에 영원한 생명이 있다는 것과 그 생명을 얻을 수 있는 방법이 무엇인지 알게 됐다는 것은 가장 큰 희망이자 축복이다.

예수님은 이 땅에 오셨을 때 세리, 창녀, 병자와 같은 길가의 모든 사람을 만나주셨듯이 지금도 우리를 비롯한 모든 사람들을 인격적으로 만나고 구원하기를 바라신다. 죽음이 정말로 끝이라면 온 천하를 얻어도 아무 소용이 없을 것이다. 성경 말씀이 모두 사실이라면 세상의 모든 부귀영화를 누린다 해도 마찬가지로 아무 소용이 없다. 이 세상에서 중요한 것은 죽음 이후의 영생을 준비하는 것이기 때문이다.

7. 예수 그리스도는 다시 오시는가?

사도행전 1장에는 예수님의 재림에 대해 언급되어 있다. 천사는 예수님이 승천하실 때 "갈릴리 사람들아 어찌하여 서서 하늘을 쳐다보느냐 너희 가운데서 하늘로 올려지신 이 예수는 하늘로 가심을 본 그대로 오시리라 하였느니라"(행 1:11)라고 말했다(마 24:30-31, 계 1:7).

마태복음 25장 31-32절에서 예수님은 재림하실 때 양과 염소를 구분하는 것같이 심판하신다고 말씀하시며, 누가복음 21장 34절에서는 예수님을 맞을 준비가 안 된 사람들은 그날이 덫과 같이 뜻밖에 찾아올 것을 말씀하신다.

예수님의 재림은 신학적으로도 중요한 문제라 많은 해석과 설명이 있다. 소위 말하는 이단들도 이 재림의 말씀을 근거로 자신이 세상에 다시 온 선지자, 하나님, 혹은 예수라고 사람들을 미혹한다.

하지만 성경 말씀을 통해 예수님의 재림은 우리의 형체가 변하고 모든 눈물이 씻어지는 놀라운 영광과 함께 일어날 것임을 기억하고 잘못된 이론과 미혹하는 사람들에게 속아서는 안 된다.

주님께서 이 땅에 다시 오심과 주님을 만나는 사건은 기독교인의 가장 큰 사건이며 또한 가장 큰 희망이다. 그러기에 주님을 만나기 위하여 준비하며 살아가는 것은 무엇보다 중요한 것이라 여긴다. 예수님의 제자들이 세상 끝의 징조에 대하여 묻자 예수님은 나라가 서로 대적하고, 지진, 기근, 온역과 무서운 일(마 24:3-8, 눅 21:10-11)들이 일어날 것이라 말씀하셨다.

예수님은 마가복음 13장 33-37절에서 "주의하라, 깨어 있으라"라고 말씀하신다. 우리는 이러한 징조들을 보고, 듣지만, 깨어 있기 보다 분주히 살아가고 있는 스스로를 본다. 하나님은 아름답게 만드신 모든 자연과 생물을 다스릴 권세를 우리에게 주셨는데(창 1:28) 우리는 오늘도 자연을 파괴하고 더럽히는 것에 일조하고 있다. 주님께서는 지금의 많은 징조들을 보이며 우리에게 깨어 있으라는 메시지를 주는 것은 아닐까?(마 24:44, 마 24:15-51)

그리스도의 재림이 언제 일어날 것인가, 혹은 어떻게 일어나는가에 대해 생각하기보다는 분명히 다시 오신다는 말씀을 믿고 깨어 근신하며 주님을 증거하는 것이 재림을 믿는 성도의 삶이다(살전 5:1-11).

8. 제자들의 전도 운동과 서신

신앙생활을 하다 보면 초대 교회에 대한 이야기를 참으로 많이 듣는다. 사도행전을 보면 예수님의 부활과 승천을 목격한 제자들이 그전과는 완전히 다른 사람으로 변화되어 목숨을 아끼지 않고 복음을 전파하는 모습이 나오는데 그 과정에서 정말 하나님의 능력이라고 생각할 수밖에 없는 놀라운 기사들이 많이 일어났다. 지금도 예수님을 믿는 그리스도인들이 동일한 믿음으로 전심으로 제자 도를 행할 때 하나님의 능력으로 세계 만방에 다시 복음의 불길이 번져갈 것이라 믿는다. 사도행전에 나오는 사도들의 노력과 기사들을 간략히 정리하면 다음과 같다.

예수님 승천 후 얼마 지나지 않아 유대인 명절인 오순절 기간 중 성령이 바람과 불꽃으로 예수님을 따르던 사람들에게 임했다. 예루살렘으로 와서 명절을 보내던 지중해 연안의 각기 다른 지역의 사람들은 제자들이 자기들 지역의 언어로 방언을 하는 것을 보고 놀랐다. 예수님을 세 번이나 부인했던 베드로는 "십자가에서 죽으신 예수님이 그리스도시며 죽음에서 부활하셨다"라고 증거하는 사람이 됐다. 로마 정부는 예수님에 대해 말하는 것을 금지했음에도 교회는 점점 더 성장했다(행 5:7-28).

초대 교회 스데반 집사는 예수님이 유대 신앙의 역사에 잘 맞는지를 설명하고 유대인들이 하나님께서 보내신 이를 거부해온 것을 비난했다. 스데반은 "예수님이 하나님 우편에 서 계신 것을 보았다"라고 주장했다. 사람들은 이 말을 듣고 마음이 상하여 스데반을 돌로 쳐 죽였다. 하지만 스데반은 마지막까지 사람들을 미워하지 않고 용서해달라며 기도했다. 스데반의 순교는 예수 믿는 자들이 핍박을 피해 예루살렘 밖으로 흩어지게 되고 이방에 교회들이 세워져 복음이 더 넓게 전파되는 계기가 되었다. 빌립은 사마리아로, 베드로와 사도 요한 그리고 제자들의 전도 운동으로 복음은 세계로 퍼져가고 있다(행 7:1-60).

복음이 퍼져가는 이때 젊은 바리새인 사울은 그리스도인들을 박해하며 잡아들이는 임무를 띠고 다메섹으로 가던 중 하늘에서 빛이 번쩍이며 한목소리를 듣게 된다. 다메섹에서 선지자 아나니아는 환상 중에 "사울을 방문하라"라는 명령을 받고 사울에게 세례를 베풀었다. 그 즉시 사울은 자신이 잡아 죽이려던 그리스도인처럼 "예수님은 하나님의 아들이다"라고 가르치는 사람이 됐다. 바울은 특히 이방인들을 찾아가 전도했다.

바울은 유럽 본토를 횡단하여 많은 나라를 복음화시키는데 큰일을 했다. 결국 복음을 전한다는 이유로 결박된 바울은 로마 총독에게 "유대 법정에 서라"라는 요구를 받았는데 이는 곧 죽음을 뜻했다. 바울은 로마 시민권을 활용해 황제에게 직접 탄원하겠다고 요청했고 로마로 호송됐다. 바울은 로마의 작은 셋집에 머물며 판결을 기다리면서도 하나님 나라를 전파하며 주 예수 그리스도를 가르쳤다(행 17장 – 28장).

신약의 바울 서신을 비롯한 제자들의 편지에는 복음을 믿지 않고 예수님을 부인하는 이 세상에서 그리스도인들이 어떻게 살아가야 하는지에 대한 지침들이 나와 있다. 그리스도인은 어리석은 언행과 경박한 말들을 하면 안 된다. 그리스도인은 살아가는 방식이 세상 사람들과는 다르기 때문이다. 그런 이유로 시기와 다툼, 노여움과 이기적인 야망, 탐욕과 보복, 성적인 타락을 주의해야 한다(롬 13:13-14, 엡 5:3-4, 빌 2:3-4, 딤전 6:6-8, 벧전 4:3, 골 3:5).

그리스도인은 다른 사람을 형제나 자매처럼 사랑하고 돌봐야 하며, 지도자들을 위해 기도하며 권위에 복종해야 한다. 세상에는 하나님이 세우신 질서가 있기 때문이다. 아내는 남편에게 복종해야 하지만 남편은 아내를 예수님이 교회를 사랑하신 것처럼 사랑해야 한다. 자녀는 부모에게 순종하며 부모도 자녀에게 본을 보이며 사랑해야 한다.

이런 원리들은 성경이 우리에게 가르치는 분명한 삶의 지침이다. 이런 원리를 거스를 때 하나님이 주시는 축복과 행복은 우리에게 찾아오지 않는다. 더불어 권위만 내세우는 것이 아니라 모든 원리의 중심은 사랑이라는 사실을 기억해야 한다.

부모와 자녀, 아내와 남편, 이웃을 위하고 섬기는 모든 일들의 중심은 하나님의 사랑으로 가득 채워져야 한다. 행동에서 그치는 선행과 봉사는 아무런 소용이 없다. 사랑이신 하나님이 나를 살리기 위해 독생자를 보내주신 그 사랑과 은혜로 우리는 인간의 부족함을 넘어서 참된 사랑을 실천해야 한다.

이런 사랑의 원리는 성령의 은사에도 똑같이 적용된다. 다른 어떤 은사와 능력보다도 사랑에 초점이 맞춰질 때 그리스도인의 진정한 삶이 시작된다. 사랑할 때 마음의 두려움이 사라져 다른 사람을 사랑하고, 위하게 되어 진정으로 돕게 된다. 그래서 성경은 '다른 사람을 미워하면서 하나님을 사랑한다고 말하는 사람은 속이는 사람'이라고 한다(로마서, 에베소서, 빌립보서, 디모데전서, 야고보서, 베드로전서, 빌레몬서, 요한일서).

초대 교회 지도자들이 교회와 성도들에게 쓴 편지는 사람을 예수 그리스도의 길로 인도하였다. 바울은 '아담 이후 인류는 선천적으로 죄 성을 가지고 태어났으며, 하나님과의 올바른 관계는 율법 준수의 노력이 아니라 예수 그리스도께서 죽음에서 부활하심을 믿는 것에 달려 있다. 그리스도께서 목숨까지 바쳐주신 사랑으로 사람은 하나님과의 관계를 회복할 수 있게 되었다. 그를 믿고 세례를 받는 모든 사람은 성령을 선물로 받고 새로운 삶을 살기 시작하였다. 그리스도인은 여전히 옛 죄성과 싸우지만 성령의 능력 안에서 그들이 하나님께서 원하시는 새로운 삶으로 바뀌어 간다는 것을 확신할 수 있었다. 율법은 모세로부터 왔고 은혜와 진리는 예수 그리스도로 말미암아 왔다. 율법은 죄가 무엇인지 깨닫게 하려고 준 것이다. 하나님의 선물인 은혜의 통로는 예수 그리스도이며, 은혜를 입기 위한 유일한 도구는 믿음이다'라고 가르쳤다(롬 3:20-28, 갈 2:12-20, 빌 2:6-11).

신약성서의 마지막 장인 요한계시록은 예수그리스도를 경배하며 찬양하는 말씀이다. 지중해 지역의 밧모 섬으로 귀향 간 요한은 일련의 환상을 기록하였다. 하늘 법정으로 이어지는 요한의 환상에서 선과 악의 우주적인 싸움은 궁극적으로 마귀들이 패하여 영원한 불의 지옥에 던져지며, 모든 사람들은 심판을 받으며 생명책에 기록되지 않는 사람들 역시 지옥 불에 던져질 것이다. 그 후에 새 하늘과 새 땅이 나타났다. 거룩한 도시 새 예루살렘이 하늘에서 내려왔다. 그 도시에는 생명의 강이 흐르고 있었다(계 21:1-2).

그의 환상은 예수님의 말씀으로 끝이 났다. "원하는 자는 값 없이 생명수를 받으라! 내가 진실로 속히 오리라!" 그리고 요한은 응답하였다 "아멘, 주 예수여, 오시옵소서!"(계 22:17, 20)

9. 교회와 성도

"교회란 무엇일까?"라는 질문에 어떤 사람은 단순히 건물만 떠올릴 것이다. 하지만 사도 바울은 고린도전서에서 "우리가 곧 교회이며 성령이 내 안에 계실 때 우리가 거룩한 교회가 된다"라고 말했다. 교회는 건물이 아니라 예수님을 믿고 따르는 우리를 지칭하는 말이다.

짐 피터슨 목사는 좀 더 구체적으로 "교회는 성도들의 성품을 변화시키고 모든 믿는 자가 받은 바 모든 것을 가지고 서로 그리고 이웃을 섬기도록 은사를 주시는 성령님이 내주하시는 곳"이라고 정의했다.

그러므로 교회에는 크고 작음, 좋고 나쁨이 있을 수 없다. 그럼에도 교회를 선택하는 일은 신중해야 한다. 사람마다 성격이 다르고 성향이 다르듯이 사람들의 모임인 교회도 영적 성장에 필요한 환경과 예배가 조금씩 다르기 때문이다. 빌리 그래함 목사는 "영적 성장을 위한 좋은 기회와 인간적 필요의 만족을 함께 채울 수 있는 기회를 교회가 제공한다"라고 말했다.

그래서인지 나에게는 교회의 이미지가 따스하고 포근한 어머니의 느낌으로 다가온다. 내가 중학생 때 둘째 형수의 인도로 교회에 나가신 어머니는 소천하시는 날까지 하나님께 온전히 순종하는 신앙인이셨다. 어머니의 훌륭한 인품과 인자함은 가시는 곳마다 사람들을 모이게 했고, 그런 사람들이 나중에 자연스

어머니와 둘째 형수(1979)

럽게 전도되어 교회로 가는 것을 보고 나는 "참 신기하다"라고
생각했다.

복음이 척박한 작은 시골 마을에서도, 도시의 한 지역에서도
어머니 한 명으로 인해 생기가 돌고 복음의 씨앗이 심기고 자
라났다. 어머니는 자녀들이 사업에 어려움을 겪을 때 "고난이
지나면 축복이 다시 찾아오는 법이니 굳세게 살아가야 한다"라
며 눈물을 보이지 않으셨다. "내 자녀들이 예수 잘 믿고 천국에
갈 수 있다면 다른 부귀영화는 바라지 않겠다"라던 평소 어머
니의 음성이 지금도 들리는 듯하다. 자녀를 위해 기도하는 부
모가 있다는 것 이상의 큰 축복이 있을까?

교회는 이런 어머니의 품 같은 곳이다. 어머니는 자녀들을
성장시켜 사회로 내보내 다양한 곳에서 일하게 키워주셨다. 교
회의 모든 부서는 몸의 지체처럼 서로 합력하여 우리의 젊은이
들의 인성과 영성을 높여 가정으로 사회로 보내어 하나님의 자
녀로서의 삶을 살아가도록 돕는다.

10. 하나님과 행복한 동행

● 하나님

하나님은 '신'이라는 명칭으로 모든 사람들이 태초부터 궁금
해하던 절대자이시다. 사람은 하나님이 지으신 우주 만물을 통

해 하나님이 계심을 분명히 알 수 있다. 그러나 2차원의 존재가 3차원의 존재를 발견할 수 없는 것처럼 인간 스스로는 한계를 깰 수 없기에 결코 하나님을 발견하거나 제대로 이해할 수는 없다. 오직 하나님께서 자신을 계시해 주실 때 하나님을 알 수 있는데 이 역시 성경에서만 답을 찾을 수 있다(창 1:24, 창 1:25, 시 8:9).

* 하나님은 천지를 창조하신 분이시다(창 1:1).
* 하나님은 거룩하시고 의로우시다(요일 1:5).
* 하나님은 사랑이시다(엡 2:4-5).
* 하나님은 한 하나님이시나 세 가지 뚜렷이 다른 인격체 즉 아버지와 아들과 성령의 삼위일체로 존재하신다(요일 5:7 킹 제임스 흠정역).

성경은 하나님을 전능하시며, 지존하시며, 능력과 지혜가 영원하시며, 변함없으신 주시며, 영원히 송축을 받으실 분으로 기록하고 있다.

* 창 17:1, 시 78:35, 시 24:7, 행 17:24-25, 시 147:5
* 딤전 1:17, 렘 32:17, 잠 15:3, 시 139:7-8, 사 45:5-6, 신 7:9, 역상 29:10-13
* 롬 1:19-20, 롬 8:38-39, 사 1:18-19, 히 11:6, 시 46:1
* 요 4:23, 시 100:4, 신 6:5-9, 잠 3:5, 합 3:17-18, 대상 28:9

하나님은 우리가 알지 못하는 수많은 일을 하신다. 우리가 다 알 수 없는 그 하나님은 선한 일에 기뻐하시며 악한 일에 슬퍼하신다(시 40:5).

과학과 문명이 발달하면서 하나님은 존재하지 않는다고 주장하는 사람들도 많다. 실제로 발견할 수도, 증명할 수도 없기 때문이다. 그러나 하나님은 우리의 양심을 비롯해 세상의 모든 만물에 이미 하나님의 살아계심에 대한 증거가 충만하다고 말한다. 과학의 발전은 경이적이지만 생명이 있는 씨앗 한 톨도 풀 한 포기도 인간의 힘으로 만들 수 없다. 한국창조과학회에서 만든 전도지 당신은 창조주를 아십니까? '하나님과 과학' 설명부분에서 "우주 만물은 하나님의 지혜와 설계의 산물입니다. 과학의 연구란 하나님의 피조물 가운데 있는 새로운 현상과 법칙을 발견하는 것입니다. 과학의 세계를 창조하신 분이 바로 하나님 이십니다"라고 기록하고 있다.

● 성령

성령은 우리의 삶에서 해야 할 바를 지시하시고 가르치시는 인격이시다. 성령님은 성도들을 진리 가운데로 인도하시며 연약함을 도우시며 친히 간구하시고, 나를 위해 근심하여 주신다. 성령은 단순한 힘이 아닌, 지(知性), 정(感情), 의(意志)를 가진 인격이기에 우리는 성령님과 친밀히 교제할 수 있다(롬 8:26).

성령은 곧 하나님이시다. 성령은 창조 때부터 계셨으며 영원히 계신다. 성령이 하나님이기에 성령을 통해 우리는 삼위일체인 하나님과 예수님에 대해 더 잘 알 수 있으며 뜻을 분간할 수 있게 된다. 성령은 죄를 깨닫게 해주시며 그리스도를 주님이라 부르게 해주시며 그리스도의 몸이 되도록 성령의 세례를 주시고, 영적인 생명과 구원의 확신을 주신다. 우리가 예수님을 믿을 때 나를 성령이 거하시는 처소로 삼아주시므로 하나님의 자녀임을 보증하여 주신다(엡 1:13-14).

성령님은 나의 모든 삶을 함께하시며 진리 가운데로 인도하시는 선생님이다. 성령님을 통해 우리는 예수 그리스도를 영광스럽게 하는 삶을 살 수 있으며 우리의 장래 일을 볼 수 있다. 그 과정에서 성령의 열매가 삶에 열리며 인격과 성품이 하나님 보시기에 좋은 모습으로 성장한다(갈 5:22-23).

성령께서는 모든 믿는 사람에게 봉사와 섬김을 위하여 은사를 주신다. 주님의 일에 성령이 중요하기 때문에 내 삶에 말씀이 없을 때 성령의 소멸과 성령을 근심하게 하며 진리를 거스르지 말라는 경고를 주신다(벧전 4:10).

성경 로마서 8장 9절에서 성령이 없으면 그리스도의 사람이 아니라고 말씀하신다. 나는 내가 듣고 배운 말씀에서 성령을 기록하지만 '나는 정말 성령을 받은 자인가?'라는 질문을 스스로에게 가지며 늘 깨어있는 자가 되려고 기도한다. 성경은 어떻게 성령을 받는가에 대하여 사도행전 2장 38절에서 "회개를 통하여 주님을 믿고 죄 사함을 받으면 성령을 선물로 주신다"라고 약속하신다.

목회자는 성령의 역사는 회개의 역사라고 말씀하신다. 성령으로 거듭난 자는 분명히 변화가 일어난다. 그 변화는 아주 작더라도 이미 변화는 시작되었다. 나의 마음으로, 나의 생각으로, 내 삶을 통해 변화를 알 수 있다.

예수님을 믿고 구원을 받았다 하더라도 성령님이 내 삶에 오셔서 강하게 주관하시기를 우리는 끊임없이 간구해야 한다. 말씀도 우리에게 성령으로 충만함을 받으라 명령하신다. 성령 충만을 받을 때 하나님께 찬양하며 항상 감사하며 주님을 경외하므로 피차 복종하는 결과를 가지게 된다(엡 5:18-21).

성령 충만을 받은 사람은 담대히 말씀을 전하며 전도의 열매를 맺는다. 하나님의 사랑이 우리 마음에 부은 바 되는 결과가 성령의 충만함이기 때문이다.

물론 한순간에 성령의 충만함을 경험할 수는 없다. 또 어제 내 안에 계셨던 성령님이 오늘은 안 계시는 것 같은 신앙의 기복을 느낄 때도 있을 것이다. 그러나 내 감정과 기분을 떠나 모든 순간마다 하나님이 원하시는 믿음의 선택을 해 나갈 때 성령님은 내 삶을 조금씩 주관하신다. 성령님은 내 삶에 거하시며 하나님께 순종하는 삶을 이끌어 주시는 분이시다(요 14:26, 행 2:4).

● 하나님의 나라

‘내 영혼이 은총 입어’ 찬송가의 해설에는 “누가복음 1장 21절 ‘하나님의 나라는 너희 안에 있느니라’라는 말씀을 기초하여 죄 사함을 받고 예수님과 동행하는 곳이 바로 하늘나라라는 신학적 통찰을 나타내고 있다.

하늘나라는 곧 ‘하나님의 나라’를 가리키는데, 여기에서 하나님의 나라는 하나님께서 다스리시고 통치하시며 인간이 그의 말씀에 복종하는 상태를 의미하는 것이다. 이는 ‘뜻이 하늘에서 이룬 것 같이 땅에서도 이루어지이다’라는 주기도문과도 부합한다”라고 설명하고 있다.

성경 말씀이 사실이라면 모든 사람은 죽음 뒤에 심판을 받아 천국(天國)이나 지옥(地獄)에 가게 된다. 그렇다면 그곳은 어떤 곳일까? 우리가 죽어서 가보기 전에는 절대로, 100%, 제대로 알 수 없는 곳이다. 그런 이유로 다른 사람의 체험이나 내 생각보다는 성경에 나온 천국과 지옥에 대한 말씀들을 묵상해보자.

* 천국에 대한 말씀 - 막 12:25, 고후 12:4, 계 21:4, 마
13:45-46
* 지옥에 대한 말씀 - 막 9:47-49, 눅 16:19-31

그러면 그곳 하나님의 나라에 누가 들어가는가?
그곳은 하나님의 자녀가 가는 곳이다.

● 하나님과 행복한 동행

성도에게는 죽음 뒤의 영생과 천국에서의 행복이 보장되어
있지만 그렇다고 하나님이 이 세상에서의 성도를 그대로 내버
려 두시지 않는다. 하나님을 믿고 따르는 성도들에게 이 땅에
서 풍성한 삶과 함께 하늘나라의 소망을 주신다. 행복한 삶을
위해 성경을 주시고, 성경 말씀 속에 놀라운 약속을 주신다. 하
나님의 약속의 말씀을 찾아보며 하나님과 행복한 동행의 의미
를 좀 더 가져본다(신 4:40, 사 41:10, 히 11:6, 눅 6:38, 갈 6:9, 단 12:3).

어쩌면 우리 인생은 '보다 더 나은 행복을 찾아 여행하는 것
은 아닐까?'라고 생각한다. '우리가 찾는 행복은 도대체 무엇이
며 어디에 있는 걸까?'라는 질문은 누구나 한 번쯤 가져본 물음
일 것이다. 나 역시도 무던히 행복을 찾으려 하고 있지만, 행복
은 외부의 요소들이 아닌 내 안에 있다는 것을 성경을 통해 조
금씩 알아 갈 수 있었다. 무엇으로도 채울 수 없는 내 안의 빈

공간은 하나님만이 채울 수 있다는 것을 체험하며 성경에 대한 신뢰도 쌓여간다.

나는 나를 얽매이게 한다고도 생각한 그 하나님이 바로 행복의 원천임을 조금씩 알아갈 수 있었다. 먼지 같은 나를 사랑하여 하나님의 아들을 내어주신 하나님의 그 사랑을 받아들일 때, 영원한 하나님의 약속의 말씀을 믿을 때, 무엇과 비교할 수 없는 행복을 느낀다. 창조주 하나님이 늘 내 곁에서 나와 동행하여 주시며 내가 부족하여 넘어져도 손잡아 주시는 하나님이 계심은 가슴 뛰는 행복이다.

무엇이든지 나눌 수 있는 친구, 사랑으로 함께하는 가족, 우리가 만나는 많은 사람과의 좋은 관계는 행복을 준다. 좋은 관계는 함께하는 사람들의 바람을 서로 알아가고 그것을 서로 따르려 노력하는 데서 온다. 이러한 좋은 관계와 함께 하나님과 믿음으로 동행하는 삶이 될 때 진정한 행복은 이루어진다고 생각한다.

교우 부부 야외 모임을 가지며(2007)

이웃과 함께하며(2014)

하나님과 행복한 동행!

진정 하나님과 행복한 동행은 어떻게 이루어질 수 있는 것일까?

나는 나와 함께하시겠다 하신 하나님의 약속을 신뢰하며, 하나님의 뜻을 알아가며, 그 뜻을 따르려 노력하며, 매일 함께하는 사람들과 좋은 관계 가운데 하나님께서 우리 모두에게 선물로 주신 오늘을 기쁘게 살아갈 때 하나님이 나와 함께하며 우리는 하나님과 행복한 동행을 가진다.

지금도 나와 동행하여 주시며, 영원까지 함께해 주실 주님께 찬양드린다(수 1:7-9, 대하 15:2, 시 16:8-9, 수 1:9, 요 14:16).

내게
능력주시는자 안에서
내가 모든 것을
할수있느니라

빌립보서 4장 13절

기독교 캘리그라피

최재영 작가의 그림 이야기

최재영 作

문명의 상징인 클래식 자동차는 숲에 가로막혀 더 이상 나아 갈 수도 없는 진퇴양난의 상황이다. 하지만 운전석의 아이들은 이와 무관하게 웃거나 떠들거나 졸거나 가지각색의 표정들이다. 현재에 처한 위급상황은 안중에도 없는 듯 자유로운 영혼이다. 언젠가 도심(都心) 한복판에서 역주행하고 소방차를 가로막던 그들이다. 나는 주인공 아이들을 통해서 도시의 질서와 규약에 익숙해져있는 현대인들의 일탈(여행)을 통한 카타르시스를 표현하고자 했다.

'여행'이란 가슴 설레는 새로운 에너지의 원천이고, 자신의 내면에 잠재 되어있는 또 다른 나를 찾아가는 일이다. 한동안 즐겨 그렸던 자동차 시리즈 작품들은 '여행'이란 상징적인 주제를 통해 비쳐본 나의 이야기다. 우리 인생 또한 생즉필멸(生卽必滅) 여정의 한순간이다.

▶ 속삭임, 116.7X80.3cm, 캔버스 위에 아크릴, 2012

제4장

좋은 소식

"하나님이 세상을 이처럼 사랑하사 독생자를 주셨으니
이는 그를 믿는 자마다 멸망하지 않고
영생을 얻게 하려 하심이라"
– 요한복음 3:16

진리를 향한 질문은 사람의 인생을 바꾼다.

나는 청년의 때 광주에서 기초 군사교육을 받던 중 네비게이토 선교회의 한 사람으로부터 '하나님의 선물인 영생'이라는 소책자를 받아 함께 읽으며 전도를 받게 되었다.

소책자에 담긴 내용에 대해 설명을 들으며 2,000년 전 중동의 작은 땅에서 태어난 이스라엘 사람의 죽음이 도대체 나와 무슨 상관이 있는지 이해할 수 없었지만 무언가에 끌리듯이 내 마음이 움직였고 나는 예수님을 믿겠다고 고백했다. 복음을 전해 준 사람의 영접 기도를 따라 하며 '남을 위해 십자가에서 자기 목숨을 버린 예수가 도대체 누구인지 알아보자'라는 마음을 먹은 것이 예수님과의 첫 만남이었다.

천지창조와 예수님의 죽음과 부활 등 엄청난 사건에 이해되지 않는 내용이 많았다. 그럼에도 유독 내 마음에 남아 그 후의 군 생활 속에서도 곱씹게 되던 질문이 있었다.

"사람들은 고작 자기 한 사람만 행복하기 위해 평생을 수고하고 지내다가 결국은 죽습니다. 이것이 정말 인생의 전부입니까? 사람들은 돈, 명예, 학문, 쾌락 등을 통해서 행복하고 의미 있는 생활을 누리고자 합니다. 그러나 이 모든 것을 가진 사람도 여전히 공허하며 만족하지 못한 것을 봅니다. 왜 그럴까요?"

복음이 잘 이해되지 않았음에도 영접 기도를 따라 드렸던 것은 아마도 이 질문 때문이었던 것 같다. '정말 인생이 이것이 전부일까? 이렇게 끝난다면 너무 허무하지 않은가?'라는 생각과 "어딘가에는 답이 있을 것이다"라고 느꼈다. 그리고 그 질문의 답을 찾기 위해 나름 노력했다.

인간의 존재에 대한 근원적인 궁금증을 가진 나도 바쁘게 하루를 산다는 핑계로 눈앞의 만족과 행복만을 좇을 때가 많았다. 그런데 이와 같은 질문조차 하지 않는 사람이라면 하나님으로 채워야 할 마음의 빈 공간을 세상의 즐거움과 쾌락으로 채우려는 시도만을 반복하다 인생을 마치지 않을까?

인생은 한 번뿐이며 절대로 되돌릴 수 없다.

전역 후 새롭게 시작한 성경공부 교재 첫 장의 질문은 지금도 생생하게 기억난다.

"인생을 흔히 열차를 타고 여행하는 것에 비유하기도 합니다. 그렇다면 우리가 하고 있는 여행의 목적은 무엇이며 우리는 어디서 와서 어디로 가는 것입니까?"

아무리 과학이 발전하고 문화가 융성해져도 이 질문에 답을 줄 수는 없을 것이다. 인류 역사를 통틀어 우리가 어디서 왔고 어디로 간다고 분명히 답을 제시한 사람은 단 한 명도 없기 때문이다.

예수님은 요한복음 16장 28절 "내가 아버지께로 나와서 세상에 왔고 다시 세상을 떠나 아버지께로 가노라"라는 말씀으로 인간의 가장 오래된 질문이며 사람의 상식과 이론을 초월하는 이 질문에 유일한 답을 주셨다. 예수님의 이 답을 조금 더 제대로 이해하기 위해서는 죄의 근원이 왜 생겼는지에 대한 성경의 처음 이야기와 하나님의 자녀는 어떻게 되는지에 대하여 지금까지의 신앙생활에서 배우며 체험한 것을 참조하여 정리하면 다음과 같다.

1. 하나님의 계획

● 아름다운 창조

태초에 하나님이 천지를 창조하셨으며(창 1:1) 모든 생물을 "그 종류대로"(창 1:21, 24, 25) 그리고 사람을 "하나님의 형상대로"(창 1:26,27) 창조하셨다. 창세기 1장 31절에서 "하나님이 지으신 그 모든 것을 보시니 보시기에 심히 좋았더라" 말씀하신다.

나는 성경공부를 통하여 하나님은 사람을 죄 없는 존재로 만드셨으며 사람에게 옳은 것과 그른 것, 선한 것과 악한 것을 선택할 수 있는 자유의지를 주셨다는 것과 하나님의 형상으로 창조된 인간의 독특성에 대하여 알 수 있었다(창 1:27, 창 2:7).

다른 창조물과는 달리 인간만이 무한한 창조성과 독창적인 개성이 있으며, 내가 누구인지, 어디서 와서 어디로 가는지를 고민할 능력과 도덕적 본성인 양심이 있고, 영원을 사모하는 영적인 본성을 가지고 있음을 알았다. 하나님이 지으신 우리 몸 또한 신비롭고 기묘할 뿐이다(히 3:4, 욥 38:1-41, 시 139:13-14).

'좋은 성경'은 하나님의 창조에 사랑이 깃들어있다고 표현했다.

"화가가 캔버스에 그림을 그리듯 하나님도 넓디넓은 우주 공간에 천지창조라는 멋진 작품을 내셨다. 캄캄하고 공허한 무의 상태에서 아름답고 질서 있는 유의 상태를 만든 불후의 명작이다. 무엇보다 천지창조라는 하나님의 작품 속에는 하나님의 크신 사랑이 깃들어있다. 그것은 '사랑의 창조'였다"(시 8:1-9)

성경은 많은 곳에서 창조의 아름다움을 선포하고 찬양한다.

하나님을 알든 모르든, 인정하든 인정하지 않든 인간은 자연을 보며 경이로움과 행복감을 느낀다. 붉게 솟아나는 태양이며, 아름다운 석양…. 너무 크지도 그리 작지도 않게 아름다운 형형색색으로 조화를 이루는 만물들…. 하나님이 창조하신

자연은 아무리 보아도 질리지 않고 많은 것을 느끼게 한다. 이 자연은 하나님의 사랑이 담긴, 우리를 위한 창조물이기 때문이다.

하나님의 완벽하신 설계와 능력이 아니면 이 수많은 우주의 별들과 우리가 살고 있는 지구는 질서를 유지하지 못하고 벌써 멸망했을 것이다. 우주 만물에는 보이지 않는 질서와 조화를 이루는 자연법칙이 있다.

지구는 태양 주위를 1년에 한 바퀴씩 1초의 오차도 없이 돌며, 태양 역시 지구보다 9배나 빠른 속도로 은하계를 돌고 있다. 이 모든 조화가 저절로 이루어질 수 있단 말인가? 어떻게 생각해 봐도 모든 것을 가능케 한 절대자, 즉 창조주 하나님의 존재를 인정하지 않을 수 없다.

● 지으신 목적

그렇다면 하나님께서 이처럼 아름다운 우주를 창조하시고 사람을 지으신 목적은 무엇일까?

릭 워렌 목사는 '목적이 이끄는 삶'에서 "우주 창조의 궁극적인 목적은 하나님의 영광을 보여주기 위한 것이다. 현미경으로만 볼 수 있는 작은 생물체에서부터 거대한 은하수에 이르기까지 태양과 별, 바람과 계절 등 모든 피조물은 창조자의 영광을 나타낸다. 하나님이 만드신 모든 것이 어떠한 모양으로든 그분의 영광을 나타낸다. 사과가 탐스럽게 익어가고 포도송이가 맛

있고 풍성한 열매를 맺으며 태양과 별들이 항상 그 위치에서 빛을 발하고 움직일 때 그것을 만드신 창조주에게 영광을 돌리게 된다. 새들이 날고 노래 부르고 집을 짓고 하나님이 뜻하신 새로운 활동을 통해 하나님께 영광을 돌린다"라고 썼다(롬 1:20).

인간뿐 아니라 모든 우주의 창조 목적이 하나님의 영광을 드러내기 위함임을 이해할 수 있다. 마찬가지로 사람은 하나님께서 만드신 목적을 이루어 갈 때 하나님께 영광을 올려드리며 인생의 의미를 찾게 된다(사 60:21, 골 1:16, 시 19:1, 롬 11:36).

나를 창조하신 하나님의 크신 계획을 다 알 수 없지만 우리에게 주신 성경 말씀을 통해 하나님께서는 우리 인간을 하나님과 같은 영적인 존재로 창조하셨고 하나님과 인격적인 관계를 맺고 사랑의 교제를 할 수 있음을 알 수 있다. 이 목적을 바르게 따라 살아갈 때 하나님은 우리를 통해 영광을 받으시고 우리는 세상의 것으로는 느낄 수 없는 참된 행복을 누린다. 결국 내 삶의 목적은 하나님이 나를 지으신 목적을 충족시켜 드리는 것이며 하나님을 즐거워하며 영화롭게 하는데 있다고 말할 수 있다(사 43:7, 사 43:21, 엡 2:1).

● 풍성한 삶

아담과 하와는 에덴동산에서 완전한 조화와 창조의 질서를 누릴 수가 있었다. 하나님과 관계하며 모든 것을 풍성히 누리는 이들에게는 부족한 것이 하나도 없었다. 에덴의 히브리어 어원인 '기쁨의 동산'이라는 단어처럼 그곳에서의 삶은 완벽했다(창 2:8-9).

● 하나님의 명령

하나님은 사람에게 에덴동산을 다스리고 관리하는 책임도 주시며 동산의 모든 나무의 실과는 먹어도 되지만 선악을 알게 하는 나무의 열매는 먹으면 죽기에 금하셨다. 하나님은 인간에게 책임과 특권도 주셨지만 금지하는 명령도 주셨다. 이것은 모든 것이 완벽했던 에덴동산에서나 지금의 세상에서나 마찬가지다(창 2:15-17).

● 자유의지를 주심

그렇다면 하나님은 왜 에덴동산에 선악과를 먹으면 죽도록 하셨을까? 하나님을 믿는 사람뿐 아니라 누구나 창세기를 읽으며 이런 의문을 가졌을 것이다. 이 부분에 대하여 변희관 목사는 '전도' 메시지에서 "성경에 그 이유를 설명하지 않으므로 알 수는 없지만 우리의 이성으로 두 가지 정도의 이유를 생각해 볼 수 있다"라고 말했다.

첫째, 질서의 문제이다.

하나님은 질서의 하나님이시다. 한 국가의 질서를 위하여 수많은 법 조항이 있듯이 하나님은 에덴동산의 질서를 유지하기 위하여 단 한 가지의 법을 만드셨다고 보는 것이다.

둘째, 순종의 문제이다.

하나님은 인간을 로봇처럼 창조해서 본능적으로 하나님을 섬기며 살아갈 수 있도록 만들 수 있으셨다. 그러나 하나님은 그런 기계적인 인간을 원하지 않고 인간 스스로 하나님께 순종하며 하나님과 교제를 즐기며 참된 행복을 알아가는 관계를 원하셨다. 선악과는 하나님을 향한 순종의 표시라고 보는 것이다.

이어서 목사님은 한 예화에서 "만약 한 남성이 자기가 좋아하는 여자를 얻기 위한 방법으로 첫째, 여자를 무인도로 데려가 어쩔 수 없이 자신을 선택하게 하는 방법 둘째, 그녀에게 끊임없는 러브 레터를 보내고 자주 만나며 신뢰를 줘 여자가 스스로 남자를 위해 인생을 맡길 수 있다고 믿게 하는 방법을 썼다면 우리는 어느 방법을 원할까요? 무인도요?"라고 말해 모두가 웃었던 기억이 있다. 하나님은 인간에게 자유의지를 주셨으며 우리 모두를 인격적으로 존중하여 주신다.

빌더 슈미트 목사는 "신랑 되신 하나님은 우리에게 구애하셨고 그의 신부인 이 땅의 사람들의 사랑을 얻고 싶어 하신다. 하나님은 예수 그리스도로 이 땅에 오셔서 사람이 되시고 예수님은 우리를 위해 목숨을 버리시며 사랑을 구애하셨다. 이것은 하나님이 사람을 높게 여기시는 것을 보여준다. 이것은 또한 힘이 아니라 미련한 설교(전도)를 통해 사람을 부르시며 찾으시는 이유이다. 사랑은 강요함이 없으며 자유로운 의사 결정만이 최상에 도달할 수 있다. 자선에서도 어려운 이웃을 위한 자선은 미덕이지만 의무나 강요된 선행은 이미 선행이 아니다. 하나님은 하늘 세계와 이 땅에서도 최상의 것으로 창조하셨다. 이것의 실현을 위해 진정한 자유를 보장하셨다. 아담과 이브와 인류가 무슨 일을 할 것인가를 하나님이 예견할 수 있다 해서 하나님이 그에 대한 책임이 반드시 있는 것은 아니다. 이는 그들에게 자유의지를 주셨기 때문이다. 하나님이 원하시는 대로의 사랑은 인격을 넓혀 주며 영혼을 고귀하게 만든다. 하나님의 뜻을 즉시 절대적인 순종으로 수행하는 로봇 국가를 이 땅과 하늘에 세우지 않으셨다. 하지만 구애받은 사람이 다른 이와 결혼한다면 구애의 날들이 사라진다"라고 말했다.

이 문제는 곧 세상에 악이 존재하는 이유와도 맞닿아 있다.

"성경은 하나님의 선택과 사람의 자유의지를 보여준다. 선택은 하나님 편에서의 일이고 자유의지는 사람 편에서의 일이다. 선택하는 자들은 다 구원받고자 하는 사람들이고 선택받지 못한 사람들은 다 구원받고자 하지 않는 사람들이다." - 킹 제임

2. 사람이 죄를 범함

아름답고 평화로운 에덴동산에서의 삶이었지만 어느 날 이 모든 것을 사라지게 만든 사건이 일어났다. 인류의 첫 사람 아담과 하와가 하나님이 금하신 선악과를 따먹은 것이다. 아담과 하와는 하나님의 명령을 거역하고 뱀의 간교에 속아 불순종을 선택했다. 인류의 조상 아담과 하와는 부끄러운 불순종의 죄를 지어 하나님의 사랑과 완벽한 계획을 풍성히 누릴 수 있는 에덴동산을 잃었다(창 3:1-7).

사람은 하나님께 영광을 돌리며 살도록 창조되었지만, 하나님께 불순종 사건으로 사람과 창조주 사이에 죄가 들어와 단절됐으며 더 이상 온전한 축복을 누릴 수 없게 되고, 죽게 되었다. 자유의지는 소중하지만 잘 못 사용한 결과는 크다. 아담 한 사람으로 말미암아 죄가 세상에 들어왔으며, 최초의 인류 아담 이후 모든 후손 역시 죄 성을 가지고 태어나며 죄 가운데 살게 되고, 죄를 지을 수밖에 없는 존재가 되었다(롬 1:21, 롬 1:25, 롬 3:23, 시 51:5, 엡 2:3, 사 59:2).

이 말씀은 왜 우리가 죽음과 불행이 공존하는 삶을 살아야 하며, 또한 죄라는 절대로 넘을 수 없는 장벽을 하나님 사이에 두게 되었는지를 설명한다. 아담 이후 모든 인류는 죄의 속성을 가진 채로 태어나기 때문에 예수 그리스도를 믿지 않고서는 결코 구원받을 수가 없다(마 22:37-39).

믿지 않는 사람들은 이런 내용을 들을 때마다 자기는 죄를 지은 적이 없는 선량한 사람이라고 강변한다. 하지만 성경이 말하는 죄는 단순히 법을 어겨 감옥에 들어가는 것을 말하는 것이 아니다. 한국에서의 죄가 다른 나라에서는 죄가 아닐 수 있지만 하나님의 법에 따르면 모든 사람은 단 한 명의 예외도 없이 죄인이다. 우리의 삶이 바로 이것을 증명하고 있다. 죄의 문제가 해결되지 않은 사람은 참된 행복과 평안, 사망의 공포에서 벗어나지 못한다. 일시적인 행복과 평안을 누릴 수 있을지언정 잠깐의 즐거움이 사라지면 다시 죄로 인해 좀먹는 삶을 살게 된다. 모든 인간을 불행하게 만들고 비참한 죽음에 이르게 하는 것이 바로 이 죄이기 때문이다.

'전도폭발'을 쓴 제임스 케네디 목사는 "죄가 단순히 강도나 살인, 도적질에 대한 것이 아니라 이웃을 사랑하지 않고 부모를 공경하지 않는 것처럼 해야 할 일을 하지 않는 것도 역시 죄"라고 말했다. 생활 속에서 스스로 짓는 죄, 무의식 속에서 나도 모르게 지을 수 있는 죄도 포함한다면, 우리는 하루에도 수십 번씩 생각과 말과 행동으로 무수히 많은 죄를 짓고 산다. 그러나 그 모든 것과 비교할 수 없는 죄는 창조주이신 하나님을 믿지 못하고, 구원자로 오신 예수님을 외면하는 것이다(마 15:18-19, 마 23:27, 막 7:20-23, 요 16:9, 롬 1:28-32, 요일 1:8, 사 53:6).

복음을 전할 때면 사람들은 '당신은 죄인이다'라는 부분을 받아들이기 어려워한다. '이웃을 내 몸처럼 사랑하지 않는 것이 죄가 되고 남을 미워하는 생각까지도 죄라면 인간이 어떻게 믿음을 가질 수 있는가?'라는 반응이다. 여기서는 성경이 말하는 죄의 기준과 그 기준은 인간이 지킬 수 없다는 것의 설명이지만, 사람은 지레 '나는 안 돼!'라는 생각을 갖게 된다.

때문에 성경이 말하는 죄의 의미와 그 결과에 대해서 먼저 잘 이해하는 것이 중요하다. 허물과 죄로 죽었던(엡 2:1-3) 죄인 된 인간의 상태를 깊이 알아갈수록 하나님의 사랑은 크게 다가온다.

3. 사람의 죄에 대한 결과

● 심판받음

"기독교는 100년 안에 망할 것"이라는 말을 입에 달고 살았던 시대의 지성 볼테르는 정작 죽을 때가 되자 두려움에 제정신이 아니었다.

그러나 19세기 최고의 부흥사 드와이트 무디는 죽음에 대해서 이렇게 말했다.

"신문에 무디가 죽었다는 기사가 나와도 여러분 절대로 믿지 마십시오. 나는 죽은 것이 아니라 천국에서 더 큰 행복을 누리고 있을 것이 분명하기 때문입니다."

우리는 죽음 앞에 어떤 모습인가?

당장 내일 죽는다 하더라도 담대하게 오늘 할 일을 하며 담대할 수 있는가?

세상에서 아무리 장수하고, 성공하고, 뛰어난 업적을 남긴 사람도 결국 죽는다. 죽기 전까지 우리는 죽음을 경험하지 못하지만 결국 모든 사람은 죽음을 피할 수 없다는 사실을 부인할 수는 없다.

어떤 사람은 죽으면 모든 것이 끝이라고 생각하고, 어떤 사람은 죽음 뒤의 또 다른 삶이 기다리고 있다고 생각한다. 또 어떤 사람은 지금 살아가는 이 세상이 환상이며 죽음은 그 환상을 깨는 현상이라고 말하기도 한다. 그러나 성경은 죽음은 죄로 인한 결과이며 우리의 바람대로가 아니라 하나님이 정하신 심판을 모든 인간은 받게 된다고 분명히 말한다.

히브리서 9장 27절 "한 번 죽는 것은 사람에게 정하신 것이요 그 후에는 심판이 있으리니"에서 사람이 죽은 다음에는 심판을 받는다고 말씀하신다.

공의(公義)의 하나님은 결코 죄를 간과할 수 없으시기 때문에 죄를 해결하지 못한 우리의 앞길에는 무서운 형벌이 기다리고 있다. 죄는 이 땅에서 우리를 불행하게 할 뿐만 아니라 죽어서도 심판의 형벌로 하나님과 영원한 분리에 이르게 한다.

지구상의 모든 인간이 죄로 말미암아 받게 되는 결과는 죽어서 심판을 받게 되는 것이다. 공의롭고 완전하신 하나님은 죄와 공존할 수 없으시며 인간의 작은 죄도 묵과할 수 없기 때문이다. 자유에는 의무가 따르며 또한 그 결과에 대하여 반드시 책임이 따르는 것은 일반적인 상식이다(시 5:4-6, 고전 14:40).

하나님은 의로운 법을 기준으로 가감 없이 공평하게 판단하시고 계산하신다. 나는 성경을 통하여 생명의 가치는 평등하며 삶의 결과에 대한 계산은 공평함을 알 수 있었다(마 7:21-23, 마 25:14-19, 막 4:1-20, 갈 6:7-10).

● 심판은 사망 곧 지옥

어떤 사람은 이렇게 묻기도 한다.
"평생 남을 위해 헌신하는 사람도 결국 지옥에 간단 말인가요?"
선하고, 악하고의 기준은 결국 사람의 판단일 뿐이다. 완전하신 하나님의 기준에서 모든 사람은 악인이며 죄인이다.
물가에 나가 아무 돌이나 던져보라. 작은 돌이나 큰 돌이나

가라앉기는 매한가지다.

마찬가지로 하나님의 완벽한 기준을 통과할 수 있는 선한 사람은 세상에 단 한 명도 없다. 이 죄를 결코 해결할 수 없기에 세상에서의 삶이 어떠하든 누구나 할 것 없이 죽음 뒤의 심판을 통해 영원한 사망의 길에 들어갈 수밖에 없다. 죄의 삯은 사망이기 때문이다(롬 6:23).

죽음에는 사고나 질병, 노환으로 죽는 육체적 죽음과 나의 허물과 죄로 하나님과 교제할 수 없게 되는 영적인 죽음이 있다. 영적인 죽음을 해결하지 못하는 인간은 결국 육체적 죽음 뒤에 두 번째 사망에 이르게 된다. 세상에서 어떤 삶을 살든가 죽음 뒤의 결과가 심판이라면 어떤 인생을 살든지 절망 가운데 있지 않겠는가? 이것이 죄의 문제를 해결하지 못한 모든 인간의 궁극적인 문제이다.

요한계시록 21장 8절 "그러나 두려워하는 자들과 믿지 아니하는 자들과 흉악한 자들과 살인자들과 음행하는 자들과 점술가들과 우상 숭배자들과 거짓말하는 모든 자들은 불과 유황으로 타는 못에 던져지리니 이것이 둘째 사망이라"에서 죄에 대한 결론을 내려주고 있다.

하나님을 믿지 아니하는 자들에게 주어지는 결과는 둘째 사망이다. 인간은 죄인이며 그 결과 심판을 받고, 심판은 곧 하나님과 영원히 분리되는 사망이라면 인간의 미래는 희망이 아닌 절망적인 것이다(계 20:12).

4. 인간의 노력으로 구원받지 못함

이런 죄와 죽음의 문제는 모든 인간의 고민이었기에 역사적
으로 수많은 다른 종교와 철학자들의 주요 문제였으며 또 나름
의 해답을 내놓기도 했다. 그러나 그 해답과 종교 중 진정으로
이런 문제들을 해결할 수 있는 정답은 없었다. 이에 성경은 인
간의 힘으로는 하나님의 의에 도저히 이를 수 없다고 말한다.
즉 선행, 도덕, 교육, 철학, 종교의식 등 이와 같은 것으로는 거
룩한 창조주 하나님께로 나아가는 것은 불가능하다(행 4:12, 딛
3:5, 갈 2:16, 사 64:6, 렘 17:9, 잠 14:12, 고전 2:18-25).

인간의 고결함과 의로움이라 하는 것은 어디까지나 인간의
시선으로 바라봤을 때만이 의미가 있으며 하나님의 기준으로
볼 때는 더러운 옷과 같다. 방을 아무리 깨끗이 청소해도 한 줄
기 빛만 비추면 수없이 떠다니는 먼지가 보이듯 인간이 아무리
노력해서 사람들에게 의롭다 함을 인정받아도 거룩한 하나님
앞에 서면 추하고 더러운 속마음이 낱낱이 드러난다.

그 어느 것도 우리를 구원해 주지 못하며 우리가 찾는 참 행
복의 길을 제시해 주지 못한다. 그 누구도 하나님의 완전하신
기준에는 도달할 수 없다. 무슨 큰 죄를 저지르지 않았더라도

우리는 온전히 선하지 못하기 때문이다.

인간이 자기의 노력으로 선해질 수 있고 구원받을 수 있다면 필연적으로 구원받지 못하는 사람들이 생긴다. 몸이 불편하고, 뇌에 이상이 있는 장애인도 그렇고, 교육을 제대로 받지 못하거나 어려운 환경에서 태어난 사람도 그렇다. 모든 사람이 구원받기 위해선 다른 조건이 필요하다. 은혜, 모든 사람이 믿기만 하면 받을 수 있는 전지전능한 하나님의 놀라운 사랑 말이다(엡 2:8-9).

하나님의 놀라운 사랑인 은혜를 이해하지 못하는 사람은 "하나님은 자기가 만든 피조물을 왜 멋대로 잘못되게 만들었다가 다시 구원하느냐?"라고 묻는다. 하지만 지금 우리가 지은 세상을 하나님이, 혹은 어떤 절대자가 창조했다고 생각해 보자.

발을 디딜 수 있는 땅, 아름다운 자연, 때에 맞게 내리는 비와 눈, 생존에 필수적인 공기와 물을 비롯해 수많은 것들이 공짜로 주어진 은혜다. 그러나 하나님이 베푸신 은혜를 우리는 바르게 사용하지 못하고 오염시키고, 파괴시키며, 심지어 사유물로 만들어 독점까지 하려 한다.

마찬가지로 완벽한 세상을 선물 받은 최초의 인간은 자신의 실수로 죄를 짓고 모든 것을 잃었다. 하나님의 명을 거역한 죄는 너무나 커 인간의 노력과 행위로 되돌릴 수 없는 것이었다. 그래서 하나님은 구원이라는 선물을 주셨다. 인간의 능력으로는 도저히 해결할 수 없는 일을 독생자이신 예수님을 통해 해결해 주신 것이다. 하나님은 그럴 능력이 충분히 있으신 분이며, 그만큼 나와 우리, 모든 인간을 너무나도 사랑하신다. 하나님의 뜻은 모든 사람이 예수님에게로 돌아오게 하는 것이다(딤전 2:4).

5. 죄 용서와 구원의 좋은 소식

● 우리를 위한 구원의 손길

죄인 된 인간이 거룩하신 하나님께 나아가려면 죄 사함을 받아야 한다. 사랑의 하나님은 죄의 길을 가고 있는 우리를 그대로 내버려 두지 않으셨다. 이 땅을 창조하신 하나님께서는 먼저 구원의 손길을 내밀어 우리를 위해 독생자를 보내주셨다. 그분은 예수 그리스도이시다. 십자가를 통한 죄 용서와 구원의 해결책을 마련해 주심으로 우리에 대한 하나님의 사랑을 나타내셨다(눅 2:10-11, 요 3:16, 요일 4:8).

● 우리를 위한 고난과 죽으심

전지전능하신 하나님은 왜 예수님을 보내셨을까?
그리고 예수님을 왜 고난을 받게 하시고 십자가에서 비참한 죽음을 당하게 하셨을까?

그리스도께서 죽으신 이유는 내 죄에 대한 삯을 치르기 위함이다. 공의의 하나님은 아무런 대가 없이 우리의 죄를 사라지게 하실 수 없었다. 그래서 모든 인류의 죄를 해결하기 위해 사실상 유일한 해결책인 예수님을 희생시키셔야 했다. 예수님의 희생으로 죄인인 우리가 하나님과 화목해지는 기적이 가능해졌다(요 1:1-4, 롬 5:6-10, 사 61:1-3, 마 20:18, 마 27:50-51).

예수님의 희생으로 우리와 하나님의 교제가 회복되었으며, 나와 하나님 사이에 막혀있는 죄의 담이 허물어졌다. 예수님은 죄가 없으시지만 우리의 죄에 대한 형벌을 대신 받으시기 위해 십자가에서 피 흘려 죽으셨다. 즉, 예수님의 십자가 승리로 우리는 자유를 얻었다(고후 5:18, 고후 5:14, 요 1:29, 사 53:5, 롬 8:1-39).

그러므로 예수 그리스도만이 사람의 죄를 용서할 수 있으며 하나님과 화해시킬 수 있는 유일한 분이시다. 즉 예수님을 믿는 것이 죄의 문제를 해결할 수 있는 유일한 방법이며 분리된 하나님과 다시 연결될 수 있는 유일한 다리인 것이다(롬 5:8, 요 14:6).

왜 하나님은 때때로 무서운 심판자처럼 보이면서 또 때때로 잃어버린 탕자를 기다리는 사랑의 아버지처럼 보이는 것일까? 동전이 앞면과 뒷면을 가지고 있지만 하나의 동전인 것처럼 하나님도 공의와 사랑이라는 앞면과 뒷면을 가지고 계신다. 죄를 용납할 수 없는 공의의 하나님은 죄인을 벌할 수밖에 없다. 그러나 사랑의 하나님은 인간을 다시 용서하고 교제하기를 원하신다. 이 두 가지 모순을 해결하는 것이 예수님의 십자가인 것이다.

죄의 대가는 죽음이다. 공의의 하나님은 죄를 용서할 수 없다. 그러나 사랑의 하나님은 이 죽음을 그대로 두고 볼 수 없기에 예수 그리스도를 보내 십자가의 죽음으로 인류의 죄를 대신 치르게 하셨다.

요한복음 3장 16절에 나오는 "하나님이 세상을 이처럼 사랑하사"가 나타내는 내용이 바로 이것이다.

예수님이 십자가에 달려 돌아가실 때 "나의 하나님, 나의 하나님, 어찌하여 나를 버리셨나이까?"하고 외치신 이유도 그래서이다. 우리의 모든 죄에 대한 형벌이 그때 예수님께 내려졌고, 우리의 죄를 다 짊어지신 예수님은 하나님과 단절되는 고통을 경험하셨다(벧전 3:18).

그러나 처절한 육체적, 영적 고통의 몸부림 속에서도 예수님은 하나님의 사랑을 이해했고 순종했다. 그래서 숨을 거두시기 전 "다 이루었다"라고 말씀하실 수 있었다. 이 말은 "이제 인간의 죗값을 다 지불했다"라는 승리의 선언이었다. 우리를 지옥과 영원한 멸망으로부터 구원하려는 예수님의 계획은 완성됐고, 우리의 죗값을 예수께서 대신 지불하셨으므로 우리는 예수님을 통해 하나님께로 나아갈 수 있게 되었다. 우리 모두는 빚진 자이다. 나의 힘으로는 갚을 수 없는 빚을 주님께서 해결해 주셨으니 이는 사랑이다.

하나님의 그 사랑! 내 죄를 위해 자기 아들을 주신 그 사랑! 사망으로부터 건져주시기 위해 피 한 방울까지 흘려주신 그 사랑! 인간에게 이것 이상의 큰 사랑은 없다(요 19:30).

● 우리를 위한 부활과 승천 그리고 재림

성경에 나와 있는 더욱 놀라운 사실은 예수 그리스도께서 우리 죄를 위해 죽으셨을 뿐 아니라 사흘 만에 다시 살아나셨다는 것이다.

예수님께서 십자가에서 단번에 영원한 제사를 드리심으로 모든 사람의 죄를 담당하여 주셨다. 그리고 하나님께서 예수님을 부활시키심으로 예수님의 영원한 제사를 받으셨음을 선포하셨고, 우리를 의롭다고 여기셨다. 그러므로 예수님께서 십자가에 죽으시고 부활하지 않으셨다면 죄가 그대로 있는 것이 된다. 우리 죄를 위하여 십자가에 죽으시고 부활하신 예수님이 우리의 주인이 되신 것은 이 세상에서 가장 기쁜 소식이다(롬 1:4, 갈 2:20, 요 3:36, 요 20:17).

결국 그리스도인이 말하는 복음이란 예수 그리스도께서 성경의 예언대로 우리 죄를 위하여 죽으시고 장사 지낸 바 되었다가 사흘 만에 부활하셨다는 기쁘고 좋은 소식을 말한다. 예수님의 부활은 온 인류에게 부활의 소망을 준다. 우리를 위해 부활하신 주님은 우리를 위해 승천하셨다. 그리고 예수 그리스도께서 우리를 위해 다시 오실 것을 약속하셨다(고전 15:3-4, 요삼 1:2, 요 10:10, 롬 6:5, 막 16:19, 요 14:2, 마 24:30-31, 계 1:7).

6. 하나님의 요구와 우리가 받는 축복

하나님의 사랑과 예수님의 희생, 그리고 부활의 능력으로 마침내 우리가 거룩한 하나님께 갈 수 있는 다리가 놓였다. 그러나 다리를 건너는 일만큼은 우리가 해야 한다.

하나님과 영원한 분리인 이편에서, 인간의 노력으로 건널 수 없는 하나님이 계시는 저편으로 어떻게 갈 수 있을까?

그리고 저편으로 갔을 때 어떤 일이 일어날까?

요한복음 5장 24절 "내가 진실로 진실로 너희에게 이르노니 내 말을 듣고 또 나 보내신 이를 믿는 자는 영생을 얻었고 심판에 이르지 아니하나니 사망에서 생명으로 옮겼느니라"라는 말씀에서 예수님은 하나님이 요구하시는 바가 무엇이며 우리가 받을 수 있는 축복 세 가지가 무엇인지 보여준다.

● 하나님의 요구

지금까지 인간은 죄를 범했고 죄의 결과 심판받고 영원한 사망으로 갈 수밖에 없는 존재이며 이것은 인간의 노력으로 해결할 수 없다는 것을 알았다. 그리고 우리를 위해 예수님이 이 땅에 오셨고 죄인 된 우리를 위해 대신 죽으셨고, 죽음에서 살아나셔서 우리를 거룩한 하나님께로 갈 수 있게 해주시는 유일한 구세주라는 것을 들었다.

요한복음 5장 24절에서는 하나님이 계신 곳으로 갈 수 있는 방법, 영원한 생명의 선물을 얻기 위한 방법을 말씀하신다. 즉 하나님의 요구는 지금까지 들은 말씀을 믿는 것이다(요 14:6).

● 우리가 받는 축복

요한복음 5장 24절에서는 들은 말씀을 믿는 자에게 엄청난 축복의 약속 세 가지를 보여준다.

믿으면 현재 영생을 가지고 있는 상태가 되며, 미래에 심판을 받지 않으며, 과거의 사망으로부터 생명으로 옮겨지는 축복 세 가지를 약속하셨다. 우리가 심판에 이르지 않으면 심판은 면제되며 현재 생명이 있다면 사망도 없어지는 것이다. 이렇게 된 이유는, 예수님께서 우리 죄의 형벌을 대신하여 십자가에서 죽으심으로 우리가 하나님께로 갈 수 있도록 해주셨기 때문이다(벧전 3:18, 고전 5:3-4, 요 14:2, 계 21:1-2).

7. 믿음의 의미

그렇다면 믿음은 도대체 무엇일까?

어떻게 해야 예수님을 믿는다고 말할 수 있을까?

요한복음 1장 12절 "영접하는 자 곧 그 이름을 믿는 자에게는 하나님의 자녀가 되는 권세를 주셨으니"라는 말씀에서 믿음은 하나님께서 선물로 주신 영생을 얻기 위해 예수 그리스도를 진심으로 의지하고 마음과 삶의 중심에 모셔 들이는 것, 즉 예수님을 영접하는 것이다. '4영리'에서 "그리스도를 영접한다는 뜻은 나 중심에서 하나님 중심으로 바꾸는 것이며 하나님이 내 안에 들어오셔서 내 죄를 용서하시고 그분이 원하시는 사람이 되도록 그리스도께 나를 맡기는 것입니다"라고 말한다.

예수님은 이 복음을 모든 사람이 믿기를 바라신다. 또 단순히 믿을 때까지 기다리는 것이 아니라 우리 마음을 두드리신다. 절대적 진리인 성경부터, 내가 받았던 전도지까지 삶의 다양한 방법으로 하나님은 우리에게 복음의 러브 레터를 끊임없이 보내신다. 예수님은 우리의 마음과 삶의 중심 자리로 들어오시길 원하기 때문이다(계 3:20).

하나님은 우리 마음과 생각을 보시므로 '진정한 회개와 함께 예수님을 내 삶에 주님으로 모셔 들인다'라는 나의 의지적인 마음이 중요하다. 나의 죄인 된 상태와 하나님의 크신 사랑에 대한 좋은 소식에 대하여 이해하고 내가 진심으로 나의 죄를 회개하고 예수님을 나의 마음에 모셔 들이고 삶의 방향을 바꾸겠다는 간절한 마음으로 다음과 같이 기도할 수 있다.

"하나님!

저는 죄 가운데 살았던 죄인임을 시인하며 회개합니다.

예수님께서 저의 죄를 대신 지시고 십자가에 죽으심으로 내 죄를 담당해 주시고, 새 생명을 주심을 믿고 감사드립니다.

지금 예수님을 나의 구원의 주님으로 믿으며, 제 마음에 모셔 들입니다.

나의 모든 죄를 용서하시고, 제 마음에 들어오셔서 새 삶을 살게 도와주시옵소서.

예수님의 이름으로 기도합니다. 아멘!"

정해진 영접 기도문은 없지만 진심으로 하나님 앞에 회개하고 우리의 죄를 시인하고 사죄에 대한 감사와 예수님을 우리의 구원의 주님으로 초청하며 중보자 되시는 예수님의 이름으로 기도드린다면 예수님을 우리의 구원의 주님으로 영접한 것이다. 이것은 진리이며 하나님의 약속이기 때문이다(요 1:12).

8. 믿음의 선택과 하나님의 자녀

● 믿음을 선택할 책임

영국 시인 엘리엇은 "사람은 모든 일에 선택을 해야 하며 일단 선택을 했다면 그 일이 일으킬 모든 책임을 감수할 각오가 있어야 한다"라고 말했다.

좋든 싫든 이 책을 통해 복음의 개요를 접한 우리 역시 이제 어느 쪽에서 영원을 보낼 것인가를 스스로 결정해야 한다. 정말로 예수님을 통해 마련된 이 죄의 문제를 믿음으로써 해결할 수도 있고, 또 여전히 마음을 닫고 복음을 외면한 채 살아갈 수도 있다.

지금 이 책을 통해 복음을 접한 우리도 마찬가지다. 만약 인생의 해답을 찾지 못해 방황하고 있다면, 끊임없는 죄의 문제를 해결할 방법을 찾고 있다면 지금 전하는 이 복음을 잠깐이라도 믿고 탐구해 보길 바란다.

해결할 수 없는 죄의 짐을 지고서 절망 가운데 고통을 받으며 살다가 심판과 함께 멸망을 받겠는가? 아니면 하나님의 용서와 평안과 영생을 누리겠는가?

요한복음 3장 36절 "아들을 믿는 자에게는 영생이 있고 아들에게 순종하지 아니하는 자는 영생을 보지 못하고 도리어 하나님의 진노가 그 위에 머물러 있느니라"라는 말씀에서 믿는 사람이 누릴 축복과 믿지 않는 사람들이 당할 형벌에 대해서 분명히 증언하고 있다. 어느 쪽을 택할 것인지의 선택은 우리 스스로에게 달려있다(롬 2:4-5, 요 3:18).

● 하나님의 자녀

만약 지금 조금이라도 마음에 갈등이 생기고 감동이 있다면 당장 앞의 영접 기도문을 참고하여 마음의 문을 열고 예수님께 "마음에 들어와 달라"라고 기도하기를 권한다.

당장 한 치 앞의 인생을 알 수 없는 것이 사람의 인생이다.

인생의 쾌락과 즐거움을 조금 더 누리고 싶은 생각에 조금씩 미루다 보면 우리의 영혼과 삶은 죄로 인해 좀 먹고 말 것이다. 새 생명을 얻고 예수님을 향한 믿음은 거창한 결심이나 노력이 필요하지 않다. 우리를 우리의 모습 그대로 받아주심은 우리가 자녀 되기 때문이며, 이미 예수님이 우리에게 필요한 모든 일을 다 이루어놓았기 때문이다.

진심으로 마음의 문을 열고 예수 그리스도를 우리의 마음속에 모시는 기도를 드렸다면, 예수님은 지금 우리의 마음속에 들어와 계시며 하나님의 자녀로 천국 시민이 되었다. 우리의 느낌이나 감정적인 변화는 당장 나타나지 않을 수도 있지만 성경에 나와 있는 예수님의 확실한 약속을 믿으면 된다. 이 은혜는 인종이나 개인사, 지식의 많고 적음에 관계없이 믿는 즉시 누구나 하나님 나라의 시민이요, 하나님의 자녀로 주님의 가족이 된다(롬 10:9-10, 고후 5:17,21, 요일 5:11-13, 롬 8:1-2, 롬 8:9, 갈 2:20, 갈 3:26).

9. 복음 설명 사례

울산감리교회 새 가족 양육 교사들은 처음 교회를 찾은 새 가족에게 교회에서 발행한 '확신 있는 제자' 교재로 예수님을 구원의 주님으로 영접하는 것을 도우며 5주간의 기초 과정을 인도한 후 수료식을 갖는다.

조금은 특별했던 할아버지와 시각장애인에게 복음에 대해 설명한 이야기를 간략히 소개한다. 단순히 원리를 설명하는 것이 아니라 실제로 전하고 믿은 사례가 아직도 예수님 영접을 망설이는 사람들에게 결단할 수 있는 계기가 되기를 바라는 마음이다.

사례 1. 예수님을 영접한 할아버지

나는 교회 새 가족 양육 교사로 봉사하던 중 전도대로부터 인도되어 오신 당시 74세의 할아버지에게 복음 설명을 하게 되었다. 할아버지는 성경공부에 부담을 가졌지만 서로의 지나온 삶을 이야기하며 할아버지의 마음이 많이 열렸다.

나는 '다리예화' 소책자 전도지에 따라 성경 이야기를 했다. 그러자 할아버지는 "성경을 믿을 수 있습니까? 에덴동산을 본 사람이 있습니까?"라고 물었다. 나는 "만약 성경을 믿지 못한다면 제가 하는 모든 말은 의미가 없습니다. 성경이 진리라는 사실을 토대로 제 설명을 들으시면 이해가 되실 것입니다. 그러나 이와 별개로 성경 말씀을 신뢰하고 믿을 것인지는 앞으로 할아버지가 선택해야 할 중요한 개인적인 결단입니다"라고 말했다.

에덴동산에서 선악과 사건으로 하나님과 사람 사이에 죄가 들어와 하나님과의 행복한 관계는 끊어지게 되었고 이 사실은 로마서 3장 23절에서 "모든 사람이 죄인이라고 설명한다"라고 말하자, 할아버지는 "나는 그렇게 생각하지 않아요. 사람이 남에게 폐 안 끼치고 살다 죽으면 되는 거지 왜 모두 죄인이라고 생각하며 살아야 합니까? 눈앞의 삶도 살아가기 바쁜데 죽음 이후를 왜 생각해야 되나요?"라고 말했다.

성경 말씀을 기준했을 때 모든 사람이 죄인일 수밖에 없다는 것을 좀 더 설명했다. 그러자 할아버지는 "맞습니다. 내가 죄인 맞아요. 25년 전 아내가 마흔이라는 젊은 나이에 간암으로 죽었어요. 내가 화투를 치며 너무 속을 썩여서 암에 걸린 게 분명해요. 아내가 죽은 후에도 화투를 쳤어요. 아들 둘이 있지만 아비 노릇도 못했습니다. 지난날을 생각하면 잘못한 일밖에 없어서 다시 생각하고 싶지가 않아요"라고 말했다.

나는 나도 부족하고 죄인 된 사람인 것과 죄를 깨닫는 것은 하나님의 은혜이며 얼마든지 용서받고 구원받을 수 있다고 말씀드렸다. 병든 사람에게 의사가 필요한 것처럼 죄를 아는 사람에게 예수님이 필요하다고 설명을 하자 할아버지는 고개를 끄덕이셨다. 이러한 근원적인 죄로 인하여 사람은 한 번 죽은 후 심판을 받으며 심판은 곧 영원한 둘째 사망이라는 말에 "다른 종교로는 안 됩니까?"라고 물으셨다.

　"인류는 지금까지 오랜 세월에 걸쳐 이 문제를 해결하려 했습니다. 모양은 달라도 인간은 다시 하나님께로 되돌아갈 길을 만들려고 선행, 도덕, 철학, 종교 생활 등으로 열심히 수고를 했지만 인간의 힘으로는 하나님의 의의 수준에 도저히 이를 수 없다는 것이 역사가 증명하는 내용입니다. 그런데 약하고 부족한 인간을 구원하시기 위하여 하나님이 그 아들 예수 그리스도를 이 세상에 보내주신 기독교입니다. 예수님은 죄가 없는 분이셨지만 우리 죄에 대한 형벌을 대신 받으시기 위해 십자가에 달려 죽으셨다고 성경은 말하고 있습니다."

　할아버지는 "내 죄를 위해 예수님이 대신 죽었다는 것이 이해되지 않는다"라고 말씀하셨다. 그러면서 조금 흥미가 생기셨는지 "예수님이 누구입니까?"라고 물으셨다. 나는 "예수님에 대한 설명은 날이 새도록 해도 모자라기 때문에 신앙생활 속에서 차차 알아가자"라고 말씀드렸다. 그리고 지금은 "예수님이 할아버지의 인생에서 해주실 일들을 잘 이해하는 것이 중요하다"라고 말씀드렸다. 그리고 "지금 당장이라도 예수님을 믿고 영접한다면 하나님께로 갈 수 있는 다리가 눈앞에 펼쳐지고 하나님의 축복의 약속을 누리게 됩니다. 그러나 외면한다면 죽음 뒤의 심판과 그 결과에 대해서도 책임을 지게 된다는 사실을 알아야 합니다"라고 말했다.

나는 영접 기도에 대해서 설명드린 뒤 "지금 당장이라도 마음의 문을 열고 예수님을 모실 수 있습니다. 이제 어디서 영원을 보낼 것인지 할아버지 스스로 결정해야 합니다. 예수님 믿고 하나님의 용서와 평안과 영생을 누리시겠습니까?"라고 물었다. 그러자 할아버지는 조금의 망설임도 없이 "예수 믿고 영생 얻어야지요"라고 답했다.

나는 할아버지와 함께 소책자 전도지에 있는 영접 기도문으로 함께 기도하며 확신반 과정 1과를 마쳤다. 2과에서 5과는 함께 봉사하는 양육 교사인 아내 김옥련 권사가 담당했다. 할아버지는 나와 공부할 때 보다 김옥련 권사와 공부하니 재미있어하며 확신반 과정을 마쳤다.

사례 2. 다음에 믿겠다고 한 시각장애인

시각장애인 쉼터에서 근무하는 고여림 자매의 인도로 51세의 시각장애인(이하 N)이 새 가족 공부에 오셨다. 먼저 N의 이야기를 들으며 유대감을 형성하려 하였다. N과의 대화를 통해 시각장애인들이 앞이 보이지 않음에도 영화관에 가고 자연을 찾아가는 것은 그 현장에서만 살아있음을 느끼고 새로운 소리를 들을 수 있기 때문이라는 것을 알았다. 우리는 이야기를 통해 서로의 마음을 여는 시간을 가졌다.

성경의 말씀을 믿고 들을 것을 말한 뒤 인간의 죄인 된 상태와 죽음 이후의 심판, 영원한 둘째 죽음에 대하여 설명하자 갑자기 N이 손을 들며 "이미 우리에게 이생은 지옥입니다. 앞이 보이지 않는 우리는 사는 것이 너무 힘듭니다. 그런데도 우리가 죄인이며 죽어서 심판을 받아야 될 존재입니까?"라고 물었다.

나는 "이 세상에서의 삶이 힘들기 때문에 죽음 이후의 삶은 더더욱 영생을 얻을 수 있는 선택을 해야 한다"라고 말하며 "예수님은 우리에게 영원한 생명을 주실뿐 아니라 이 땅에서도 기쁨과 의미 있는 삶으로 인도하시며 언제나 함께하시겠다고 약속하셨다"라고 이야기했다. 그리고 인간의 노력과 사람의 힘으로는 구원을 받을 수 없음과 하나님의 사랑과 영접 기도문의 의미를 설명했다. 그리고 영접 시간이 되었다.

"성도님, 지금도 예수님은 성도님의 마음을 두드리고 계십니다. 예수님을 성도님 삶의 주님으로 받아들이시겠습니까?"라고 물었다.

N은 "지금은 대답하기 어렵습니다. 그리 쉽게 믿음을 그리 가질 수 있겠습니까? 좀 더 생각해 보겠습니다. 그리고 방금 설명한 영접 기도문을 핸드폰 메시지로 보내주실 수 있습니까?"라고 물었다.

나는 영접 기도문을 문자로 보냈다. 그 후 N은 새가족부 일대일 양육 교사인 김원철 권사가 담당이 되어 시각장애인 쉼터를 직접 방문하여 확신반 전체를 마쳤다.

헬렌 켈러는 "눈이 보이지 않는 것보다 미래가 보이지 않는 것이 더 답답한 일이다"라고 말했다. 어느 시대 누구에게도 어려움은 존재한다. 그러나 아무리 어려워도 꿈이 있다면 희망도 있다. 몸의 장애보다 꿈이 없는 것이 더 큰 장애이다. 하나님은 꿈을 가지게 하시며 그 꿈을 이룰 힘을 주신다. N이 예수님을 믿고 감사하는 삶, 더 나아가 하나님께 영광을 드리는 의미 있는 삶을 살기를 마음으로 기원했다.

10. 비즈너리의 복음 사역 이야기

국제대학선교회(C.C.C)의 전도지 '4영리'와 빌 브라이트 박사가 저술한 소책자 '예수의 유일성'은 세계 수억 명의 사람들에게 새 생명을 주었고 하나님께로 인도하였다. 그리고 네비게이토 선교회 전도지 '하나님의 선물인 영생' 역시 대학생과 일반

교회에서 많이 활용되며 그 외에도 다양한 전도지가 있다.

현장에서 복음을 전하는 전도자는 효과적인 전도지의 필요를 가진다. 전도지는 평신도들이 복음을 전하는 것에 유용하게 활용되는 꼭 필요한 도구이다. 마치 농부에게 작업 도구가 필요하듯 회사이건 가정이건 도구 없이 효과적으로 일할 수는 없다. 그래서 좀 더 간편하고 좀 더 효율적인 도구를 개발하고 또 찾게 된다.

울산감리교회는 새 가족 확신반 과정에서 주로 '다리예화' 또는 '4영리' 전도지로 주님 영접을 돕지만 개(個) 교회 별 만화나 그림 등 다양한 전도지가 활용된다.

이번에는 복음 사역에 온 삶을 드리고 있는 비즈너리 김건수 장로에 대해 이야기한다.

김건수 장로는 울산에서 대기업 중역과 중소기업 경영자로 1999년 우리나라 산업 분야의 최고상인 '장영실 상'을 받기도 한 엔지니어 출신 경영자이다. 지금은 전량 수입에 의존하던 Rotary Blower라는 유체기계를 국산화하여 일본을 위시한 전 세계에 수출하는 KFM Trading(韓流)의 CEO이며 'IN PLUS MISSION' Businary Manager로 섬기고 있다.

울산 지역 네비게이토 선교회에서 함께 주님을 따르던 것이 벌써 20년이 훌쩍 넘었다. 그럼에도 어제 일처럼 느껴진다. 김 장로님과는 각자 신앙의 길을 걷지만 지금도 우리 부부를 많이 아껴주시고 만남을 주심에 감사한 마음이다.

오래전 김 장로께서 "그리스도의 주님 되심을 전하는 평생 비즈너리로 살겠다"라고 하여 그때 처음 비즈너리 뜻을 알게 되었다. 비즈너리는 비즈니스와 선교사란 뜻인 미셔너리가 합성된 단어로 신갈렙 선교사가 처음 사용한 용어로 '비즈니스 선교사'란 의미다. 각자의 일터에서 하나님의 뜻을 찾아 하나님 나라를 확장해 가는 자라면 누구나 비즈너리이다.

김건수 장로는 제2차 세계대전 중인 1942년 일본에서 출생하여 우리나라가 해방을 맞기 직전인 1945년 가족이 모두 귀국하였다. 그 후 충남 당진에 자리를 잡았고 그곳에서 유소년기를 보냈다. 어머니의 서원으로 장남 형님은 신학교에 들어가 목사가 되었다. 신학교를 졸업한 김연수 목사는 경기도 강화에서 목회를 시작하여 인천 '송현감리교회'와 1975년 인천 동지방 감리사를 거쳐 1983년 서울 '정릉감리교회' 담임목사로 시무하다 2001년 자원 은퇴 후 중국 선교사로 파송되었다. 지금은 정릉감리교회 원로목사로 추대되었다.

김건수 장로는 중학교 3학년 때 부모님과 함께 서울로 이사했다. 낮에는 인쇄소에서 일을 하고 저녁에는 공부하는 주경야독으로 고등학교를 마친 후 형님의 권유로 인하 공과대학 금속공학과에 입학했다. 해병대에서 군 복무를 마치고 대학 졸업 후 한영공업(현 효성중공업)을 거쳐 현대 그룹 경력사원 모집에 응시, 현대 건설 무역부(현대양행)에 배치받았다.

청년의 때에 서울 '공덕감리교회'에서 청년회장, 아동부장으로 봉사도 했다.

김 장로는 1969년 형님 김연수 목사의 주선으로 같은 감리교 성도인 시흥의 명문가 강릉 함 씨의 함찬 시흥시 초대 의장의 장녀와 결혼하여 안양에 신혼살림을 차렸다. 그 후 연세대학교 산업대학원 석사과정을 마친 후 현대양행 창원공장(지금의 두산중공업)의 중화학 공장 창설 멤버로 참여한다.

1979년 전두환 대통령 정부의 중화학 통합 정책으로 1979년 현대양행 창원공장이 울산 현대중공업과 강제 합병되며 가족은 안양에 두고 홀로 울산 독신자 숙소에서 생활했다. 숙소에서 무료하게 지내던 중 1980년 C.C.C.의 한 형제로부터 '4영리'와 빌 브라이트가 쓴 '예수의 유일성' 소책자를 소개받았다. 그 후 예수님을 주님으로 받아들이고 예수님과의 인격적 만남은 그간의 종교생활을 청산하고 새롭게 변화된 삶을 시작하게 했다.

가정도 안정된 가운데 C.C.C.에서 3년간 훈련했고 좀 더 훈련하고자 하는 열망을 품고 네비게이토 선교회를 찾아 17년간 젊은이들 속에서 직장 사역에 헌신하였다.

김 장로는 현대 크리스천 모임에서 '신우 회장'을 하던 때 120일간 계속된 노조의 골리앗 농성 현장에서 강성 근로자 400명과 함께 마북리 연수 책임자로 그들과 숙식을 같이했다. 김 장로는 이와 같은 노동 현장의 체험 속에서 하나님이 함께 하심을 체험했다.

바쁜 직장 업무와 함께 현대중공업, 현대자동차, 울산대학교, 화학회사에서 사람을 징모하며 네비게이토 선교회 울산 지구의 산파 역할을 하였다.

김건수 장로는 "선교회 기간 영적 리더와 형제 자매들께 늘 감사를 가진다"라고 말했다. 김 장로는 현대중공업 부장, 현대알루미늄 공장장, 한국유체기계 부사장을 퇴임 후 현재 '한류' 대표로 비즈니스를 돕고 있다.

"선교회에서 나온 후 20년이란 광야 같은 생활 속에서 복음의 다양한 경험도 가질 수 있었다"라고 말하는 김 장로는 인터넷 직장선교회(iCCM.net)를 제안하여 가족이 함께하는 ON LINE & OFF LINE 모임을 가졌다. 그리고 서울 '사랑의 교회'에 출석하며 옥한흠 목사와 방선기 목사의 추천서를 받은 '제자훈련 그 이후의 사역'(예영 커뮤니케이션 간)이란 책을 출판해 그리스도인의 온전한 성장에 도움을 주었다. 지금은 '인플러스 선교회'를 섬기며 누군가는 해야 할 복음 전도지를 개발해 필요한곳에 지원하고 각지의 형제들을 격려하며 신앙의 도움을 주고 있다.

2020년 11월 김건수 장로가 새로운 전도지를 만들었다는 소식을 들었다. 우리 부부는 김천 혁신 도시에 사는 장로님 댁을 방문하여 완성 중인 전도지 이야기를 들었다. 오랜 기간 사업 현장에서 실제 복음을 전하고 양육을 하였기에 장로님이 직접 창안하고 제작한 전도지에 더 큰 관심이 있었다.

　완성되어가는 전도지는 **'당신을 위한 가장 소중한 선물**(The Most Precious Gift for you)**'**이라는 한글과 영어가 병행된 그림식 소책자 전도지였다.

　예수님이 나를 위해 탄생, 고난, 죽으심, 부활, 승천, 재림하시며 나를 그리스도의 왕국, 새 예루살렘으로 이끌어 가심을 산뜻한 그림과 함께 쉽게 이해되도록 설명했다. 이어지는 전도지 내용은 영원한 생명을 얻는 방법, 하나님 자녀의 변화된 신분, 성장의 필요성, 인간의 본성, 성령과 성령 세례에 대하여 간단하게 설명했다.

　전도지는 평택 외항선교회에 우선 공급하고 앞으로 한국을 찾는 외국인이 자국의 국기, 그리고 자국어와 한글이 병행된 전도지를 선물로 받을 수 있도록 번역을 확대할 계획이라고 했다.

새롭게 만들어지는 전도지가 복음전도에 귀한 도구가 되기를 바란다. 예쁜 전도지를 보며 시각장애인, 어린이, 노인 등을 위한 다양한 전도지가 개발된다면 좋겠다는 생각을 가지며 김 장로께 그동안 궁금했던 몇 가지를 질문했다.

선교회를 나온 후 오랜 기간 다양한 복음 사역을 하신 것으로 압니다. 그 기간 동안의 생각 중 가장 기억에 남는 한 가지가 있다면 어떤 것인지요?

"사도 바울이 고린도 성도들에게 보낸 편지에서 "내가 너희 가운데 거할 때에 약하고 두려워하고 심히 떨었노라"(고전 2:3)라고 기록하고 있습니다. 헬라 철학의 대가요 히브리 율법의 정상에 있던 바울이 왜 그런 말을 했을까요? 다음 구절에서 그 답이 나옵니다.

"내 말과 내 전도함이 설득력 있는 지혜의 말로 하지 아니하고 다만 성령의 나타나심과 능력으로 하여"(고전 2:4)라는 말입니다.

그간의 사역을 되돌아보며 나에게 부족했던 성령의 나타나심과 능력으로 사역하는 것에 아쉬움이 있어 그렇게 하려고 애를 썼습니다. 내 겉사람이 온전히 깨어질 때 내 영은 평안을 얻고 자유로울 수 있었지요(롬 7:22, 엡 3:16, 고후 4:16, 요 14:24)."

앞으로의 바람과 기도 제목이 있을까요?

"하나님은 당신의 자녀가 무슨 일을 해서 기뻐하는 분이 아니십니다. 자녀 된 그 존재만으로도 기뻐하십니다. 나 역시 하나님께서 주시는 어떤 것에 앞서 그분의 임재 안에서 그 한 분으로 만족하는 관계로 발전해 가고 싶습니다. 특히 하나님의 아가페 사랑의 실체를 더 경험하며, 하나님을 더 깊이 더 진실하게 알아가고 싶은 것이 나의 소망이고 기도입니다."

가정 예배를 드리며 아파트 우편함에 전도지를 넣으려 한다는 김 장로 부부를 통해 아름다운 노년의 모습을 보았다.

어느 날 김 장로께서 보내신 한국어 전용 전도지를 택배로 받았다. 전도지가 도착한 그 주 토요일 박덕창 장로와 카페에서 이야기 중 박 장로께서는 "매년 크리스마스카드를 보내고 있다"라며 "이번에는 전도지와 함께 보내고 싶어 전도지를 찾고 있다"라고 하셨다. 마침 가지고 있던 '소중한 선물' 전도지를 보여드리고 충분한 수량을 전할 수 있었다. 그리고 '성탄 카드를 받는 분들에게 최고의 선물이 되었으면 좋겠다'라는 바람을 가졌다.

김건수 장로 부부(2019)

"의인은 종려나무같이 번성하며 레바논의 백향목같이 성장하리로다" – 시편 92편 12절

「생명과 희망의 신앙!(고전 15:42-58)」이라는 제목의 최인하 목사님의 설교 말씀 중 한 부분을 소개하며 본장은 마치겠다.

"복음의 핵심은 십자가와 부활입니다. 로마의 한 법대생이 졸업반이었지만 형편이 어려워 예수 잘 믿는 부자 노인을 찾아가 도움을 요청했습니다. 노인은 선뜻 허락하며 "이 돈으로 무엇을 하겠는가?"라고 질문했습니다. 학생이 "우선 법대를 졸업하겠습니다"라고 답하자 부자 노인은 "그리고 그다음에는?"이라고 물었습니다. 학생은 "돈을 벌겠습니다"라고 답변했다. 노인이 다시 "그다음에는?"이라고 묻자 "집을 짓고 결혼을 해야지요."

"그다음에는?"

"자녀를 낳고 교육을 시켜야지요."

"그리고 그다음에는?"

"점점 늙어 가겠지요."

"그다음에는?"

이쯤 되자 젊은이는 생각에 잠겼습니다. '어느 날인가 죽음을 맞겠지. 그리고 나를 위한 장례식이 있을 것이고…. 공동묘지에는 무덤 하나가 더 늘겠지. 그러고는 영원한 망각에 들어가게 되는 걸까?'라는 생각에 잠긴 청년에게 노인은 진지하고 엄숙하게 입을 엽니다.

"젊은이, 그다음에는 사망이 있다네. 그리고 그다음에는 하나님의 심판이 있지. 그런데 예수 그리스도 안에서는 영원한 천국이요 예수님 밖에서는 영원한 지옥이라네."

청년은 노인의 말을 듣고 예수님을 믿게 됩니다. 이후 변호사가 되고 크게 성공하여 로마에 우르반 대학을 세우고 강당에 '나는 어디로 가고 있는가? 나는 영원을 준비하고 있는가?'라는 글을 새겼습니다. 우리는 항상 '주의 일에 더욱 힘쓰는 자들'이 되어야 합니다. 그 이유는 이는 '너희 수고가 주 안에서 헛되지 않을 줄을 앎'이기 때문입니다."

아들 부부가 신혼여행 중 스페인 바르셀로나 파밀리아 성당에서
예수님을 생각하며 찍은 사진(2016)

최재영 작가의 그림 이야기

최재영 作

자연이라는 주제는 오래전부터 많은 예술가들이 즐겨 찾는 소재였다.
주인공을 그림의 정점에 배치한 후 배경을 알로카시아, 파키라 등 열대식물의 잎사귀로 선택한 이유는 조형적 형태와 미학적 요소가 결합되어 있으며, 생명의 발원을 연상하는 기운의 대상이라는 점에 주목했다. 첩첩이 둘러싸인 다양한 형태의 잎 속에서 생의 에너지가 분출하는 모습은 내 창작의 관심사와 상통했다.

 우리에게 잘 알려져 있는 만인의 영웅인 슈퍼맨은 지구를 지키는 정의의 수호신이며, 현대 문명이 추구하는 이상적인 존재로 즉 시공을 초월하는 자유자재한 능력의 상징체로 인간의 잠재된 욕망을 대신할 수 있는 이 시대의 아이콘으로 여겨진다. 어린 슈퍼맨이 중앙부에 에너지를 끌어모아 외부로 발산시키는 모습을 강조하기 위해 사각 캔버스를 사용하였으며, 현대 회화의 느낌을 표현하기 위해 평면적인 채색 기법을 사용하였다.

▶ 에너지, 145X145cm, 캔버스 위에 아크릴, 2011

제5장

그리스도인의 새 생활

"나는 포도나무요 너희는 가지라 그가 내 안에,
내가 그 안에 거하면 사람이 열매를 많이 맺나니
나를 떠나서는 너희가 아무 것도 할 수 없음이라"
– 요한복음 15:5

나는 유교적인 가정에서 태어나 어린 시절부터 유교적 영향을 많이 받고 성장했기 때문에 예수님을 믿고 영접한 뒤에도 그 영향에서 벗어나기 힘들었다. 나와는 달리 독실한 믿음의 가정에서 태어나 성장한 아내는 결혼 후 나의 이런 모습을 보며 "조금씩 변화되었으면…"이라고 말했다. 나 역시 노력은 했지만 생각만큼 쉽게 변화가 일어나지 않았다.

그러나 머리로 알았던 신앙이 마음으로 다가오는 순간이 있었다. 아내의 도움과 바람도 큰 역할을 했지만 무엇보다 전역을 하며 내 스스로 '예수님을 알아보자'라는 마음이 든 뒤부터 삶이 변화됐고, 신앙도 성숙해졌다. 예수님을 새롭게 알아가며 모든 삶의 순간들이 갑자기 설레었다. 이전과 같은 날임에도 예수님을 경험하는 나날들은 매일 새로운 기대와 흥분으로 가득 찼다. 마치 새로운 세상을 경험하는 것 같았다.

만약 내가 스스로의 의지로 예수님을 알려고 하지 않고 주변

환경에만 기댔다면 지금도 그리스도인 흉내만 내는 무미건조한 삶을 살고 있을 것이다. 잡초와 나쁜 습관은 내버려 둬도 쑥쑥 자라난다. 이 같은 인간의 본성을 막기 위해서는 좋은 습관과 신앙을 심기 위해 부단히 노력하는 수밖에 없다. 모든 일에는 기초가 중요하듯 영적인 과정도 뿌리를 내리고 세움을 입는 처음의 성장 과정이 중요하다. 우리는 성장 과정을 통해 내가 누구인지 정체성을 가지고 하나님의 자녀로서 어떤 삶을 살아야 하는지 스스로 생각하게 된다.

역사는 예수님이 오신 전후로 B.C.와 A.D.로 나누어진다. 마찬가지로 우리의 삶도 예수님을 영접하기 전과 후로 나눠진다. 예수님이 이루신 첫 이적은 혼인 잔치의 물을 포도주로 변화시키신 것이다. 제아무리 즐거운 혼인 잔치라 해도 포도주가 없으면 즐거움이 없다. 마찬가지로 아무리 행복한 인생을 산다 하더라도 예수님이 계시지 않으면 맹물처럼 밋밋한 인생을 살게 된다. 반면 예수님을 영접한 사람들은 변화된 포도주처럼 진정한 즐거움과 향기를 풍기는 생동감 있는 인생을 살게 된다. 신부인 우리가 신랑이신 예수님을 영접하면 밋밋한 물과 같은 인생이 향긋하고 단맛 나는 포도주로 변하는 기적이 일어난다. 예수님을 영접하는 그 순간부터 아름답고 비밀스러운 새로운 삶이 시작된다.

예수님을 영접한 하나님의 자녀들은 새로운 삶을 살아간다.

애벌레가 아름다운 나비가 되어 푸른 하늘을 자유롭게 날며 꽃들에게 희망을 주는 것과 같이 우리도 사망을 벗어날 수 없는 죄인의 몸에서 하나님의 자녀로 신분이 바뀐다. 새로운 사람, 새로운 인생, 주님과의 새로운 생활이 시작된 것이다. 죄로부터 해방되었으며 의무를 넘어 진정한 자유로 사랑의 주님을 따를 수 있게 되는 것이다.

그러나 여전히 사탄의 방해가 존재하는 것 또한 사실이다. 사탄은 예수님이 이 땅에 오셨을 때도 끊임없이 시험했다. 하나님은 성경 말씀을 마음 판에 새기어 사탄의 유혹을 이겨내고 확신 있는 삶을 살아가기를 원하신다.

1. 그리스도인의 성장

● 구원의 확신과 새 생명

실제 인간의 힘으로 어찌할 수 없는 죄로부터의 구원받음은 무엇과도 비교할 수 없는 기쁨이다. 창조된 인간은 죄를 지었으나 그럼에도 하나님은 다시 돌아올 기회를 주셨다. 예수님을 믿고 돌아오면 구원을 받는다.

나는 구원을 선물로 받았지만 그 선물을 주기 위한 대가는 컸다. 주님께서 나를 위해 십자가의 피 흘려주신 희생이 있었기에 나의 구원은 무엇과도 비교될 수 없다. 구원의 즐거움과 함께 구원에 대한 분명한 확신을 가지는 것은 중요하다. 이 소중한 구원을 흐리게 하고 구원에서 떠나게 하는 사탄의 계략이 있기 때문이다. 손자병법에 '지피지기면 백전백승'이라는 말이 있지만 나는 예수님을 영접한 신앙의 초기에는 적도 모르고 나자신도 잘 몰랐다. 사탄은 에덴동산에서도, 예수님의 사역 초기에도, 예수님이 십자가에 달리셨을 때도 그리고 지금 우리에게도 여전히 속이고 시험하며 끝없는 의심으로 넘어뜨리려 하고 있다.

예수님을 믿기로 결심한 나에게 사탄은 끊임없이 "너는 예수를 영접했지만 그것만으로는 구원을 받을 수 없어"라고 속삭이며 구원을 의심하게 만들었다. 게다가 나 역시 말씀대로 살지 못하는 자신을 보며 완전을 요구하는 사탄의 속임에 넘어질 수밖에 없었다.

전역 후 성경공부를 통하여 이러한 의심이 들 때 요한복음 5장 11-12절 "또 증거는 이것이니 하나님이 우리에게 영생을 주신 것과 이 생명이 그의 아들 안에 있는 그것이니라. 아들이 있는 자에게는 생명이 있고 하나님의 아들이 없는 자에게는 생명이 없느니라"라는 말씀을 사용할 때 구원에 대한 확신을 가질 수 있었으며 또한 이 말씀은 나를 보호하고 지켜주었다.

성경은 우리가 하나님과 원수 되어 하나님께 죄를 짓고 있을 때 이미 우리를 위해 십자가에 죽어주시므로 우리가 거룩한 하나님께 갈 수 있는 길을 마련해 주시고 예수님을 따르는 자들에게 영원한 생명을 주시며 그 무엇으로도 아버지 손에서 빼앗지 못하게 지켜주신다(롬 5:6-11, 요 10:27-29).

오래전 새 가족 확신반 공부 중 직장인 초신자가 던진 질문이 오랫동안 기억에 남는다. 첫날 복음을 듣고 영접 기도를 따라 한 후 "예수님을 믿었으니 이제 아무렇게 살아도 천국 가나요?"라고 질문했다. 나는 웃음이 났지만 한편으로는 당황했다.

"예수님을 믿는 사람은 모두 천국에 가게 됩니다. 그러나 하나님께서 그분의 자녀들을 아무렇게나 살도록 그냥 두시겠습니까? 어느 부모도 자기 자녀가 사망의 길을 걷도록 그냥 두지 않지요."

초신자의 질문은 구원에 대하여 좀 더 연구하고 생각하는 기회가 되었다. 그것은 생사의 문제이며 천국에 가느냐, 못 가느냐가 달려있는 크고 중요한 문제이다. 온 천하를 얻고도 믿음을 떠나 내가 죽어 있고 천국에 들어갈 수 없다면 무엇이 유익할까? 예수님을 믿음으로 새 생명을 얻은 우리는 이제 주님을 삶에 주인으로 따라야 하는 책임도 함께 가지는 것이다.

성령은 하나님의 모든 자녀들이 믿음 안에서 성장하고 말씀에 순종하는 삶으로 인도하여 주신다. 이제는 구원의 확신을 가지고 하나님의 자녀로서의 건강한 성장이 필요하다(마 13:3-9, 고전 3:15, 벧후 1:5-7, 롬 8:14-17, 갈 5:22-24).

한 예로, 귀족 집 하인이 어느 날 귀족 집의 양자로 입양된다면 모든 생활이 바뀐다. 머무는 곳, 마주치는 사람들, 어쩌면 하는 일까지 비슷할 수는 있지만 신분이 바뀌었기 때문이다. 저택의 하인이었던 사람은 이제 귀족의 말과 행동, 생활을 몸에 익혀야 한다. 이처럼 종의 습성을 버리고 양자로서 새로운 생활방식을 몸에 익히기까지는 변화에 대한 마음의 소원과 믿음이 있어야 한다.

사도 바울은 고린도후서 5장 17절에서 "누구든지 그리스도 안에 있으면 새로운 피조물이 될 수 있다"라고 말한다. 하나님을 믿기 전에는 우리의 의지와 상관없이 악한 마귀에게 속한 죄의 종이었지만 믿음으로 우리는 하나님의 자녀가 되었다. 이제 사탄의 유혹이 아니라 성령님의 인도하심을 따라 살아가며 영적인 죽음도 극복할 새로운 생명을 얻게 되었다.

거듭남은 우리의 존재 자체가 완전히 바뀐 것이지만 우리는 변화된 사실을 실감 나게 느끼지 못할지도 모른다. 그러나 구원은 그런 느낌과 상관없이 이미 이루어졌다. 믿음으로 모든 것을 준비하신 하나님의 놀라운 계획이 내 삶에 이루어진 것이다.

때때로 믿는 사람들끼리도 이 구원관에 대한 견해의 차이를 느낀다. 구원이 그만큼 인생을 흔들어놓는 사건이기 때문이다. 그러나 중요한 것은 그 감격이 너무 크더라도 때로는 너무 덤덤하더라도 나 자신의 생각과 확신이 아니라 진리이신 성경 말씀을 믿고 성경 말씀에 근거하여 구원 얻음 즉 새 생명을 얻고 하나님의 자녀 된 것에 확신을 가져야 한다.

나는 전역 후 새롭게 신앙생활을 했지만 어떤 상황에서 불쑥불쑥 옛 성품이 나타나며 자존심이 상할 때 참지 못하는 나를 보게 되었다. 그래서 개인 교제를 가지던 사관학교 선배이자 당시 고등학교 교사이던 이진수 선배에게 "어떻게 내가(자아) 잘 죽을 수 있느냐?"라고 웃으며 질문했다. 이진수 선배는 부산 지역을 지도하는 변희관 목사의 설교가 녹음된 테이프 세 개를 주었다.

그것은 "알아야 한다, 여겨야 한다, 드려야 한다"라는 로마서 6장의 말씀으로 나의 신앙생활의 이정표를 세우는 데 도움을 주었다. 그 내용을 간략히 요약하면 다음과 같다.

첫째, 알아야 한다(롬 6:1-10).
예수님이 십자가에 죽으실 때 나의 나쁜 옛 성품도 함께 죽었으며 예수님이 죽음에서 부활하실 때 나도 새로운 사람으로 다시 태어났다. 이 사실을 먼저 알아야 한다.

둘째, 여겨야 한다(롬 6:11).
예수님이 십자가에 죽으실 때 나의 나쁜 옛 성품도 함께 죽었다는 것과 예수님이 죽음에서 부활하실 때 나도 새로운 사람으로 다시 태어난 것으로 여겨야 한다. 즉, 그렇게 믿어야 한다.

셋째, 드려야 한다(롬 6:12-23).

죄에게 굴복해 내 지체를 죄에게 줄 기회를 주지 말고 나를 구원하여 주신 주님께 온전히 나를 드려야 한다. 그리고 육체의 힘이 아닌 성령을 좇아 행할 때 비로소 우리는 주님과 함께 매일 승리의 삶을 이루어 갈 수 있다.

나는 이 말씀을 내 삶에 적용하여 주님을 본받는 삶에 도움이 되었다. 당시 친지들이 전역을 축하한다며 술을 권했지만 "예수님을 믿고 다시 태어났다. 예전처럼 술 마시고 화투 치는 손은 죽고 이제 봉사하고 찬양하는 사람으로 다시 태어났다"라며 새로운 삶을 시작하였다.

그때로부터 꼭 33년이 지난 지금 '나의 상태는 어떤가? 나는 온전히 죽었으며 거룩하여 있는가?'라고 스스로 질문을 가진다면 답은 '그렇다'가 아니다. '하나님은 사랑이시지만 한편 거룩하시기에 나는 두렵고 떨리는 마음으로 오늘도 하나님께 나아가기를 애쓰는 자'라고 말하고 싶다.

갈라디아서 2장 20절 말씀을 암송하며 "나도 주님과 십자가에 죽고 내 안에 예수님이 살아계신다"라고 고백했다. 하지만 나는 지금도 작은 일에 화내며 참고 받아주지 못하는 부족한 자다. 그렇다면 나는 온전히 죽은 것이 아니며, 내 안에 주님이 계시다고 말할 수 있을까? 나는 용서받은 자로서 사랑만 해야 할 뿐이다. 나는 오늘도 예수님과 함께 죽었다는 사실을 믿고 내 안에 주님이 사시도록 하나님의 은혜를 구하며 주님 뜻대로 살겠다는 기도를 드린다.

고린도후서 5장 17절 "그리스도 안에 있으면 새로운 피조물이다"라는 말씀에서 '안에'의 의미는 연결, 교제, 연합을 나타낸다. 진심으로 자기 죄를 자백하고 믿음을 가질 때 하나님은 영원한 생명을 주시고 지켜주신다고 약속하신다(요 6:39, 요 10:28). 그러나 내가 말씀에 뿌리가 내려져 있지 않고, 말씀에 순종하는 삶이 아니라면 영적으로 살아있는 것이 아니다. 구원(Salvation)은 하나님과의 계속되는 상태라고 하였다. 구원은 단번에 이루어지지만 하나님께 가는 그날까지 이루어가야 한다.

예수님은 지금도 여전히 특별하신 분이다. 오늘도 살아계셔서 옛날 갈릴리 호숫가에서 사람들을 만나셨던 것처럼 우리 모두를 인격적으로 만나시기를 열망하는 분이시다.

다음은 오래전 아내가 교회에서 간증한 내용인데 구원의 확신과 새 생명을 가지는 것에 도움이 되었으면 하는 마음으로 소개한다.

"저는 기독교가 우리나라에 들어온 지 얼마 안 되는 1909년, 증조할머니께서 처녀일 때 봉화 척곡교회에서 예수님을 믿게 된 아주 독실하고 전통적인 기독교 집안의 장녀로 태어났습니다.

어릴 적부터 증조모, 조모께서 아침저녁으로 머리에 손을 얹고 축복 기도를 해주셨고, 어려서부터 성경 말씀을 줄줄 외며 교회 주일학교와 중·고등부 모든 행사와 대회에서 상을 휩쓸다시피 하였습니다. 미션스쿨이었던 고등학교에서도 교목 선생님보다 종교 부장인 저를 아이들이 더 좋아했습니다.

중학교 동창이었던 지금의 남편과 좋은 친구 관계에서 사귀는 사이가 되었고 직업 군인인 남편과 결혼하였습니다. 남편은 교회에 다니지만 잦은 회식과 놀기를 좋아했습니다. 그러나 저는 신앙을 이유로 남편과 다투기보다는 기도하자고 생각했고 실행하였습니다.

군인이란 남편의 직업 때문에 잦은 이동에도 가는 곳마다 군인 교회의 환영을 받았습니다. 어느 금요일 구역예배 때 성경 공부를 하다가 "지금 예수님이 재림하신다면 어떻게 하겠느냐?"라는 문제를 읽고 나서부터 마음이 답답해졌습니다.

'지금 예수님이 재림하시면 안 된다. 주님께 뭔가 한 일이 없으므로 지금 주님이 오시면 난 지옥에 갈 것이다'라는 답을 쓴 뒤 마음이 공허해졌습니다.

남편이 쉬는 날이면 좋은 곳에 놀러 가자고 해도 주일을 꼭 지켰으며, 십일조는 주판으로 꼬박꼬박 계산해서 한 번도 빼

먹지 않았습니다. 그러나 이 모든 것이 교만이었습니다. 하나님, 예수님, 나와의 관계도 모른 체 모태신앙이라는 몸에 밴 교회 생활만 하고 있었다는 사실을 깨닫고는 공허함은 점점 커졌습니다. 예수님 믿으면 구원받는다고 머리로는 배워 알고 있었지만 막상 예수님의 재림에 대한 질문에는 명확히 천국 간다고 답할 자신이 없었습니다.

이런 때에 남편은 전역하여 사회에서 일을 찾고 신앙생활을 하자고 하였습니다. 그런 남편의 권유를 따라 전역을 위해 부산에 오며 마태복음 6장 33절 말씀처럼 모든 것을 하나님께 맡긴 채 남편을 따라 네비게이토 선교회를 찾았습니다. 그곳에서 말씀을 통해 내가 죄인인 것과 나의 죄 때문에 예수님께서 십자가의 형벌을 받으셨다는 것을 인정하며 예수님은 나를 사랑하시기 때문에 이러한 큰 희생을 하셨음을 알게 되었습니다. 그리고 요한1서 5장 11절에서 13절, 요한복음 1장 12절의 말씀으로 구원의 확신을 갖게 됐습니다.

머리로 배워 습관을 좇은 신앙생활이 아니라 말씀을 통해 예수님을 나의 구원의 주님으로 영접하며 하나님의 자녀가 된 것이 너무나 기뻤습니다. 온 우주의 주관자시며 만물을 창조하신 하나님께서 나를 창조하시고 자녀 삼으신 것과 그분의 자녀가 된 것은 온 우주를 얻은 것과 같이 기뻤습니다.

고린도후서 5장 17절 "그런즉 누구든지 그리스도 안에 있으면 새로운 피조물이라 이전 것은 지나갔으니 보라 새것이 되었도다"라는 말씀처럼 그날 이후 저의 새로운 삶이 시작되었습니다."

　구원의 확신과 변화된 삶은 개인의 체험도 중요하지만 다른 사람의 이야기를 많이 듣는 것도 중요하다. 각양각색으로 임하시고 인도하시는 하나님의 섭리를 깨닫고 믿게 되기 때문이다.

　교회에서 새 가족 양육 교사로, 전도학교 진행자로. 교회 학교 교사로, 롯데케미칼에 근무하며 '직장인성경공부모임(BBB)'에서 전도인의 사명을 다하는 김원철 권사님은 어느 좋은 봄날에 산에 오르던 중 졸졸거리며 흐르는 개울물 소리를 들으며 "모든 피조물이 하나님의 영광을 나타내는데 하나님의 형상을 따라 지음 받은 너는 무엇을 하고 있느냐?"라는 마음이 들었다고 한다. 그 음성에 순종하며 삶이 변화되기 시작했다는 간증을 들으며 주님은 참으로 다양한 방법으로 우리를 찾아주시고 만져 주신다는 생각을 했다.

● 기도의 즐거움

　나는 신앙생활이 더해지며 내가 만나게 된 하나님을 더 신뢰할 수 있었다. 하나님은 바른 것을 지향하게 하며 그른 것을 지양하도록 도우시기 때문이다. 우리는 자녀가 태어나 첫걸음을 떼고 옹알이를 시작할 때 부모로서 기뻐하는 체험을 가진다. 나만 생각하던 이기적인 내가 누구를 위해 기도하고 주님이 원하는 것에 한 걸음을 떼는 것에 주님이 기뻐하심을 믿는다.

예수 그리스도는 나의 주님이 되심으로 예수님을 통하여 하늘에 계신 아버지께 직접 말할 수 있는 놀라운 특권을 가지게 되었다. 바로 기도가 그 특권이다. 그래서 사탄은 다른 무엇보다 기도를 막는 일에 온 힘을 쏟는다. 하나님은 그분의 존전에 담대히 나와서 우리의 모든 것을 말해주기를 원하시며 우리의 필요에 대하여 깊은 관심을 가지신다.

전에도 어려움이 있을 때 구하였지만 이제는 하나님께 속하였으므로 언제든지 '예수님 이름으로' 예수님의 권위와 공로에 의지하여 구할 수 있게 되었음을 알고 즐거움으로 기도에 힘썼다.

하나님 아버지께서 예수님의 모든 기도를 응답하신 것과 같이 예수님의 이름으로 구하는 우리의 기도를 응답하여 주신다.

기도는 우리의 중보자 되시는 예수님의 이름으로 하나님께 구하는 것이며 우리는 기도에 응답받는 기쁨을 가질 수 있다.

요한복음 16장 24절 "지금까지는 너희가 내 이름으로 아무 것도 구하지 아니하였으나 구하라 그리하면 받으리니 너희 기쁨이 충만하리라"라는 말씀은 기도 응답의 확신이다.

예수님은 생활 속의 모든 문제를 기도하기를 바라신다. 사소한 어떤 것일지라도 구하고, 찾고, 두드리라고 말씀하신다. 모든 것은 주님이 해결해 주시기 때문이다. 자녀가 아버지에게 필요를 구함은 당연하며 아버지는 가장 좋은 때에 들어 주신다. 하나님은 우리가 원하는 것을 다 주는 것이 아니라 우리가 필요한 것을 주신다(마 7:7-8).

우리가 부르짖어 기도할 때 하나님은 크고 비밀스러운 일을 보이시며 생각보다 더 넘치도록, 가장 좋은 것으로 가장 알맞은 시기에 응답하여 주신다. 기도할 때는 염려하지 말아야 하며 원망과 불평이 아닌 감사함으로 하나님께 아뢸 때 하나님께서는 평강으로 지켜주실 것을 약속하셨다. 그러나 정욕으로 쓰거나 죄악을 품은 기도는 응답에 방해를 받게 된다.

기도로 구한 후에는 하나님께서 이루어 주실 것을 믿고 감사의 마음을 가져야 한다. 기도를 응답받기 위해서는 먼저 알고 있는 죄악을 하나님 앞에 자백하고 버려야 한다. 불가능해 보이는 것도 하나님이 약속하는 것은 이루어 주실 것을 믿고 신뢰하는 것이다.

기도는 하나님과의 만남을 기뻐하며 보좌 앞으로 나아가는 기대를 가지는 것이다. 또한 하나님의 성품과 특성을 찬양(시 113:3)하고, 하나님이 우리에게 주신 모든 것을 감사(살전 5:18)하고, 우리가 깨끗한 그릇으로 하나님 앞에 나아가기 위하여 자백(요일 1:9)하고, 다른 사람의 필요를 위하여 기도(삼상 12:23)하고, 우리 자신의 필요한 것을 하나님께 구하는(벧전 5:7) 것이다.

그리고 기도는 기다려야 한다. 하나님께서 응답하실 때까지 기다리며 기도해야 한다. 우리는 기다림을 통해서 하나님의 때를 알게 되는 지혜를 가지게 된다.

하루는 성경공부를 통해 '기도는 영혼의 호흡이다'라는 글에서 '쉬지 말고 기도하라'라는 데살로니가전서의 말씀이 더욱 깊이 다가왔다. 밤이든 낮이든, 구석의 골방이든 호텔의 스위트룸이든 어느 때나 어디서나 기도는 가능하다. 걸어가면서도 청소를 하면서도 시간과 장소에 관계없이 우리는 하나님과 소통할 수 있는 귀한 특권을 가진 자녀들이다. 하나님께서는 자녀들이 기도라는 방법을 통하여 하나님께 나아올 수 있도록 언제나 기다리고 계신다. 기도는 하나님의 자녀만이 가질 수 있는 특권이다(살전 5:16-18, 요 15:7, 빌 4:6-7, 렘 33:3, 약 4:2-3).

성경에는 정말로 기도를 쉬지 않으시는 예수님의 모습이 나온다. 예수님은 이른 아침에도(막 1:35) 바쁜 일정 가운데도(눅 5:15-16) 때로는 밤이 새도록(눅 6:12-13) 바쁜 하루를 보낸 후에도(마 14:23) 죽음을 앞두고서도(눅 22:23) 기도하셨다. 기도의 방법을 몰라 제대로 하지 못하는 우리처럼 당시의 제자들도 예수님께 기도에 대해 물었는데 예수님은 이때 완벽한 기도의 본을 제시해주셨다(눅 11:1, 마 6:9-13).

종교개혁의 한 축이었던 칼빈은 '기도의 세 가지 원칙'을 다음과 같이 정했다.

첫째. 하나님에 대한 두려움을 가져야 한다.

둘째. 올바른 기도는 회개가 따라야 한다.

셋째. 얻지 못함은 구하지 아니하기 때문임을 알아야 한다.

어느 추운 겨울 한 귀족 부인이 화려한 극장에서 오페라를 보며 눈물을 흘리고 있었다.

"주인공의 사연이 어쩜 저리 기구한지…. 집도 없이 끼니도 제대로 챙겨 먹지 못하잖아. 저런 사람이 내 주변에 있다면 당장에 도와줄 텐데…."

그러나 귀부인의 마차를 끄는 마부는 저녁도 제대로 먹지 못한 채 추위에 덜덜 떨며 오페라가 끝날 때까지 밖에서 기다리고 있었다. 오페라가 끝나고 귀부인은 눈물을 닦으며 극장을 나왔고, 마부는 배고픔과 추위를 참으며 귀부인을 태워 저택으로 돌아갔다.

철학자 키에르케고르가 그리스도인의 위선을 풍자하고자 쓴 책에 담긴 내용이다. 어려서부터 철저한 신앙교육을 받았던 키에르케고르에게는 일부 그리스도인의 위선과 이중적인 모습이 더 잘 보였을 것이다. 아마 그는 이렇게 생각했을지도 모른다.

'매주 교회에서 죄를 고백하는 그리스도인이, 다른 사람을 사랑하겠다고 고백하는 그리스도인이, 왜 정작 바로 눈앞에 있는 사람은 돕지 않는 거지?'

많은 그리스도인이 머리와 입에서 끝나는 신앙생활을 하기 때문이다. 머리에서 끝나는 신앙이 되지 않으려면 기도를 통해 삶의 변화가 일어나야 한다. 머리에서 끝나는 지식이 아니라 몸이 움직이는 행동을 만드는 변화를 일으키는 기도가 진정한 기도이며 진정한 기도의 힘이다.

우리가 바라고 원하는 것은 산을 오르는 것과 같다. 움직이지 않고 기도만 한다고 해서 누가 우리를 산 위로 옮겨주지 않는다. 하나님이 주신 몸으로 단단히 기도하며 힘을 얻고 길을 찾아 산에 오를 때 산은 정복된다.

나는 이미 하나님께 복을 받은 자로서 이제 복을 지을 수 있는 자가 되었다. 이에 이웃을 사랑하고 봉사하는 자가 되는 기도를 가진다. 내가 한 기도에 대하여 스스로 책임질 때 이 사회는 성숙된다고 여긴다.

● 용서하시는 하나님

부모는 유독 자기 자녀에게는 관대한 면이 있다. 어린 자녀가 잘못을 했을 때는 그 이유를 묻지 않고 용서할 뿐 아니라 비용이나 손해가 있어도 다 처리해 준다. 자녀가 철이 들 때이면 상황은 좀 다르다. 그러나 자녀가 자기 잘못을 반성하고 뉘우치며 앞으로 같은 잘못을 하지 않는다고 다짐한다면 마음으로 감동하여 기꺼이 용서해 준다. 부모 입장에서 그 정도는 쉬운 일이다.

나는 회개하여 예수님을 믿으므로 죄 용서를 받고 마음의 변화는 시작되었지만 여전히 넘어지고 죄짓는 나약한 나를 보며 '이러고도 신자라 할 수 있는가?'라는 자책감을 가질 수밖에 없었다. 그것은 정도의 차이일 뿐 믿음이 오래되어도 하나님의 기준에 도달하지 못하며 언제라도 넘어질 수 있는 인간이기에 나타나는 것이다.

나는 사죄의 확신을 주는 요한일서 1장 9절 "만일 우리가 우리 죄를 자백하면 저는 미쁘시고 의로우사 우리 죄를 사하시며 모든 불의에서 우리를 깨끗하게 하실 것이오"라는 말씀에서 하나님은 이미 오래전에 이러한 우리를 위하여 내 죄를 자백하고 돌아올 수 있는 기회를 주셨음을 알았다. 또한 용서하시는 하나님을 알았으며 우리를 향한 하나님의 사랑을 다시금 알 수 있었다.

하나님은 내가 용서를 빈다면 어떤 상황에서도 사랑하는 자녀를 포기하지 않으신다. 우리가 죄를 자백하고 마음을 하나님께로 돌이키면 하나님은 용서해 주신다. 내 죄로 인해 사망으로 떨어질 수밖에 없는 내가 용서받는 것 이상의 감사와 기쁨은 없다. 하나님은 내가 연약하고 원수 되고 죄인 되었을 때 이미 용서하시고 돌아오기를 기다려 주신다.

"죄를 자백한다"라는 말은 하나님께서 죄라고 부르시는 모든 것들을 낱낱이 털어놓는 것을 의미한다. 정직한 자백은 그 죄를 버리는 것까지도 포함한다. 하나님께서는 우리를 용서해 주실 뿐만 아니라, 모든 죄에서 우리를 깨끗하게 해 주시겠다고 약속하셨기 때문이다. 하나님은 신실하시고 의로우심으로 우리의 죄를 용서하시며 또한 모든 불의에서 깨끗하게 해 주신다.

　나에게 죄가 있음을 인정할 때 진정한 자백이 가능하다. 죄를 미워하며 죄를 분별할 수 있는 능력을 위해 기도하며 절대 타협하지 않으려는 마음을 모든 성도는 가져야 한다.
　하나님은 용서하기를 즐거워하시며 인자하심이 후하신 분이시다. 우리는 그리스도 보혈의 공로로 죄 사함을 받았다. 그리스도께서 죄를 위하여 단번에 영원한 제사를 드리는 희생으로 이루셨다. 그렇기에 이미 자백한 죄로 인해 계속 죄의식을 느끼는 것은 어리석은 일이다.
　하나님은 "죄와 불법을 자백하면 다시 기억하지 아니하신다"라고 말씀하셨다. 그리고 우리가 하나님의 용서하심을 체험했다면 다른 사람을 용서해야 한다. 사랑하면 용서할 수 있다(시 86:5, 엡 1:7, 히 10:12,17, 엡 4:32).

　자백하지 않은 죄가 떠올라 양심을 괴롭게 한다면 지금 자백하고 하나님의 용서에 대해 감사 기도를 드리자.
　하나님은 우리의 죄를 용서하셨고, 그 죄를 기억하지도 않으신다고 분명히 말씀하셨다. 긍휼 남용, 교만, 외식, 나의 의, 정욕, 쓴 뿌리, 재물 사랑, 미워하는 태도…. 우리가 짓는 죄는 너무나 많지만 우리가 자백할 때 우리의 연약함을 아시는 하나님은 모든 것을 용서하시고 다시 일으켜 세워 주신다. 그리고 선한 행위를 할 수 있는 새로운 능력도 부여해 주신다(마 23:12, 히 12:15, 벧전 2:16, 마 6:1, 요일 5:17, 요 16:8-9).

● 인도하시는 하나님

험한 세상을 살면서 누군가의 도움을 받으며 살아갈 수 있다면 감사한 일이다. 천지를 창조하시고 지금도 우주 만물을 주관하시는 하나님을 아버지라 부르며 하나님의 인도를 받는 것은 무엇에도 비교할 수 없는 축복이며 은혜이다.

우리를 지으신 하나님은 누구보다 우리를 잘 아시며 우리의 장래 또한 가장 잘 아신다.

잠언 3장 5-6절 "너는 마음을 다하여 여호와를 의뢰하고 네 명철을 의지하지 말라 너는 범사에 그를 인정하라 그리하면 네 길을 지도하시리라"라는 말씀은 우리의 장래에 대하여 하나님이 우리의 앞길을 분명히 인도하신다고 말씀하시는 것이다.

다만 우리가 먼저 해야 할 일이 있다. 마음을 다하여 하나님을 믿고, 자신의 명철을 의지하지 말아야 한다. 그리고 범사에 하나님을 인정할 때 하나님께서는 우리가 무엇을 위해 사는지, 어디로 가는지를 지도하시며 인도하여 주신다.

성경은 여호와를 의지하며 살아가는 사람과 자기의 명철과

고집대로 살아가는 사람들의 이야기가 함께 나와 있다. 여호와를 의뢰하는 것은 나의 장래의 계획과 일의 결과 모두를 하나님께 맡긴다는 것이다.

아무리 똑똑하고 현명한 사람도 미래를 예측할지언정 앞을 명확히 볼 수는 없다. 미래를 아는 가장 확실한 방법은 우리의 앞길을 알고 계시는 하나님께 의뢰하고 하나님의 뜻대로 행하고자 순종하는 것이다. 그래서 성경은 사람을 양에 비유하기도 한다. 하나님은 우리와 동행하시며 우리를 인도하여 주시는 우리의 목자이시다(시 23:1-2).

하나님은 사랑하는 자녀들이 가야 할 길을 가르쳐 보이시기를 원한다. 우리 모두를 향한 분명한 계획을 가지고 계시기 때문이다. 하나님의 뜻을 발견하기 위해서는 세상의 가치와 흐름을 따르지 말고 마음을 새롭게 하여 변화를 받는 단계를 밟아야 한다.

하나님의 뜻은 선하시고, 기뻐하시고, 온전함이며 하나님을 의뢰하는 자에게 복을 약속하셨다. 말씀과 기도 그리고 성령의 도우심으로 우리의 속사람은 변화되어 간다(시 32:8).

하나님의 생각은 인간의 명철과는 다르다. 하나님은 사람과 권력을 따르느라 하나님으로부터 마음이 떠난 사람을 경고하신다. 예수님도 결정을 내리실 때 하나님의 뜻을 따르셨다(렘

17:5, 요 6:38-39).

우리는 삶의 모든 영역에서 하나님을 인정해야 한다. 돈과 시간, 직업, 결혼 등 모든 영역에서 주님께 주도권을 드리고 범사에 주님을 인정해야 한다. 하나님께서는 주님의 뜻을 분별할 수 있도록 말씀을 주시고 성령을 보내주셨다. 우리는 이해할 수 없는 상황 가운데서도 지혜를 달라고 하나님께 기도해야 한다. 하나님께서 약속을 이루시기 전에 우리에게 필요한 것은 인내이다(고전 2:12).

● 교제의 즐거움

페르시아 대제국을 다스렸던 다리우스 왕은 "사려 깊고 헌신적인 친구가 사람의 가장 귀한 재산이다"라고 말했고, 스페인의 작가 그라시안은 "좋은 친구는 귀한 보물처럼 다뤄야 한다"라고 말했다.

사회성은 인간과 동물을 규정짓는 가장 큰 특징 중 하나이기 때문에 사람은 관계가 없이 온전히 살아갈 수 없다. 관계를 잘 맺으려면 바르게 교제하는 법을 알아야 하는데, 교회에서도 사람과의 관계를 매우 중요하게 여긴다.

하나님과의 관계도 중요하지만 사람과의 관계도 중요하다. 하나님과의 관계를 바탕으로 사람들 사이에 진리의 복음과 사랑을 전할 때 진정한 교회의 모습을 볼 수 있기 때문이다. 그렇기에 단순히 주일날 교회에 나와서 예배만 드리고 집에 가는 것보다는 끝난 뒤 교인들과 친교의 시간을 갖고 구역 및 그룹별로 모여 진행되는 소그룹 모임도 참여하는 것이 신앙생활에 큰 도움이 된다. 건강하고 아름다운 친교는 참여하는 모든 사람에게 격려와 힘을 준다.

또한 우리 한 사람 한 사람은 너무나 연약하기에 교제를 통해 서로 하나가 되어야 하며 교제를 통해 또다시 세상에 나가 그리스도의 제자로 나갈 힘을 얻어야 한다.

쉽게 부러지는 젓가락도 5개, 10개가 모이면 강해진다. 제아무리 천하장사라 하더라도 부러뜨리기가 쉽지 않다. 성도 간의 교제는 연약한 우리를 하나님 안에 강하게 묶어주는 매개체가 된다. 특히 신앙생활을 처음 시작한 초신자들의 신앙이 바르게 자라도록 돕기 때문에 교제의 중요성은 아무리 강조해도 지나치지 않는다.

성경은 악한 동무에게 속지 말 것을 교훈하며 잠언 13장 20절에서는 "지혜로운 자와 동행하면 지혜를 얻고 미련한 자와 사귀면 해를 받느니라"라고 말씀하신다.

누구를 만나고 가까이하느냐는 인생에서 정말로 중요하다 사람은 속한 무리의 사람과 닮아가기 때문이다. 믿음의 형제와 함께할 때 온전한 사람이 되도록 하며 영적으로 성장하며 주님과의 관계도 깊어지게 된다. 운동이 육체에 중요한 것처럼 교제는 건강한 영적 성장을 위해 중요한 일이다(요일 1:7).

미국의 여류 소설가 어슐러 크로버 르귄은 "여행할 목적지가 있다는 것은 좋은 일이다. 그러나 중요한 것은 여행 자체이다"라고 말했다. 성도는 매일의 삶을 천국과 같이 누리며 살다가 영원한 천국으로 가야 한다. 오늘 즐거움과 의미 없는 하루였다면 천국에 쌓일 것은 없다. 오늘 함께 교제하며 어울려 살아가는 과정은 우리의 삶에 즐거움을 더해준다.

● 말씀의 즐거움

18세기 영국의 군함 바운티에서 반란을 일으킨 선원들은 피트게언이라는 섬에 정착해 현지 원주민들과 살았다. 피트게언 섬의 원주민들은 살인을 일삼았고 성적으로도 문란했다. 자유가 그리웠던 선원들도 그들의 야만적인 방식을 따라 점차 폭력을 행사하고 쾌락을 좇아 살았다. 하지만 그런 삶의 방식은 행복을 가져다주지 못했고 결국 선원들은 마음의 공허함을 안고 대부분 스스로 목숨을 끊었다.

정착한 지 9년이 되던 해 존 애덤스는 이런 절망적인 상황에서 벗어나고 싶어 몰래 본국으로 돌아가기 위해 짐을 꾸렸다. 그런데 짐 꾸러미 안에서 낡은 성경 책 한 권이 나왔다. 성경 말씀에 감동된 존은 섬을 떠나지 않고 남아 원주민들에게 성경을 가르치기 시작했다. 피트게언 섬의 원주민들은 말씀을 듣고 한두 명씩 회심하기 시작했고, 살인과 성으로 문란했던 피트게언 섬의 대다수 사람들이 예수님을 믿는 진정한 생명의 삶으로 변화됐다.

하나님은 구약에 나오는 모습처럼 지금은 더 이상 직접 현현하시거나 선지자를 통해 말씀하시지 않는다고 믿는다. 대신 누구나 확실하게 깨달을 수 있는 하나님의 말씀인 성경을 주셨다. 말씀은 하나님이 우리에게 의사를 전달해 주시는 통로이다. 우리는 말씀을 듣거나 읽을 때 단순히 좋은 책이나 경전을 읽는다는 생각을 하지 말고 '지금 나에게 주시는 하나님의 음성'이라고 생각하며 받아들여야 한다. 성경은 녹화방송을 다시 보는 재탕이 아니라 언제나 지금 눈앞에서 일어나는 라이브다. 그 말씀을 정말로 믿고 궁금해할 때 삶이 변화되고 진정한 행복을 누릴 수 있다(행 20:32).

그렇다면 성경을 어떻게 공부해야 할까?
성경을 공부하는 데는 참으로 다양한 방법들이 있다. 그러나 가장 좋은 방법은 출석하는 교회에서 진행하는 제자훈련에 참여해 하나씩 단계를 밟아가는 것이다. 매주 보는 교우들과 믿을만한 사역자들의 인도로 한 단계씩 과정을 따라가다 보면 조금씩 성숙해지는 신앙을 느낄 수 있다.
나는 제자훈련 성경공부를 통하여 우리가 다섯 손가락을 사용해 책을 잡는다면 잘 놓치지 않는 것처럼 아래의 다섯 가지 방법으로 성경을 연구한다면 더욱 효과적이라고 배웠다.

듣기

대부분 처음에는 말씀을 들음으로써 하나님을 알아가기 시작한다. 예배를 드리며 듣게 되는 말씀을 가지고 소그룹 성경 공부 모임에서 더 상세히 말씀을 풀어주는 방식으로 매주 말씀을 배울 수 있다(롬 10:17).

읽기

매주 듣는 말씀과 소그룹의 공부는 방대한 성경에 비해 아주 작은 영역이다. 따라서 성경 전체를 우리 삶에 받아들이기 위해서는 따로 시간을 내어 읽는 결단이 필요하다(계 1:3).

공부

심오한 하나님의 말씀은 듣고 읽는다고 해서 제대로 이해하기가 어렵다. 그래서 교역자들로부터, 혹은 믿음의 선배들로부터, 혹은 다양한 경건 서적을 통해 공부를 해야 말씀의 진짜 의미를 배울 수 있다. 모든 학문이 그렇듯 성경도 스스로 공부하기 시작할 때 비로소 성장하고 성숙하기 시작한다. 그리고 공부한 내용을 이해할 뿐 아니라, 생활 가운데 실천하게 된다(행 17:11).

암송

말씀을 외우면 성경을 읽지 않을 때도 우리의 몸과 마음에 늘 말씀이 거하는 것과 마찬가지다. 자주 가지고 다니는 물건일수록 더 자주 떠올리게 되듯이 소중한 하나님의 말씀을 되도록 많이 외우는 것은 말씀을 실천하는 삶에 반드시 필요한 부분이다(시 119:9,11).

묵상

묵상은 하나님의 말씀을 이해할 뿐 아니라 말씀을 되새겨 삶에 적용시킬 수 있도록 해준다. 묵상은 우리가 듣고, 읽고, 공부한 말씀을 소화시키는 작용과 같다(시 1:2-3).

성경에는 사람이 살아가는데 필요한 생활 지침과 교양을 비롯해 인생의 모든 지혜가 담겨 있다. 무엇보다도 성경의 가장 큰 목적은 우리에게 하나님의 구원에 관한 지식을 주기 위해 쓰였다는 것이다. 성경은 죄의 길에서 벗어나 생명의 길로 인도하여 주시는 하나님의 말씀이기에 성경 말씀을 믿고 오직 예수님이 우리의 죄를 대신해 십자가 위에서 돌아가심을 믿을 때 영원한 구원의 문에 이른다(시 19:7-8).

성경 말씀은 균형 있는 그리스도인의 생활에 가장 중요한 요소이다.

교회를 다니고 기도를 하고, 찬양을 하는 것도 좋지만 말씀을 묵상하고 깊이 있게 공부하지 않으면 하나님의 뜻을 바로 알고 영적으로 성장하는데 큰 지장이 있다(딤후 3:16-17).

2. 새로운 삶의 지침

대부분의 사람들은 물건을 살 때 사용설명서를 읽지 않는다고 한다. 아무리 작고 싼 물건을 사도 '사용설명서'가 없는 제품은 없다. 제품이 가치 있고 귀한 것일수록 설명서가 두껍기도 하다.

사용이 간단해 보이는 물건도 설명서에 나오는 대로 사용할 때 본래 성능을 100% 발휘할 수 있고 오래 사용할 수 있다. 너무나 당연한 내용이 적혀 있어서 무시하는 사용설명서야말로 따지고 보면 제품을 제대로 사용하는 데 가장 중요한 물건이다. 내 생각만으로는 제품을 다루는 상세한 부분까지 제대로 알 수는 없기 때문이다.

그렇다면 우리 인생의 사용설명서는 무엇일까? 소위 '처세'라는 분야의 베스트셀러들을 보면 해마다 트렌드와 중요한 가치가 너무도 쉽게 바뀌는 것을 알 수 있다. 그 원리가 1년도 가지 못하는 세상을 살아가는 방법이 과연 제대로 된 인생의 사용설명서라고 할 수 있을까?

예수님을 믿음으로 하나님의 자녀가 된 우리의 사용설명서는 바로 성경이다. 성경은 2000년이 넘는 역사를 가진 책이지만 지금도 사람들을 변화시키며 새로운 삶의 지침을 주고 있다.

군(軍)에서뿐만 아니라 사회의 모든 곳에는 위기대응 매뉴얼

(지침)이 있다. 가끔은 가상의 상황을 만들어 평소 훈련을 실제처럼 하기도 한다. 아무리 좋은 매뉴얼이 있어도 내용을 숙지하지 못하면 위기 발생 시 골든 타임을 놓친다. 성경은 인생의 매뉴얼이다. 평소 말씀을 많이 알고 그 말씀에 순종하려는 마음을 가질 때 바른 선택을 할 수 있으며, 시간 낭비를 막을 수 있으며, 아는 만큼 믿음의 경험을 가질 수 있다.

나는 믿음의 초기 때 일요일마다 교회에서 예배드리는 것으로 '교인으로서 할 일을 다했다'라고 생각했다. 그러나 신앙의 연수가 더해지면서 교회의 다양한 모임과 성경 공부반에 적극 참여하고 하나님이 주시는 보배들을 발견하며 많은 변화를 가질 수 있었다.

예수님을 영접하여 하나님의 자녀로 새로운 생명이 탄생하는 것은 큰 기쁨이며 축복이지만 건강히 자라지 못하고 성장이 멈춘다면 기쁨이 아닌 근심이라는 것을 알 수 있었다. 음식이 육체의 성장에 필요한 것처럼 영적 성장에 필요한 말씀을 꾸준히 섭취할 때만이 영적인 건강을 유지할 수 있다.

예레미야 15장 16절 "만군의 하나님 여호와시여 나는 주의 이름으로 일컬음을 받는 자라 내가 주의 말씀을 얻어먹었사오니 주의 말씀은 내게 기쁨과 내 마음의 즐거움이오나"라는 말씀은 우리에게 기쁨과 즐거움을 준다. 우리는 주님의 말씀에 순종할 때 그 말씀의 능력을 경험하는 체험을 가진다. 믿음의 초기 그리스도인의 생활에 지침이 되어주었던 성경 구절에서 나눔을 가진다.

● 예수님과 연합된 생활(요 15:5)

예수님은 자신을 포도나무로 신자는 가지로 나타내신다. 가지는 나무에 붙어있어야 영양을 공급받아 성장하고 열매를 맺듯이 신자는 예수님과의 끊임없는 교제를 통해 영적으로 건강히 성장하여 풍성한 열매를 맺을 수 있다고 말씀하신다.

예수님을 믿어 그 은혜로 새 생명을 얻게 된 우리는 이제 말씀 가운데 뿌리를 내려 성장해가야 한다. 우리는 언제라도 예수님과 떨어져 있게 된다면, 영적으로 죽을 수밖에 없는 존재임을 알고 포도나무 되신 예수님 안에 거하므로 열매를 맺는 생활의 기본지침으로 삼아야 한다.

● 믿음으로 임하는 생활(고후 5:7)

나는 청년의 때 성경을 삶에 교훈이 되는 말씀으로 받아들이지만 성경 속의 그 엄청난 사건들을 사실로 받아들임에는 의심이 되고 이해가 되지 않았다. 그러나 신앙생활을 하며 내가 지금 존재하고 살아가는 자체도 기적이며 성경은 이성을 넘어서는 것임을 조금씩 인정할 수 있었다.

'믿음으로 행하고 보는 것으로 행하지 아니함이라'는 성경 말씀이 더욱 진실하게 다가왔다. 실패와 어려움이 올 때 하나님과 멀어지는 것이 아닌, 나 자신을 더 반성하며 하나님의 놀라운 계획을 찾고 하나님을 신뢰함으로 믿음의 성장을 가질 수 있었다.

하나님은 믿음을 가질 때 기적을 주신다. 내가 하나님을 믿지 않는다면 하나님은 능력을 행할 수 없다는 것을 알 수 있었다(막 6:1-6).

신념은 나 자신의 의지와 능력과 실력을 믿는 것이지만 믿음은 하나님이 말씀하신 대로 이루어질 것을 믿는 것이다.

하나님은 바랄 수 없는 것을 바라게 하시며 볼 수 없는 것을 보게 하시며 할 수 없는 것을 하게 하시는 믿음을 주신다(히 11:2, 히 11:7, 막 9:23).

● 하나님께 즐겨드리는 생활(고후 9:7)

우리가 가진 모든 것은 하나님이 거저 주신 것이므로 우리도 거저 주는 것이 마땅하다. 인색하거나 억지로 하지 말고 자원하여 즐겁게 드릴 때 하나님은 우리의 모든 쓸 것을 넘치도록 채워주신다.

우리가 이웃에 대한 봉사를 한다면 우리의 주관과 우리의 의를 나타낼 수 있지만, 교회는 개인보다 더 효과적으로 더 필요한 사람들에게 봉사할 수 있다. 또한 주님의 몸 된 교회 이름으로 행하므로 언제나 하나님께 영광을 올려드리게 된다.

3. 시험을 이기고 승리하는 생활

잠언 16장 17절은 "자기의 마음을 다스리는 자는 성을 빼앗는 자보다 나으니라"라고 말씀하신다. 하나님을 의뢰하며 기도할 때 하나님께서 마음을 다스릴 힘도 주신다.

믿음 생활을 새로이 시작하던 지난날 스스로에게 한 약속을 지킨 적이 있다. 이 기억은 지금까지도 아름다운 추억으로 남아있다.

1991년 10월, 전역 후 3년째이던 나는 회사의 안전관리자 교육을 위하여 경기도 부천에서 숙식 교육 중이었다. 수요일이 되자 외출하여 큰 길가에 있던 교회의 수요 예배에 참석했다. 몸은 외지에 있었지만 하나님을 묵상하는 마음이 수요 예배에 참석하도록 한 것 같다. '그것이 뭐 그리 대단한가? 교인이면 누구나 기본으로 하는 일'이라고 생각할 수 있겠지만 그 당시 영적으로 어린 내가 나와의 약속을 지키며 말씀에 순종했다는 기쁨은 아직도 고운 추억으로 남아있다. 이처럼 오늘의 작은 승리들이 모여 하나님을 신뢰하는 믿음의 성장을 이루어 간다고 믿는다.

일본 제국군의 정보 장교인 오노다 히로 소위는 필리핀에서 미국군과 전투를 벌이다 크게 패했다. 몇몇 부하들과 루뱅이라는 작은 섬으로 도망쳐 정글에 숨어 있던 오노다 소위는 전쟁이 끝났음에도 무려 30년간 숨어지냈다.

"전쟁은 이미 끝났다. 더 이상 숨을 필요가 없다"라며 신문과 서류, 영상을 보여주고 심지어 일본 본토에서 가족과 친구들까지 불러와 전쟁이 끝났음을 알렸지만 그럼에도 오노다는 믿지 않았다. 눈앞의 진실을 믿지 못한 그는 긴 세월을 지긋지긋한 정글에서 허비했다.

어떤 사실을 정확히 아는 것은 중요하다. 특히 그것이 삶과 죽음, 영원한 생명에 대한 것이라면 더더욱 그러하다. 예수님은 "진리가 너희를 자유케 하리라"라고 말씀하지만 진리를 들어도 믿지 못한다면 자유함은 없다.

요한계시록 12장을 보면 미카엘 천사에게 패해 땅으로 쫓겨난 사탄의 이야기가 나온다. 예수님의 십자가 사건으로 온 천하를 꾀려는 사탄의 계략은 끝이 났지만 한 명의 영혼이라도 타락시키려는 사탄의 교묘한 공격은 여전히 세상에 존재한다. 사탄은 그리스도인의 마음에 다가와 이렇게 속삭인다.

"너 같은 실패자가 정말 구원을 받을 수 있겠어?"

우리의 가장 약한 감정과 약점을 노리며 유혹하는 집요한 사탄의 공격을 막기 위해서는 우리의 확신이 아닌 하나님의 말씀이 필요하다.

고린도전서 10장 13절에서 하나님은 승리를 약속하셨기에 하나님의 자녀인 우리 역시 승리할 수 있다. 우리가 유혹을 받을 때 말씀에 의지해 하나님의 승리를 믿고 행하면 하나님께서 승리를 주신다. 우리가 말씀을 믿고 기도할 때 하나님은 유혹을 감당할 믿음과 피할 길을 주신다. 내 죄는 예수님의 십자가 보혈로 완전히 해결됐기에 사탄에게 당하지 않으려면 기도와 말씀으로 무장해야 한다.

유혹의 주된 근원은 자기 욕심이다.

세상에서 받게 되는 유혹은 생리적 욕구인 육신의 정욕, 소유욕인 안목의 정욕, 명예욕인 이생의 자랑이다. 마귀는 우는 사자같이 두루 다니며 우리를 유혹한다.

하나님은 우리를 위해 마음을 강하게 하는 힘을 주시고, 악한 자에게서 지켜주신다.

예수 그리스도는 우리와 같은 시험을 받으시고 동일한 체험을 하셨으므로 우리의 연약함을 알고 때에 맞게 적절히 도와주신다.

하나님은 우리에게 유혹이 있을 때 죄에 빠지지 않고 승리할 수 있는 방법을 말씀해 주셨다. 그러므로 그 가르침을 따라 유혹이 올 때는 시험에 들지 않도록 기도해야 한다. 우리 마음속의 말씀은 우리를 지켜주며 예수님이 하나님의 아들임을 믿음으로 세상을 이길 수 있다.

성경은 사탄을 우는 사자로 비유하고 있다. 하나님의 말씀은 사탄의 공격을 알려줄 뿐만 아니라 그 유혹들에 대항할 수 있는 능력을 주신다. 우리는 하나님 말씀의 진리를 발견하고 삶에 적용하면서부터 영적 전쟁터에 들어서게 된다. 전투는 사람의 마음과 정신을 격하게 만들지만 성장은 투쟁과 더불어 오게 된다(벧전 5:8, 시 119:11, 롬 8:37, 엡 6:12, 딤후 2:3-4).

예수님을 믿기 전의 사람들은 인생의 주인이 자기 자신이라고 생각했다. 그러다 예수님을 믿고 나서는 모든 것이 변했다. 인생의 주인이 자신이 아닌 예수님이 되셨기에 이제 삶의 결정과 모든 주도권은 예수님께 맡겨드려야 하는 것이다.

여기서 한 가지 주의할 점이 있다. 예수님께 삶의 결정권을 드린다는 것은 주일날만, 기도할 때만, 봉사할 때만 맡겨드리는 선택적 주권이 아니다. 삶의 모든 발걸음과 손길, 호흡까지도 하나님의 영광을 위해 사용할 수 있게 전적으로 맡겨드려야 한다는 사실이다(갈 2:20, 롬 12:1, 행 20:24).

에덴동산에서 사탄이 하와를 유혹해 타락하게 만들었던 것처럼(창 3:1-14) 지금도 사람들을 넘어뜨리기 위해 사탄은 부단히 노력하고 있다. 사탄이 가장 심혈을 기울이는 노력은 바로 그리스도인이 주권을 예수님께 넘기지 않고 자기가 꼭 쥐고 있게 만드는 것이다.

우리가 예수님을 믿는다고 고백하지만 "내 삶은 나의 것"이며, "내가 모든 것을 할 수 있고, 무엇보다 사람이 가장 중요하다"라고 믿게 만드는 것은 사탄의 전략이며 그리스도인이 가져야 할 사상이 아니다.

사탄은 사람의 이런 심리를 교묘히 노려서 호기심을 불러일으키고, 휴머니즘이라는 감성을 자극하고, 거짓된 지성을 가르쳐 하나님의 법을 어기게 만든다. 에덴동산에서 하와에게 썼던 전략과 지금 시대의 사탄의 전략은 일맥상통한다. 우리가 보기에 보암직도 하고 먹음직도 한 것들은 죄를 짓게 만드는 것이다.

성령님의 도우심과 성경 말씀을 기준으로 우리가 보기에 좋아 보이는 것들도 예수님이 아니라고 하시면 과감히 밀어낼 수 있는 성도가 삶의 결정권을 예수님께 드린 참된 성도다. 우리는 하나님의 참된 사랑과 속성을 깨달을 때만이 세상의 유혹에서 눈을 돌릴 수 있다.

인류 최초의 사람인 아담의 마음에서 하나님이 밀려나고 죄가 자리 잡으면서 온 인류의 마음에도 물질에 대한 사랑과 이기심이 자리 잡았다. 이런 이유로 그리스도인이라고 고백을 하면서도 우리는 마음속에 있는 이기심과 물질 만능 사상을 쫓아내기 위해 노력하고 또 노력해야 한다. 예수님께 모든 삶의 결정권을 드리는 결단을 내리지 않으면 이런 역사는 일어날 수 없다. 각 성도들이 자신을 포기하고 하나님께 드리는 결단을 내릴 때, 그런 결단을 내린 성도들이 교회에 모일 때, 하나님은 우리가 예수님을 닮아가게 해 주시며 잃어버린 하나님의 형상을 회복하게 도와주신다(롬 6:13-18).

이런 죄를 방지하기 위해서는 보는 것을 관리하는 게 가장 중요하다. 우리가 보는 것들을 선택할 수 없는 경우도 많아 살다 보면 이런저런 유혹들이 저절로 마음속에 들어오게 된다. 그러나 대부분은 우리의 선택으로 '보는 것의 죄'를 짓는 경우가 많다.

'습관적으로 보는 것들'로 하나님께 죄를 짓고 있다면 단순히 욕망과 호기심을 충족하는 행위가 아닌 습관적, 고의적으로 하나님께 죄를 짓고 있다는 사실을 자각해야 한다.

하나님의 자녀는 죄를 미워하고 죄에서 떠나려는 성품을 가져야 한다. 세상의 그 어떤 것도 하나님보다 크게 보여서는 안 된다. 우리의 입과 손과 마음, 그 모든 행동들이 하나님을 위해 드려져야 한다는 사실을 기억해야 한다(욥 31:1, 약 3:5-6, 시 141:3, 마 5:30, 시 1:1-2).

인류의 역사는 전쟁의 역사라는 말이 있다. 역사를 살펴도 그렇지만 영적인 세계에서도 마찬가지다. 적이 누군지 모르면 어떻게 싸워야 할지 알 수가 없다. 이런 이유로 승리하는 삶을 위하여 우리의 믿음을 끊임없이 방해하는 사탄이 어떤 존재인지 좀 더 살펴보도록 하겠다.

사탄은 세상의 모든 악한 세력의 우두머리이며 하나님의 행하고자 하는 선을 방해하고 막는 것을 최우선 과제로 삼는다.

사탄은 사람들을 유인하여 죄를 짓게 하고 사람에게 고통을 주는 육신적, 도덕적 죄의 창시자이며 각종 재난과 죽음까지도 가져오는 악한 성향을 만드는 장본인이다(히 2:14, 눅 22:31, 눅 13:16).

루시퍼는 사탄이 타락하기 전의 이름이다. 타락하기 전 루시퍼는 하나님의 근위병이었으며 대단한 능력을 가진 우주의 권세자였으나 그의 마음속에 창조주와 같이 되려는 교만이 그를 타락으로 이끌었다.

사탄은 지금도 끊임없는 노력을 기울여 영혼들을 멸하고 있으며 사람의 형편과 상태에 따라 여러 계략과 전술을 사용하여 자기의 일을 관철시키기 위해 악한 자와 심지어 선한 자로 우리를 유혹하여 넘어지게 한다. 그러나 예수님의 십자가 보혈의 공로로 사탄은 패하였다.

우리는 사탄의 존재를 잘 알고 예수님의 이름으로 나아갈 때 승리의 삶을 살아갈 수 있다(마 4:9, 벧전 5:8, 사 14:12-20, 엡 2:2, 고후 4:4, 요 10:10).

우리의 마음에 있는 선과 악을 늑대에 비유한 '두 마리의 늑대 이야기'가 있다. 북아메리카 인디언 체로키 부족에게 전해지는 '두 마리 늑대' 이야기는 선과 악은 매일 먹이를 차지하려고 싸우지만 우리가 먹이를 주는 늑대가 이긴다는 이야기다. 분노, 원한, 슬픔, 두려움과 부정적인 요소들을 외면하고 궁지로 몰아넣기보다 그것을 들어주며 변화시켜 가야 한다는 교훈도 함께 주고 있다.

하나님의 자녀인 우리는 말씀과 기도, 교제와 증거 등 믿음의 기본적인 요소에 순종할 때 매일의 작은 영적 싸움에서부터 승리하게 되며 열매 맺는 삶을 살아갈 수 있다.

바울 사도는 로마서 7장 1절과 8장 17절에서 우리 안의 선과 악의 갈등을 말씀하시며 그 해결 방법 또한 말씀해 주신다.

4. 기쁨으로 임하는 생활

나름대로 신앙생활을 열심히 하던 중 문득 하나님의 뜻이 무엇이며 하나님이 기뻐하시는 것이 무엇인지 고민하던 시기가 있었다. 나를 위해 살 때는 내가 좋아하는 일을 하면 그만이었지만 하나님을 믿고 난 뒤에는 이야기가 달랐다. 내 인생을 하나님께 맡겼고, 목적이 하나님의 영광이 되었기 때문에 이제는 내가 아닌 하나님이 바라시고, 원하시는 일이 무엇인지를 알아야만 했다.

주님 안에서 성장하는 그리스도인에게 이런 생각은 지극히 당연한 것이지만 교회를 오래 다닌 그리스도인 중에도 의외로 자기중심적인 신앙생활을 하는 사람들이 너무도 많다.

나를 구원해 진정한 기쁨을 주신 하나님을 내가 다시 기쁘시게 하는 것은 당연한 일이며 그리스도인이 누릴 수 있는 최고의 기쁨이다. 이에 우리는 먼저 하나님의 뜻과 기뻐하시는 일이 무엇인지를 분별해야 하며, 이 제목을 놓고 기도해야 한다.

사람은 누구나 죽은 뒤 하나님의 심판대 앞에 서게 된다. 그때 우리가 받게 되는 평가는 돈이나 명예, 지식으로 이루어지는 것이 아니라 하나님이 기뻐하시는 삶을 살았는 가로 이루어진다. 하나님은 인간을 자기 형상대로 지으셨지만 아담과 하와의 죄로 하나님의 형상이 파괴됐다. 그러나 하나님은 예수님을 보내주셔서 잃어버린 형상을 다시 회복시키셨다(고후 5:10, 골 1:15).

그러면 하나님이 기뻐하시는 일이 도대체 무엇일까?

예배, 봉사, 전도, 순종, 기도, 헌금 등 성도들이 연합하여 교회에서 함께 하는 일들, 그리고 우리의 삶 속에서 믿음의 많은 요소들 중 '기뻐하는 삶'에 대하여 좀 더 생각을 갖는다.

골로새서 1장 10절의 "주께 합당하게 행하여 범사에 기쁘시게 하고 모든 선한 일에 열매를 맺게 하시며 하나님을 아는 것에 자라게 하시고"라는 말씀처럼 우리가 하나님께 기쁨이 되고 행하는 모든 선한 일들은 다시 우리의 성장을 돕는다.

하나님은 우리가 항상 기뻐하며 즐겁게 살아가기를 바라신다. 그러기 위해서 예수님을 향한 믿음이 필요하다. 불순종의 죄로 에덴동산을 떠나며 기쁨을 잃은 인류에게 예수님은 기쁨을 회복시키셨기 때문이다. 예수님이 이루어놓으신 구원의 공로를 매 순간 기억할 때 우리는 항상 기뻐할 수 있다.

로마서는 예수님을 온전히 믿는 것이 얼마나 큰 의(義)인지를 설명한다.

성경을 연구하고 모든 율법을 지키려고 노력하는 서기관과 바리새인보다 더 나은 의는 예수님을 믿음으로 얻는 의라고 성경은 말한다. 서기관과 바리새인은 율법을 연구하며 죄 된 자신을 발견하기보다 율법을 지키고 있다는 자기의 의를 내세웠다. 그러나 정작 주위에 있는 이웃의 어려움을 외면했고 이런 이들을 향해 예수님은 "회칠한 무덤 같다"라며 심히 책망하셨다. 하나님의 뜻을 올바로 알고 따르는 것이 얼마나 중요한 것인가를 알 수 있는 대목이다(롬 3:22, 마 23:27-28).

데살로니가전서 5장 16절은 "항상기뻐하라"라고 말씀하신다(시 149:4).

우리말에 소문만복래(笑門萬福來)라는 말이 있다. '웃음의 문으로 만 가지 복이 들어온다'라는 뜻이다.

일소일소일노일로(一笑一少 一怒一老)라는 말도 있다. '한 번 웃으면 한 번 젊어지고 한 번 화내면 한 번 늙어진다'라는 뜻이다.

웃으면 엔도르핀이 증가하고, 수명이 연장되고, 암이 예방되며, 신진대사가 촉진된다. 내가 웃으므로 행복해지고 내가 만나는 사람들에게 웃음을 주며, 내가 봉사하므로 누군가에게 기쁨을 줌은 곧 주님을 기쁘시게 하는 것이다.

5. 열매 맺는 생활

높푸른 하늘과 아름다운 산야, 뱀처럼 구비치는 시냇가로 무성히 성장하는 과일나무들을 본다. 건강히 자라는 나무를 보며 풍성한 열매 또한 기대하게 된다.

열매를 생각할 때 오늘의 수고는 보람으로 이길 수 있다. 과일나무의 목적은 열매를 맺는 것이다. 그 열매는 농부의 땀과 수고도 있지만 때에 맞는 비를 주시고 햇빛을 주어 자라게 하시는 분은 하나님이시다. 영적 성장도 이와 같다고 생각한다.

'수레바퀴의 예화'는 건강하고 균형 있는 성장을 돕는 것에 좋은 원리를 제공한다.

힘 있게 굴러가는 수레바퀴에서 언제나 힘의 원천이 되는 축은 예수님이시다. 외부의 태는 그리스도께 순종하는 삶 즉 성품의 열매들로 생활 속에서 작은 선의 실천과 순종이다.

축과 태를 연결하는 살은 말씀, 기도, 교제, 증거 등 다양한 믿음의 요소들이다. 이러한 믿음의 요소들이 해가 거듭할수록 고르게 성장을 이루어 크고 튼튼한 수레바퀴가 될 때 우리를 넘어뜨리려는 사탄의 돌부리나 문제의 구덩이들도 거뜬히 건너갈 수 있다.

우리는 신앙생활을 통하여 예배드리고 성경을 읽고 공부하고 기도하고 교제와 증거의 믿음의 행위들을 통하여 하나님을

만나며 하나님의 임재를 체험하며 믿음의 성장을 이루어 하나
님을 사랑하는 것으로 나타나야 한다. 하나님을 사랑하는 것은
곧 우리의 생활 속에서 나타나는 성품과 성령의 열매들이다.

기본적인 믿음의 요소에 들여질 때 성령께서 우리의 삶 속에
성령의 열매를 맺게 해주신다.

성령의 열매는 "사랑, 희락, 화평, 오래 참음, 자비, 양선, 충
성, 온유, 절제"이다(갈 5:22-23). 이러한 성령의 열매와 함께 좋은
성품도 주신다.

● 겸손

하나님은 교만은 미워하며 겸손하라 말씀하신다. 이것은 생
명과 같다(잠 16:5).

● 믿음

하나님의 약속하신 것을 이루어 주실 것을 믿는 마음의 태도
이며 보이지 않는 것들을 신뢰하는 것이다(히 11:1).

● 정직

법과 규정을 지키는 것이며 양심에 거리낌 없는 태도이다.
하나님은 사람의 중심을 보신다. 드러나는 것들은 우리 마음에
어떠함의 결과이다(행 24:16).

● 사랑과 섬김

예수님은 우리를 섬기셨다. 예수님을 본받는 제자들이면 다
른 사람을 사랑하고 섬겨야 한다. 다른 사람을 섬김은 곧 예수
님을 섬기는 것이다(빌 2:5-6).

많은 교회처럼 울산감리교회 역시 사랑의 한 끼 봉사, 호스피스 봉사, 애리원 목욕 봉사 등 많은 봉사가 이루어진다. 나는 아내의 선교회에서 봉사하는 시각장애인 봉사에 지역 업체 S-OIL 사회봉사단과 함께 참석하는 기회를 가졌다. 이때 하나님의 사랑이 지역에 전파되고 많은 사람들이 복음에 마음의 문을 여는 사건들을 목격할 수 있었다. 예수님이 피 흘려 세우신 교회가 다시 이웃사랑을 실천하며 복음을 전하는 모습은 정말 큰 감동이었다. 이 일을 계기로 생활 속에서 할 수 있는 작은 배려와 그리스도인이 가져야 할 성품을 묵상하며 순종하려는 의식을 갖게 되었다.

시각장애인 야유회, S-OIL 사회봉사단과 울산감리교회 여선교회와 함께(2013)

● 마음

로마서 10장 10절은 "사람이 마음으로 믿어 의에 이르고 입으로 시인하여 구원에 이르느니라"라고 말씀하신다. 이 말은 가장 중요한 구원이 우리 마음에서 시작된다는 뜻이기도 하다.

예수님을 마음으로 믿고, 입으로 시인하여 구원에 이르며, 마음속에 주님을 모시고 주님과 교제하며 생활하는 것이 그리스도인의 삶이기에 마음을 제대로 먹는 것은 무엇보다 중요하다.

"그 무엇보다도 너는 네 마음을 지키라 그 마음이 바로 생명의 근원이기 때문이다" - 잠언 4장 23절(표준 새 번역)

마음이 어디를 향하느냐에 따라 세상의 가치와 길을 따르는 삶이 되기도 하고, 성령의 성품과 열매를 맺는 삶이 되기도 한다. 다시 말하면 마음은 바로 생명의 근원이 된다. 선한 행위는 이런 마음이 겉으로 드러난 결과이다. 그리고 마음을 지키기 위해서는 반드시 기도가 필요하다.

인생의 갈림길과 고난이 있을 때 하나님께 무릎을 꿇으면 새로운 힘을 얻고 바른 선택을 할 지혜가 샘솟아 마음을 온전히 주님께 쏟는 기적이 일어난다.

마음을 지키기 위해서는 우리의 모든 행동을 하나님이 감찰하신다는 사실을 진심으로 믿어야 한다. 하나님은 우리의 마음을 살피시며 또한 마음을 지켜주시는 주님이시기 때문이다.

6. 사랑으로 임하는 생활

고대 그리스에서는 사랑을 에로스, 스톨게, 펠레, 아가페 네 가지 종류로 구분했다. 우리는 본능적으로 아가페 사랑을 갈망한다. 그러나 사람 사이의 관계에서 이 사랑은 도저히 채워지지 않는다.

사랑은 인내하며 친절하며, 질투하지 않으며, 뽐내지도 않고 교만하지 않으며, 무례하지 않으며 이기적이거나 공격적이지 않다. 사랑은 불만을 기억하지 않으며, 다른 사람들의 실패를 기뻐하지 않는다. 진실한 사랑은 행동이 따르며 받는 사람의 입장에서 느껴야 한다(고전 13:4-7).

성경이 말하는 하나님은 사랑이시다.

그렇기에 하나님은 우리를 한결같이 사랑해 주시지만 연약한 우리는 이웃은 고사하고 가족에게도 한결같은 사랑을 줄 수 없는 부족한 존재다. 사랑의 원천이 되시는 하나님은 태양처럼 스스로 빛을 발하지만 우리는 하나님께 공급받을 때만이 빛을 낼 수 있는 반사체이기 때문이다. 대가와 보상을 바라지 않고 전적으로 주는 사랑의 마음을 주시도록 늘 성령께 간구 드려야 한다.

모태신앙으로 유서 깊은 믿음의 집안에서 자란 아내와 나의 만남 가운데는 삶의 방식을 비롯한 수많은 가치관의 차이가 있었다. 그러나 이런 아내를 통해 하나님은 나에게 '사랑하면 따르게 된다'라는 가르침을 주셨다. 신앙생활도 어쩌면 이와 같은 원리라고 생각한다.

고향에 계신 장인과 장모님은 새벽을 깨워 각처에서 고생하는 자녀들을 위해 눈물로 주님 앞에 무릎을 꿇으셨다. 우리 어머님도 생전에 부단히도 자녀들을 위해 기도의 제단을 쌓으셨다. 노령에도 한결같은 사랑을 부어주시는 부모님의 헌신과 사랑을 보며 '모든 영혼을 향한 하나님의 간절한 사랑이 이와 비슷한 모습이 아닐까'라는 생각이 들었다.

우리가 누군가에게 사랑받고 있다면, 우리가 누군가를 사랑하고 있다면 그것 이상 더 소중한 것은 없다. 그것도 그 크신 하나님께 사랑을 받고 있다면 얼마나 큰 기쁨인가?

톨스토이는 "인생에서 가장 중요한 순간은 지금이고, 가장 중요한 사람은 지금 나와 함께 있는 사람이며, 가장 중요한 일은 지금 나와 함께 있는 사람을 행복하게 해주는 일이다"라고 말했다. 오늘 우리와 함께하는 이들을 사랑하며 작은 행복을 위하여 노력하는 것이 신앙의 중요한 요소가 아닐까 생각한다.

7. 감사로 임하는 생활

'울산기독군인회'에서 함께 봉사활동을 하는 박덕창 장로님은 구순의 나이에도 늘 정정하다. 평소 장로님의 건강 비결이 궁금했는데 한 번은 본인의 건강 비결이 담긴 장문의 메시지를 보내주셨다.

"미국의 실업가 중에 '스탠리 텐'이라는 박사가 있습니다. 회사를 창업해 돈을 많이 벌어서 유명인이 된 그에게 갑자기 척추암 3기라는 진단이 나왔습니다. 당시 척추암은 수술로도, 약물로도 고치기 힘든 불치병이었습니다.

이 사실이 알려지자 사람들은 아무리 부자여도 그가 곧 절망 가운데 죽을 것이라고 생각했는데 몇 달 후에 오히려 병이 깨끗이 나아 당당히 두 발로 회사에 나왔습니다. 그가 아팠던 것을 알았던 사람들은 단 한 명도 빠짐없이 도대체 어떻게 된 일이냐고 물었고, 그때마다 스탠리 텐은 그저 하나님 앞에 감사만 했을 뿐이라고 대답했습니다. 스탠리 텐은 병상에서 매일 다음과 같이 기도했다고 합니다.

'하나님, 병들게 된 것도 감사합니다. 병들어 죽게 되어도 감사합니다. 하나님, 저는 죽음 앞에서도 하나님께 감사할 것밖에 없습니다. 하나님, 무조건 감사합니다.'

그가 다시 회복하게 된 것은 감사 때문이었습니다.

요즘 미국의 정신병원에서는 우울증 환자들을 치료하기 위해서 약물치료보다 감사에 기반을 둔 심리치료를 더 많이 사용한다고 합니다. 환자들로 하여금 자신의 삶에서 감사한 일들을 찾아내게 하고 감사를 회복하도록 돕는 것입니다. 그런데 놀랍게도 약물치료보다 이 감사 치유법이 훨씬 더 효과가 탁월하다고 합니다."

하나님은 우리가 실패, 고난, 질병 등을 당하지 않기를 바라지만 우리가 어려움을 당할 때 그 가운데서 우리를 도와주신다.

누구나 살아가는 동안 어려움이 온다. 구순 장로님의 메시지를 받은 후 나는 이전보다 더 큰 어려움이 닥쳐도 감사로 임하려 마음을 다졌다. 감사는 많은 이로움과 함께 우리의 구원도 이루어 줄 수 있다고 믿는다.

우리가 모든 일에서 어려움이 전혀 없고 잘 되기만 한다면 하나님을 찾을까? 하나님은 고난을 통해 하나님을 찾고 기도하게 하며 하나님의 자녀로 성장시켜 가신다.

로마서 5장은 "환난은 인내를 인내는 연단을 연단은 소망을 이룬다"라고 말씀하신다. 우리가 끝까지 믿음을 지켜가는 힘은 고난 중에 얻는 인내이며 인내는 하나님의 성품을 닮아가게 하기에 고난도 어려움도 감사할 수 있는 이유이다(롬 5:1-5).

시련과 훈련은 이 땅을 살아가는데 동일하게 적용된다.

청년 시절 소위 임관 후 광주 보병학교 병과 교육시 추운 겨울에 유격훈련을 받았다. 암벽을 하강하며 총을 메고 도하하던 훈련들은 지금도 기억이 난다. 유격장에 붙은 '극한 속의 여유'라는 글귀가 의미있게 다가왔다. 이러한 극한 훈련은 실무부대에 배치되었을 때 월등한 체력으로 부대원들을 리드할 수 있으며 적과 싸워 이기는 정신력을 제공한다. 고난 없이 승리는 없다. 이것이 극한 훈련도, 고난도 감사를 가지는 이유이다(약 1:2-4).

화순, 적벽강 도하훈련(1980)

화순, 동복유격장에서 유격훈련(1980)

감사에는 우리가 알 수 없는 비밀이 있다. 따뜻한 커피 한 잔에도 감사를 가질 때 언제나 하나님은 우리와 함께 하신다. 동일한 하루, 동일한 환경이지만 감사가 우리 삶에 중심축으로 자리를 잡을 때 하나님께서 큰 축복을 주심을 믿어야 한다.

감사의 씨앗을 심을 때 기쁨의 열매가 맺는다는 것을 생활 속에서 체험하게 된다. 하나님을 향한 감사가 우리 안에 있으면 절망, 불평, 미움과 같은 안 좋은 감정의 씨앗들은 자라지 못한다. 우리 마음이 사랑과 감사로 채워질 때 하나님은 우리에게 기쁨과 행복을 주신다.

헬라 철학자 아리스토텔레스는 "행복은 감사하는 사람의 것이다"라고 말했다. 사람은 감사한 만큼 행복하게 살 수 있으며 기뻐하는 삶은 감사의 기초가 된다. 기쁘고 행복할 때 사람들은 복음에 끌려들어 온다.

예수님을 통해 하나님과의 관계를 회복한 인생은 즐거워야 하며, 우리가 살아가는 일상의 생활은 감사와 즐거움이 되어야 한다. 모든 것이 하나님이 주신 선물이기 때문이다. 햇볕과 공기를 주시고 아름다운 세상에서 호흡하며 살아갈 수 있도록 생명을 주시고 건강을 주신 하나님께 감사를 드린다.

8. 희망적인 생활

희망은 삶 그 자체이다. 희망이 없이는 인생도 없다. 죽음이 찾아오기 전까지 모든 인간에게는 내일이 다시 찾아온다는 희망이 있다. 그 희망이 있기에 우리는 스스로 목숨을 끊지 않고 살아갈 수 있다. 과거에 어려움과 실패가 있었더라도 새롭게 출발할 수 있다는 희망이 있으면 다시 일어설 수 있다. 희망이 있으면 목표가 생기며 목표가 있으면 자연히 노력하는 사람이 된다.

때가 되면 반드시 좋아진다는 낙관적인 생각, 내일은 반드시 좋아질 거라는 희망은 지금의 어떤 어려움도 견디게 한다. 별은 낮에도 있지만 어둠이 짙어져야 빛나는 것처럼 말이다.

'탈무드'는 하나님이 검은 눈동자를 통해서만 사물을 보게 창조하신 이유에 대해 "인생은 어두운 곳을 통해서 밝은 곳을 바라보아야 하기 때문"이라고 설명한다. 그래서 유대인들은 하루가 일몰에 시작하여 동틀 무렵에 끝난다고 생각한다. 하나님을 믿는 사람들의 인생도 그와 같다고 생각한다.

그리스도의 몸 된 공동체인 교회는 세상을 향해 소망을 주며 새로운 삶과 기쁨을 줘야 한다. 자기 민족에게 하나님께로 돌아오라는 예레미야 선지자의 간절한 기도는 오직 하나님께만이 미래가 있고 희망이 있음을 오늘 우리에게 들려주는 메시지이다(렘 29:11-13).

어떤 사람을 보며 "저 사람은 잘 될 거야"라고 말할 수 있는 것은 그 사람이 지금 노력하는 모습을 보이기에 미래에 희망이 있다고 생각하기 때문이다. 현실에 최선을 다하는 것이야말로 더 나은 미래를 위한 최고의 투자이기에 오늘은 언제나 소중하다. 결과는 하나님께 맡기고 하나님이 주신 오늘에 최선을 다하는 것이 가장 희망적인 생활에 임하는 태도라 믿는다.

그러나 이 모든 것의 끝이 죽음이라면 결국 어떤 희망도 존재할 수 없다. 진정한 희망을 품기 위해서라도 예수님의 십자가는 반드시 모든 사람에게 필요하다. 믿음의 씨앗은 희망의 열매를 맺게 하며 하나님의 말씀은 인류에게 진정한 희망을 줄 수 있는 유일한 방법이다.

9. 찬양과 예배의 생활

"여호와 우리 주여, 주의 이름이 온 땅에 어찌 그리 아름다운지요. 주의 영광이 하늘을 덮었나이다. 주의 손가락으로 만드신 주의 하늘과 주께서 베풀어 주신 달과 별들을 내가 보오니 사람이 무엇이기에 주께서 그를 생각하시며 인자가 무엇이기에 주께서 그를 돌보시나이까. 여호와 우리 주여 주의 이름이 온 땅에 어찌 그리 아름다운지요." - 시편 8편

살아가기에 가장 좋은 환경을 만들어 주신 하나님, 새 생명

을 주신 하나님, 인생을 이끌어 주시는 하나님, 영원히 함께하여 주시는 하나님을 묵상할 때 자연히 하나님을 찬양하며, 감사하지 않을 수 없다. 우리의 삶이 기뻐하여 찬양하지만, 찬양하므로 기쁨을 가지게 된다.

이사야 43장 21절의 "이 백성은 내가 나를 위하여 지었나니 나를 찬송하게 하려 함이니라"라는 말씀에는 하나님이 인간을 창조하신 목적을 분명하게 제시한다.

성경은 하나님이 우리를 창조하신 목적이 하나님을 찬양하는 것이라고 분명하게 말한다. 모든 물건이 자신의 목적에 따라 쓰임을 받을 때 보람을 느끼고 행복을 느끼는 것처럼 우리는 찬양할 때 하나님의 사랑과 기쁨을 느낀다.

살아계신 하나님 앞에 진실한 모습과 경건한 마음으로 예배하는 것만큼 인간에게 의미 있는 행동은 없다. 예배를 통해 하나님을 만나며 하나님의 뜻을 분별함으로 우리의 마음은 새로워지고, 마음이 새로워짐으로 삶도 변화된다. 예배는 목숨같이 소중하다(롬 12:1-2, 요 4:23).

회사에서 퇴근한 후 곧장 가는 수요예배는 때론 피곤함에 의무적인 마음으로 참석할 때가 있다. 그러나 어느 때부터 수요예배에 참석하며 '나는 진정 자유인이다'라는 생각과 함께 '감사의 마음'을 가지게 되었다. 예배에 참석할 수 있는 환경에 감사하며, 자유로운 선택으로 찬송할 수 있다는 것, 기도할 수 있다는 것, 성경을 읽을 수 있다는 것에 감사를 가지게 되었다.

10. 생활 속 신앙의 질문

상대성 이론을 발견한 아인슈타인은 "질문을 제대로 하는 사람은 정답을 절반 이상 찾은 것이나 다름없다"라고 말했다. 좋은 질문을 할 줄 아는 사람은 정답을 발견했을 때 삶을 변화시킬 능력을 가진 능동적인 사람이다.

도저히 이해할 수 없는 예수님의 십자가 사건을 믿기 위해, 그리고 믿고 나서도 수많은 질문이 떠오른다. 때때로 교역자나, 믿음의 선배들, 책을 통해 질문의 해답을 얻었음에도 석연치 않을 때가 있다.

그러나 진리는 질문과 의심을 두려워하지 않는다. 마음의 의구심이 풀릴 때까지 기도하는 마음으로 진리를 구하다 보면 반드시 우리가 해야 할 행동이 무엇이고 믿어야 할 것이 무엇인지 하나님이 성령님을 통해 깨닫게 하실 것이다. 어쩌면 답을 찾기보다 질문에 공감하는 마음이 더 필요할지 모르나 믿음의 여정에 작은 도움이라도 되고자 하는 마음으로 그동안 초신자들과 생활 속에서 주로 받았던 질문 몇 가지와 그에 대한 답을 함께 가져본다.

질문 1. 교인들의 위선을 보고도 교회에 나가야 하나?

이 질문에 대해서는 먼저 사과를 할 수밖에 없다. 하나님의 말씀대로 살지 못하고 변하지 못하는 성도들이 가장 큰 문제이기 때문이다. 하지만 성도들이 따르지 못한다고 지침을 내리는 성경까지 잘못된 것은 아니다. 그리스도인에 대한 세상의 기대가 높은 것도 이런 현상에 한몫한다.

나 역시 교회를 오래 다니면서도 진정한 그리스도인이었다고 말하기 힘든 시절이 길었다. 정말로 말씀을 지키려고 하고, 이웃을 위해 기도하는 사람이 되기까지는 오랜 시간과 결단, 그리고 질문들을 해소하는 과정이 필요했다. 이런 변명이 잘못에 대한 정당화가 되어서는 안 되겠지만 만약 성경이 믿어지고 예수님을 영접하고 싶지만 성도들과 교회의 잘못된 모습이 마음에 걸려서 문턱을 넘지 못한다면 결코 믿어서 후회하지 않을 것임을 강조하고 싶다. 사람이 모인 교회 또한 어느 시대에도 완벽할 수 없다. 그러나, 그래도 교회는 문제가 적다.

걸음마를 갓 배운 아기는 하루에 수십 번도 넘어진다. 다리에 힘이 오르고 성인이 되면 넘어지는 경우가 거의 없지만 그렇다고 전혀 넘어지지 않는 것은 아니다. 사람과 교회의 잘못은 분명히 잘못된 모습이고 고쳐져야 할 문제들이지만 그렇다고 해서 복음을 거부하거나, 신앙을 방치할 명분은 되지 않는다.

질문 2. 성경은 비과학적이며 비이성적이라 믿기가 어렵다

다 알아야 믿을 수 있는 것이 있는 반면 일단 믿고 나서 보이는 경우도 분명히 있다.

비행기가 처음 생겼을 때를 생각해 보자. 누군가 유체역학과 베르누이의 법칙을 열심히 설명하며 "그러므로 저 비행기는 날아서 지구 반대편에 갈 수 있습니다. 그러니 안심하고 타십시오"라고 말한다면 우리는 비행기에 탈 수 있었을까? 그러나 짧은 거리라도 누군가 안심하고 비행기를 타는 모습을 보았다면 우리도 안심하고 탈 수 있을 것이다. 때로는 신앙도 이와 비슷하다.

우리가 누군가 다른 종교나 삶의 방식에서 진정한 평안을 얻고 구원의 방법을 찾았다면 그 생각을 존중한다. 그러나 마음속에 해결할 수 없는 불안과 죄에 대한 근심이 있다면, 다른 종교와 도덕적인 삶으로부터 진정으로 해방되지 않았다면 성경을 펼치고 일단 예수님을 믿어보는 것이 절대로 후회하지 않는 방법이라는 것을 꼭 말하고 싶다.

어린 시절 부모의 손에 이끌려 교회에 오게 된 사람도 있으며, 전 한동대 총장 김영길 박사처럼 영의 세계가 있음을 인정하고 늦게 하나님께로 나오신 분도 있다. 또한 늦게 지성에서 영성으로 오신 이어령 교수도 있다. 나는 환경으로 성경을 접했지만 신앙 과정에서 성경이 진리로 체험되기에 하나님을 만난 환경에 감사를 가진다.

질문 3. 교회 다니면 복받습니까?

두말할 필요 없이 큰 복을 받는다. 그러나 기독교에서 말하는 복은 세상에서의 복만을 말하지 않는다. 성경에서는 하나님께 복을 받아 거부가 된 사람도 있고, 부를 버리고 일평생 복음을 전하다 간 사람도 있다. 그러나 그 상황 자체가 그들에게는 더할 수 없는 하나님의 축복이었다.

믿음을 통해 얻을 수 있는 복은 로또 복권처럼 확정된 세상에서의 복이 아니다. 하나님의 은혜로 죄의 문제가 해결된 것, 평생 하나님의 인도를 받으며 삶에 임하는 주님의 손길을 느끼는 것이 진정한 성경이 말하는 축복이다.

질문 4. 믿음이 좋다는 것은 어떤 것입니까?

지금까지 나름 성경을 읽으며 알 수 있었던 것은 성경은 수많은 고난을 극복하는 이야기라는 것이다.

우리의 삶도 이와 같다고 생각한다. 믿음은 어려움과 문제 속에서도 하나님이 함께하신다는 것을 믿고 이겨나가는 것이라 생각한다. 사실 믿음이라는 것은 사람이 판단하기에 쉽지 않다. 술을 안 마신다고, 교회 출석을 빠지지 않는다고, 성경을 많이 안다고 믿음이 좋은 것은 아니기 때문이다. 규정과 제도가 아니라 하나님의 사랑이 동기가 되어 스스로를 지켜가는 것은 멋진 일이다.

일상의 법규이며 흡연과 음주도 같은 것이라 생각한다. 중요한 것은 복음의 본질이며 해로운 것은 자연스럽게 멀어진다는 것이다. 믿음이 좋아 보이는 어떤 사람의 행동들이 진정으로 하나님을 위한 것인지, 사람의 인정을 받기 위한 것인지는 오직 하나님만 아신다. 하나님은 외모가 아닌 중심을 보시기 때문이다. 그리고 교회에서의 모습뿐 아니라 예배가 끝난 뒤 세상에서의 삶도 함께 봐야 한다.

요한복음 14장 21절에서 예수님은 "나의 계명을 지키는 자라야 나를 사랑하는 자"라고 말씀하신다. 우리는 주님을 사랑한다고 하면서 얼마나 교회답게 살아가는지, 어떤 환경에서도 긍정의 생각으로 주님을 믿고 따르는지 스스로를 돌아보아야 한다.

질문 5. 교회 일은 선하고 세상 일은 나쁜 것인가?

교회에서 봉사하는 일은 주님의 일이지만 세상 속에서 하는 일까지 주님의 일이라고 생각하지는 못했다. 그러나 성경을 보면 볼수록 이 두 가지는 절대로 분리될 수 없으며 이러한 이분법적인 접근은 옳지 않다는 것을 알게 됐다. 오래전 크리스천 소그룹 모임에서 함께 읽고 독서 토의를 가졌던 제리, 메리 화이트가 지은 '당신의 직업 생존이냐, 만족이냐?'는 일을 탁월하게 할 때 만족을 누릴 수 있음을 배우며 다양한 환경에서 일하고 있는 직장인들에게 실제적인 지침이 되어주었다.

일에 대한 구약성서의 관점에서는

1. 누구나 일해야 한다(출 34:21, 잠 6:6-8)

2. 열심히 일하는 것은 선하다(잠 18:9, 잠 19:15)

3. 일은 삶의 필수적인 부분이다(창 2:15)

4. 일은 만족을 준다(전 5:12, 잠 14:23, 전 3:22)

신약성서에 추가된 일에 대한 지침으로

1. 일하지 않는 자는 먹지도 말라(살후 3:10)

2. 가족들을 부양하라(딤전 5:8)

3. 고용주에게 순종하고 복종하는 직장인이 되라(골 3:22)

4. 의롭고 공평한 고용주가 되라(골 4:1)

5. 탁월한 수준으로 일을 하라(골 3:23)

성경은 교회 내의 일일뿐만 아니라, 자기에게 맡겨진 일이 무엇이든 잘해야 하며 우리의 모든 삶이 변화될 것을 요구한다. 하나님께서 우리에게 주신 달란트로 최선을 다한다면 비록 생계를 위한 일이지만 그 일을 통해 하나님께도 영광이 되는 것이다. 악한 일이 아니라면 모두가 주님의 일이다. 이는 가정에서도, 어떤 모임에서도 마찬가지다. 이 원리를 깨달은 뒤 나는 내 삶의 모든 행동에 의미가 있음을 깨닫게 됐고 어디서나 그리스도인의 긍지를 잃지 않게 되었다.

울산감리교회 주일 설교 '세상 속의 그리스도인'(롬 12:1-2)의 말씀에서 교회는 잘 모여야 하지만 또한 잘 흩어져야 함을 강조하며 '세상의 그리스도인은 어떻게 살아야 하는가?'에 대하여 다음과 같이 강조했다.

첫째, 세상 일과 주의 일의 구분 없이 모두 주의 일이 되어야 한다. 교회의 봉사든지, 가정과 직장에서의 삶이든지, 쉬든지, 여가 생활을 즐기든지, 또는 무엇을 먹든지, 마시든지, 우리의 크고 작은 모든 일의 동기와 목적은 우리를 사랑하고 우리를 위해서 죽으신 우리 주 예수 그리스도를 위한 것일 때, 그 일은 주의 일이다.

둘째, 세상 속에서도 하나님의 말씀의 기준과 그리스도인의 양심으로 결정해야 한다.

우리가 사는 세상은 때론 정글과 같고, 세상의 관습, 제도, 관행들로 인해 신앙과 양심에 갈등을 겪게 된다. 이런 자리에서 성도들은 타협하기 쉽다. 물론 죄가 성립되지 않는다면 함께 어울릴 수 있다. 그러나 명백한 죄의 자리에 타협하고 동행하는 것은 우리의 신앙을 거스르는 것이다.

모이는 교회로서의 열심도 필요하고 중요하지만, 세상 속에 흩어져서 그리스도인으로 살아가는 삶의 예배도 드려야 한다. 그러기 위해 하나님께서 부르셔서 맡기신 곳이라는 소명 의식을 갖고, 누구를 대하든지 주께 하듯 하고, 무엇을 하든지 하나님의 영광을 위해서 살아가야 한다.

11. 휴식과 큐티

출애굽기 20장 8-11절은 "엿새 동안은 힘써 네 모든 일을 행할 것이나, 일곱째 날은 아무 일도 하지 말고 안식(쉼) 하라"라고 말씀하신다. 우리의 매일의 삶이 전투처럼, 팽팽한 바이올린 줄처럼 생활한다면 곧 지칠 수 있으며 삶에 진정한 의미를 찾을 수 없다.

탈무드에서는 '일 년에 일주일 동안이라도, 일주일에 하루만이라도 모든 걱정과 일을 떠나 자기를 바라보는 것은 새로운 인간을 만드는 계기가 된다'라고 했다. 우리가 하는 일이 전력투구와 쉼을 통한 균형 있는 생활이 될 때 마음의 여유와 더 넓은 시야로 사물은 바라볼 수 있다고 생각한다.

'그리스도인의 새 생활' 본 단원을 마무리하며 생활 적용에 대한 짧은 나눔을 갖는다. 교인이면 경건의 시간(큐티, Quiet Time)을 대부분 가진 경험이 있거나 지금도 하고 있는 분들이 많을 것이다. 큐티는 말씀과 기도로 하나님과 매일 개인적으로 교제하는 시간이다. 성경을 읽고, 읽은 말씀을 이해하고, 생활에 적용하려는 목적성은 같다고 생각한다.

하나님을 알아가며 함께하는 시간을 보냄에 따라 하나님과의 인격적인 관계는 날로 발전되어 간다. 큐티는 하나님의 음성을 듣고 하나님과 친숙해져 가며 우리가 변화되어가는 시간이다. 나는 말씀을 듣거나 신앙 서적을 읽을 때도 적용하려는 마음을 가진다. '매일 주님과 새로운 삶의 시작'은 의무가 아닌 감사가 동기가 되어 그 말씀을 일상에서 적용하는 삶이라고 믿기 때문이다.

야고보서 2장 26절은 "영혼 없는 몸이 죽은 것 같이 행함 없는 믿음은 죽은 것이니라"라고 말씀하신다. 우리는 자칫 아는 것 자체에 머무를 수 있으며 예배를 드리고 기도하는 것으로 다했다는 생각을 가질 수 있다.

토끼가 깊은 산속 옹달샘에 세수하러 왔다가 물만 먹고 간다는 동화가 있다. 그 아름다운 풍경에 도취되어 잊었을까? 우리도 살다 보면 본질과 현상을 혼동하는 경우가 있다. 우리는 예배를 드림으로 힘을 얻고 그 말씀을 삶에 적용할 때 성숙한 신앙인이 될 수 있다.

담임목사님은 "경건은 아는 것이 아닌 사는 것이며, 알아가는 것은 삶을 위한 것이다"라고 말씀하신다. 영국의 소설가 올더스 헉슬리의 "인생의 위대한 목표는 지식이 아니라 행동이다"라는 말은 모두가 이러한 이유일 것이다.

찰스 쉘던의 '예수님이라면 어떻게 하실까?'라는 책처럼 매 순간 이런 적용과 결단을 가진다면 이 사회는 얼마나 더 훈훈해질까?(시 126:5-6, 마 7:7, 눅 11:9)

그림 이야기의 주인공 최재영 작가는

최재영

최재영 작가는 1987년 조선대학교 미술대학에서 서양화를 전공한 후 1999년 영국 윔블던 아트 칼리지(아트 런던 Univ.)에서 순수미술 석사과정을 졸업하였다. 25회의 개인전과 470여 회의 초대 단체전을 가졌고, 한국, 미국, 영국, 독일, 스위스, 일본, 중국, 홍콩 등 국내·외 유명 아트페어와 국제전에 참여하였다. 대한민국미술대전, 경기미술대전, 광주미술대전 등에서 심사, 운영 위원을 역임하면서 작가의 길을 걷고 있다.

최재영 작가는 본 책의 각 장에서 본인의 그림으로 그림 속 이야기를 전해준다. 1장 '하나님의 은혜와 전우애'에서 최 작가와 첫 만남과 사연을 짧게 소개했지만 이곳에서 좀 더 나눔을 갖는다.

1985년 강원도 인제 쌍호부대 쌍호교회에서 성화 그림을 그리고 있는 최 작가에게 "예수님과 사도행전 27장 바울이 로마로의 항해 중 지중해에서 풍랑을 만나는 장면을 그려달라"라고 부탁하였다. 그는 예수님 그림과 거친 파도와 폭풍우를 헤쳐 가는 배 그림을 그려 주었다. 그런데 항해 그림에는 사인이 없었다. 그 이유에 대해 그는 "성경 이야기 책에서 참고하였기에 내 사인을 넣을 수 없다"라고 하였다.

　최 작가가 휴가 후 복귀하며 전국 사진전에서 입상한 '기원'이란 제목의 사진 액자를 가져왔다. 그의 아버지 최병오 선생의 사진이었다. 해가 저무는 저녁시간 갈대 사이에서 옆모습으로 두 손을 모아 기도하는 모습의 반라의 여인 사진이었다. 그 사진은 한 선배가 가지고 싶어 하여 주었다.

　"형, 동생처럼 지내자"라던 그가 전역한 후 1986년 겨울 졸업작품 세미나 팸플릿을 받았으나 나도 이듬해 전역을 하며 주소도 연락처도 모르게 되어 여러 해를 보내던 중 인터넷에서 최 작가의 아버지를 찾았고 그가 영국에 살고 있음을 알게 되었다.

　1999년 제7회 '울산전국사진공모전' 심사위원장으로 울산에 오신 최 작가의 아버지 최병오 선생께서 최 작가의 영국 연락처를 주어 영국에 있는 그와 통화를 하며 서로 편지도 나눌 수 있었다. 그 후 귀국한 그와 일상을 나눌 수 있었다. 아버님 부고(訃告)에 우리 부부가 조문을 갔고 우리 딸 결혼 때는 그림을 보내 주는 등 서로 지금껏 소식을 가지고 있다. 집에는 최 작가가 그린 예수님과 항해 그림이 있어 더욱 그를 생각하게 된 것 같다.
　나는 두 번째 책을 쓰며 최재영 작가에게 책 속 그림 이야기를 부탁하였고 최 작가는 이에 기꺼이 뜻을 같이하여 주었다.

"다섯 종류의 그림을 골라보았습니다. 칼라를 흑백으로 전환시 그나마 괜찮은 그림인데 마음에 드실지 모르겠습니다. 그림 이야기는 편하게 썼습니다. 그리고 삽화와 「행복한 동행」, 작은 그림 한 점 보냅니다."

바쁜 일정 가운데서도 '그림 이야기'로 마음을 같이하여 준 옛 전우 최재영 아우(雅友)에게 고마움을 드린다.

최재영 作 행복한 동행(2020)

"감사의 마음을 !"

먼저 직장인 평신도로서 두 번째 책을 출간할 수 있도록 인도하여 주신 하나님께 감사드린다.

나는 이전에 출간된 책의 개정판을 계획하였으나 주님께서 신간으로 인도하여 주셨다. 책을 다시 쓰도록 동기를 주시고 성원하여 주신 울산기독군인회 고문이신 박덕창 장로님, 강신원 장로님, 김경식 장로님께 감사드리며 실명으로 삶을 나누어 주시며 힘을 모아주신 모든 분들께 진심으로 감사를 드린다.

지난 시간을 돌아볼 때 모두가 감사뿐이다.

중학 시절 처음 성경을 접한 환경에 감사하며, 세례를 받은 충성대교회, 선교회로 불러주신 박창용 교수님, 여러 곳의 군인 교회, 전역하며 사회 적응과 믿음의 성장을 도와주신 네비게이토 선교회 부산지역, 울산지역에서 함께한 신우들께 감사드린다.

특별히 본서 제4장 "복음설명"은 변희관 목사님의 "전도 및 복음" 메시지를 인용하고 있다. 또한 내가 선교회 활동 시절 변 목사님과 선교회로부터 배운 내용들도 여러 곳에서 사용하였다.

지난 45년간 한결같이 세계복음화와 제자 삼는 사역에 자신의 온 삶을 드리시는 '세계로선교회' 부산 대표 변희관 목사님께 감사드린다.

울산감리교회에 등록하여 처음 청년부에서 좋은 멘토가 되자며 열정을 가졌던 소망정형외과 이선일 원장님, 올바른 신앙의 길로 이끌어주신 교역자들과 오랫동안 새 가족들의 믿음의 시작에 조금이라도 도움이 되려 함께 기도하며 애쓴 새 가족부 멤버들 그리고 전도대와 교회 모든 장로님과 성도들께 감사하며, 바쁘신 중에도 원고를 읽고 좋은 의견을 더하여 추천의 글로 격려하여 주신 최인하 담임목사님께 감사드린다.

지역 군 선교를 위하여 함께 봉사하는 '울산기독군인회' 회장님과 회원 그리고 김정부 지도 목사님께 감사드리며, 지회장 역임시 효율적인 군 선교활동을 도와주신 임마누엘군인교회 신성호 목사님께 감사드린다.

울산극동방송 지사장님, 운영위원회 회장님과 회원들께 감사드리며 운영위원회로 불러주신 울산극동포럼 오차출 장로님께 감사드린다.

기독신문 '울산의 빛'에 마음을 함께 할 수 있어 감사드리며 그림 이야기로 관심과 격려를 준 최재영 작가, 원고를 세심히 검토하여 주신 문성묵 박사님께 감사드린다.

신앙의 길에서 기다려주며 기도해 준 아내 김옥련 권사에게 고마움을 전하며 자녀 최은혜, 최제현, 손(孫) 표은찬, 최윤서를 선물로 주신 하나님께 감사드린다.

무명한 평신도의 글을 세심히 검토, 보완하고 다듬어서 출간을 도와주신 나침반출판사 김용호 대표님과 편집부 직원들께 감사드린다.

죄인이었던 나를 찾아주시고 하나님의 자녀로 삼아주셔서 새로운 삶으로 인도하여 주시고 언제까지나 행복한 동행이 되어주시는 하나님께 이 모든 영광을 올려 드린다.

– 최하중

참고 서적

• 목적이 이끄는 삶 - 릭 워렌 저, 디모데(2003)
• 왜 하나님은 악을 허용하시는가? – 빌더 슈미트 저, IVP(1989)
• 전도폭발 – 한국 전도폭발 출판부(2001)
• TBC 성서연구 - 교육목회협의회 출판부(1990)
• 성경의 맥을 잡아라 - 문봉주 저, 두란노(2007)
• 간추린 100분 성경 – Rev. Dr. Michael Hinton 저, 대가(2009)
• 제자훈련과정 - 네비게이토출판사(1986)
• 성서의 역사와 지리 - 김흔중 저, 엘맨(2003)

30가지 주제 / 30일간 기도서

무릎 기도문 시리즈 18

자녀를 위한 무릎 기도문

하나님의 사랑받는 자녀로
성장시키기 위한 기도서!

가족을 위한 무릎 기도문

하나님의 축복받는
가정이 되기 위한 지도서!

태아를 위한 무릎 기도문

태아와 엄마를 영적으로 보호하고
태아의 미래를 준비하는
태담과 태교 기도서

아가를 위한 무릎 기도문

24시간 돌봐주시는 하나님께
우리 아가를 맡기는 기도서!

십대의 무릎 기도문

멋지고 당당한
십대 되게 하는 기도서!

십대자녀를 위한 무릎 기도문

하나님의 사랑받는 자녀로
성장시키기 위한 기도서!

재난재해안전 무릎 기도문 〈자녀용〉

불의의 재난 사고로부터
자신을 지키는 방법을
배우는 기도서!

재난재해안전 무릎 기도문 〈부모용〉

불의의 재난 사고로부터
자신을 지키는 방법을
배우는 기도서!

남편을 위한
무릎 기도문

사랑하는 남편의
신앙, 건강, 성공 등을
이루게 하는 아내의 기도서!

아내를 위한
무릎 기도문

아내를 끝까지 지켜주는
남편의 소망, 소원,
행복이 담긴 기도서!

워킹맘의
무릎 기도문

좋은 엄마/좋은 직원/
좋은 성도가 되기이해
노력하는 워밍맘의 기도서!

손자/손녀를 위한
무릎 기도문

어린 손주 양육에
최선을 다하는
조부모의 손주를 위한 기도서!

자녀의
대입합격을 위한
부모의 무릎 기도문

자녀 합격을 위한
30가지 주제와
30일간 기도서!

대입합격을 위한
수험생 무릎 기도문

수험생을 위한
30가지 주제와
30일간 기도서!

태신자를 위한
무릎 기도문

100% 확실한 전도를 위한
30일간의 필수 기도서!

새신자
무릎 기도문

어떻게 믿어야 할지 모르는
새신자가 30일 동안 스스로
기도하게 하는 기도서

교회학교 교사
무릎 기도문

반 아이들을 위해
실제로 기도할 수 있게 하는
교회학교 교사들의 필수 기도서!

선포(명령)
기도문

소리내 믿음으로 읽기만 해도
주님의 보호, 능력, 축복,
변화와 마귀를 대적하는
강력한 선포기도가 됩니다!

망망한 바다 한가운데서 배 한 척이 침몰하게 되었습니다.
모두들 구명보트에 옮겨 탔지만 한 사람이 보이지 않았습니다.
절박한 표정으로 안절부절 못하던 성난 무리 앞에 급히 달려 나온 그 선원이
꼭 쥐고 있던 손바닥을 펴 보이며 말했습니다.
"모두들 나침반을 잊고 나왔기에… "
분명, 나침반이 없었다면 그들은 끝없이 바다 위를 표류할 수 밖에 없을 것입니다.

우리는 삶의 바다를 항해하는 모든 이들을 위하여
그 나침반의 역할을 하고 싶습니다.
우리를 구원하신 위대한 주 예수 그리스도를 널리 전하고 싶습니다.

"하나님은 모든 사람이 구원을 받으며
진리를 아는 데에 이르기를 원하시느니라"
(디모데전서 2장 4절)

사람을 향한 마음

지은이 | 최하중 장로
발행인 | 김용호
발행처 | 나침반출판사

제1판 발행 | 2021년 5월 21일

등   록 | 1980년 3월 18일 / 제 2-32호
본   사 | 07547 서울특별시 강서구 양천로 583
         블루나인 비즈니스센터 B동 1607호
전   화 | 본사 (02) 2279-6321 / 영업부 (031) 932-3205
팩   스 | 본사 (02) 2275-6003 / 영업부 (031) 932-3207
홈   피 | www.nabook.net
이   멜 | nabook365@hanmail.net
일러스트 제공 | 게티이미지뱅크

ISBN 978-89-318-1610-5
책번호 나-1036

값은 뒤표지에 있습니다.